Stephan Weichert

ADLER

Inhaltswarnung!
Gewalt gegen Frauen, Antisemitismus,
Rassismus, Diskriminierung, Suizid.

Stephan Weichert

ADLER

Weibliche Kriminalpolizei, Berlin
Verdunklung 1940

Kriminalroman

Weichert, Stephan: Adler. Weibliche Kriminalpolizei, Berlin. Verdunklung 1940. Hamburg, edition krimi 2022

1. Auflage 2022
ISBN: 978-3-948972-87-5

Dieses Buch ist auch als eBook erhältlich und kann über den Handel oder den Verlag bezogen werden.
ePub-eBook: ISBN 978-3-948972-88-2

Lektorat: Sandra Thoms, Frankfurt
Satz: Julia Walch, Bad Soden
Umschlaggestaltung: © Annelie Lamers, edition krimi
Umschlagmotiv: Frau © cottonbro/pexels.com; Struktur & Schienen © pixabay.com; Rahmen © freepik.com

Bibliografische Information der Deutschen Nationalbibliothek: Die Deutsche Nationalbibliothek verzeichnet diese Publikation in der Deutschen Nationalbibliografie; detaillierte bibliografische Daten sind im Internet über https://www.dnb.de abrufbar.

Die edition krimi ist ein Imprint der Bedey & Thoms Media GmbH, Hermannstal 119k, 22119 Hamburg.

»Für die Frau ist in der Ideenwelt
des Nationalsozialismus kein Platz.
Die deutsche Erhebung ist
ein männliches Ereignis.«

Engelbert Huber 1933, NS-Ideologe

»Sowohl der Rassist als auch der Sexist tun so,
als wenn alles, was passiert ist, niemals passiert wäre.
Beide treffen Entscheidungen und ziehen Schlüsse
über den Wert einer Person,
indem sie sich auf Faktoren beziehen,
die in beiden Fällen irrelevant sind.«

Prof. Pauline M. Leet 1965, Frauenrechtlerin

Prolog

Das Schwache muss weggehämmert
werden!
Schmerzen muss der deutsche Mann in
der Welt erzeugen.
Einen gewalttätigen, herrischen,
unerschrockenen und grausamen Jungen
will ich.
Es darf nichts Schwaches und Zärtliches
an ihm sein.
Ich will keine intellektuelle Erziehung.
Überlegenheit ist das Ziel.
Mit Wissen verderbe ich mir den Deutschen nur.
Die deutschen Jungen sollen zu Männern
heranwachsen, vor denen sich die Welt
erschrecken wird.
Sie werden in schwierigen Proben
die Todesfurcht besiegen lernen.

Adolf Hitler

Das Blaulicht spiegelte sich im Schleier des Nieselregens. Es kam hier in letzter Zeit schon öfter zu Übergriffen auf Frauen, doch was ihn nun erwarten würde, gehörte ohne Zweifel in die Abteilung Mord.

Nachdem Kriminalassistent Oscar Zach aus dem schwarzen Mercedes-Benz der Fahrbereitschaft der Reichspolizei gestiegen war, stand er müde, ausgelaugt und noch mit reichlich Promille im Blut irgendwo im Nirgendwo zwischen Berlin-Karlshorst und Betriebsbahnhof Rummelsburg. Sofort war sein Mantel mit Feuchtigkeit überzogen und noch nie hatte er so wenig Lust auf seinen Dienst verspürt wie heute Nacht. Es quälte ihn ein Hämmern in den Schläfen und in seinem Mund gor der Mix aus Bier, Schnaps und vielen gerauchten Zigaretten in der Stammkneipe. Wie ferngesteuert lief er nun über den Schotterboden Richtung Bahndamm. Dabei glitt sein Blick über die benachbarte Laubenkolonie, die in der Finsternis wie eine gigantische Totenstadt erschien.

»750 Volt uff der Anlage!«, stellte sich ein Schupo mit blauer Uniform ihm in den Weg. »Hier kommt keener weiter, det is' lebensjefährlich!«

Zach zündete sich mit zitternder Hand eine Filterlose an, pulte sich den Rest Tabak von der Zunge und hielt dem Beamten seine Polizeimarke vor die Nase. Mit dem Lichtstrahl seiner Taschenlampe begleitete dieser ihn zum Tatort entlang der Schienen vorbei an einer ruhenden S-Bahn. In ihrer berlintypischen Aufmachung lag sie da, wie eine schlafende Riesin, rubinrot bis zur Bauchmitte, ocker bis übers Dach, innen Notbeleuchtung, außen Standlicht. Es war die Nachfolgebahn, die nicht weiter kam, da die Tote breitbeinig, mit blutigem Schritt und zertrümmertem Schädel mitten auf den Schienen lag. Um sie herum war großes Kino: Scheinwerfer standen, trotz Verdunkelungsverordnung, auf hochgekurbelten Lichtstativen, Kamera-Blitze der Spurensicherung explodierten so laut wie Handgranaten und lichteten die Leiche aus jedem Winkel ab.

Als Zach schließlich den Tatort erreichte, begab er sich zu der ihm vertrauten Runde aus dem Reichspolizeiamt. Diese bestand aus dem jungen büroblassen Kriminalsekretär Hans Klaussner, der Direktorin Grete Hartmann, ihres Zeichens Leiterin der Weiblichen Kriminalpolizei sowie dem korpulenten Kriminalrat Wilhelm Lüdke, Chef und Urgestein der Inspektion M1 zur Aufklärung von Sittlichkeitsverbrechen.

»Mensch, Zach, wie sehen Sie denn aus? Etwa wieder gesoffen? Wir wollten schon ohne Sie anfangen!«, motzte der ihn gleich an. Der missgelaunte Lüdke konnte sich etwas Besseres vorstellen, als mitten in der Nacht im unbehaglichen Regen herumzustehen. Und auch Klaussner, sein Sekretär, bemühte sich, den Lagebericht kurz zu halten.

»Bei der Ermordeten handelt es sich um die dreiundzwanzigjährige Karin Borchert«, begann er und entfaltete zwei schlabbrige Papiere wie museale Fundstücke. »Nach Angaben ihres Belegschaftsausweises, den wir in ihrer Handtasche fanden, war sie Fabrikarbeiterin im Turbinenwerk Borsig und wohnte drüben in der Gartenkolonie Gutland Zwo. Das zweite Dokument ist ein Feldbrief ihres Ehemannes. Er ist zurzeit Bomberpilot in Frankreich, daher ist davon auszugehen, dass sie allein in der Laube lebt. Sie wurde hier auf dem Nachhauseweg aus der fahrenden S-Bahn auf die Schienen gestoßen. Vorher muss sie während der Fahrt mit heftigen Stößen vergewaltigt worden sein. Der Gerichtsmediziner entdeckte entsprechende Verletzungen und nahm Proben des Scheidensekrets. Dabei fand er neben Sperma auffälligerweise zwei Blutgruppen. Zum einen *AB*, also ihre eigene, sowie *0, Rhesus negativ*, was im Fachjargon auch als Universalblut bezeichnet wird.«

»Gibt es jemanden, der etwas mitbekommen hat?«, fiel Lüdke ihm ungeduldig ins Wort. Doch Klaussner antwortete ihm nicht direkt, sondern winkte gleich zwei Bahnbedienstete zu sich, die aus der Dunkelheit hervortraten. Sie hatten die Leiche zuerst am Tatort entdeckt: Anton Jahnke, Triebwerkfahrer, der den Folgewagen bei voller Fahrt zum Stehen gebracht hatte, als sich der regungslose Frauenkörper vor ihm auftat, sowie Paul Golzow, Weichenwart im Stellwerksdienst im Betriebsbahnhof Rummelsburg, gleich hier in der Nähe.

»'N Abend die Herrschaften«, knetete Jahnke seine Mütze mit beiden Händen, während Golzow mit hochgestrecktem Deutschen Gruß grüßte. Nichts Befremdliches in diesen Zeiten, doch klang es bei ihm aus voller Brust und voller Überzeugung.

Direktorin Hartmann musterte beide genau und wandte sich zuerst an Anton Jahnke, einen kernigen Hallodri mit großen Schultern und großer Berliner Schnauze.

»Herr Jahnke, wie fühlen Sie sich denn nach diesem schrecklichen Erlebnis?«

»Danke der Nachfrage, jeht so«, antwortete er. »Langsam schon Routine dat Janze. Hatte ja schon viele solcher Fälle, will man gar nich' mehr alle zählen. Sind sonst aber immer nur Selbstmörder, die mir vor die Mühle springen, gerade wenn ich mit voller Kanne unterwegs bin. Die da lag ja schon tot auf der Strecke.«

»Die Frau lag also schon auf den Schienen?«, hakte Zach nach. »Kaum zu glauben! Sie hätten doch die Frau prompt überrollt!«

»Sicher, hät' ich, aber dafür gibt's ja zum Glück meinen Totmann«, antwortete Jahnke.

Sofort mischte sich der Zweite, der Weichenwart Paul Golzow, ungefragt ein und gab eine fachmännische Erklärung wie aus dem Bedienerhandbuch.

»Der Totmannschalter befindet sich im Führerhaus. Durch diesen läuft der Antrieb nur so lange, wie der Bediener ihn betätigt. Lässt er los, stoppt das Fahrzeug sofort.«

»Jenau«, kommentierte Jahnke den Hinweis. »Wie es der Kollege sagt. Der Totmann macht, dass die Mühle stoppt und sofort alle in die Ecke kippen ...«

»Heißt somit auch, Herrschaften ...«, schlussfolgerte Lüdke, »... dass ein Triebwagenfahrer für uns als Täter nicht infrage kommt, weil er bei voller Fahrt nicht weggehen kann, da der Wagen sofort abbremsen würde.«

Sekretär Klaussner ergänzte. »Außerdem ist eine S-Bahn kein durchgängiger Zug, man müsste einen Vierkantschlüssel haben, um die Türen zwischen den Wagen öffnen und die gesamte Bahn durchlaufen zu können, das würde lange dauern.«

Lobheischend hob er dabei den Kopf, doch sein Chef lobte ihn auf seine Weise.

»Obwohl er sonst ein Armleuchter ist, sage ich nur: Auch ein blindes Huhn findet mal ein Korn«, sprach er abschätzig, um sich schließlich den Darstellungen des Weichenwarts zu widmen.

»Und Sie, Herr Golzow? Was können Sie uns denn Näheres zu den Umständen sagen?«

Rein äußerlich wäre man bei dem Mann nie auf den Beruf des Weichenwarts gekommen, wirkte er eher schmal als kräftig. Die stattliche Uniform und die große Schirmmütze samt Reichsadler vergrößerten seine Statur jedoch immens.

»Tja, am Abend war ich ab elf die ganze Zeit an der W-12er, der Weiche hinten auf der Strecke Richtung Frankfurt/Oder. Bei der rührt sich bei Regen immer nix und ich muss per Stange bedienen.«

»Und wann haben Sie die Leiche auf der Strecke bemerkt?«, hakte Lüdke nach.

»Tja, bemerkt, gute Frage. Gemerkt hab ich's eigentlich erst, als die Bahn mittendrin stoppte. Hab dann Polizei alarmiert und dann musste ja alles schnell gehen, Pendelverkehr, eingleisiger Betrieb, Zugmeldeverfahren ...«

»Vielen Dank an der Stelle, das reicht!«, unterbrach ihn

Lüdke eilig, bevor es ins Belanglose abglitt. »Wir werden uns sicher noch mal bei Ihnen melden.«

Die beiden wurden wieder in die Dunkelheit zurückgeschickt und Lüdke erteilte mit seinem Zeigefinger reihum Aufträge.

»Klaussner, Sie fahren mich jetzt nach Hause! Und Sie, Zach, sind morgen gefälligst wieder nüchtern und begeben sich am Vormittag mal in diese Laubenkolonie. Schauen Sie sich mal bei der Borchert ein wenig um! Morgen Mittag um eins dann alle zur Sitzung! Große Andacht mit den großen Tieren. Kollegin Hartmann! Wir hatten ja schon über weitere Schritte der Ermittlung gesprochen. Die Vorfälle häufen sich und nun haben wir mit Karin Borchert unsere erste Tote. Es gibt keine Zeit mehr zu verlieren, wir müssen *Quadriga* einleiten. Dazu gilt es, die Kriminalassistentin zu akquirieren. Wir müssen sämtliche Kräfte mobilisieren und dafür Sorge tragen, dass die großen Tiere die geheime Nachrichtensperre über die Fälle im Gebiet aufheben. Die Öffentlichkeit muss informiert werden, damit das Morden gestoppt wird!«

I Veränderungen

1

Berlin lag unter einer dichten Wolkendecke. Aus den Miets-kasernen drang Abwaschgeklapper aus den Küchen, erste Kinder spielten auf den Hinterhöfen und trotz Krieg war es an diesem Morgen friedlich in der Stadt.

Mitten im Zentrum, in unmittelbarer Nähe zum Berliner Stadtschloss, lag das Gebäude des neuen Reichskriminal-polizeiamtes am Werderschen Markt. Ursprünglich war es das *Kaufhaus Gerson* gewesen, das einem jüdischen Fami-lienunternehmen im Zuge der Arisierung geraubt wurde. Ein Prunkbau mit Glasdach, ganz im Sinne der national-sozialistischen Machthaber. Hier wirkte in einem Teil die Kriminalpolizei, die *Kripo*, und im anderen die Sicherheits-polizei, die *Sipo*, in deren einschüchterndem Kürzel immer das unausgesprochene *Gestapo* mitschwang. *Kripo* und *Si-po* waren nicht nur durch einen Lichthof getrennt, sondern auch in den Ansichten. Konnten die einen Verbrechen nach klassischen Methoden analysieren und aufklären, wollten die anderen Staatsfeinde und Rivalen tyrannisieren – straff, zentral und effizient organisiert von jungen, zuverlässigen Nationalsozialisten akademischer Prägung.

Eine kleine Unterabteilung der *Kripo* war die *Weibliche Kriminalpolizei*. Polizeirätin Grete Hartmann, lange Zeit Lei-terin der Frauen-Hilfsstelle, war Bauherrin dieser Abteilung. Die Aufgabengebiete waren kriminell und sexuell gefährde-te Frauen sowie Vernehmungen weiblicher Tatzeugen oder Tatopfer. Die Mitarbeiterinnen bestanden aus Hartmann selbst, einer Sekretärin, einer Hilfskraft sowie drei weibli-chen Kriminalassistentinnen für die gesamte Reichshaupt-stadt. Nicht viele im Verhältnis zum Personal des Hauses, in dem es mehr als vierhundert Kriminal- und Verwaltungsbeamte gab. Über den Dienstgrad der Kriminalassistentin kamen die Damen selten. Mit unterschiedlichen Berufsbiografien mussten sie zumindest einen mittleren Schulabschluss vorweisen und eine gute körperliche Konstitution. Auch waren behördliche Vorerfahrungen gefordert, daher kamen alle aus unterschiedlichen Dienstbereichen der Berliner Verwaltung.

Direktorin Hartmann prüfte diverse Schreiben ihrer Vorlagenmappe am Schreibtisch ihres geräumigen Amtszimmers. Es war wie sie selbst: klar und in jeder Ecke aufgeräumt. In einer kleinen Vitrine waren unbenutzt und auf Hochglanz poliert drei Handwaffen auf hölzernen Schatullen ausgestellt: Eine *Walther P38*, eine *Sauer 38H* und eine *Mauser HSc*. Jedoch waren diese Waffen nichts weiter als Ausstellungsstücke, da Frauen bei der *Weiblichen* weder Waffen tragen noch einsetzen durften, und das trotz Schießausbildung.

Hartmann warf einen kurzen Blick aus dem Fenster über den Hof hinüber zum Block der *Sipo* und nahm zum wiederholten Male den schweren Hörer des schwarzen Telefons aus Bakelit in die Hand. Sie wählte nur eine Ziffer, die Eins, das Vorzimmer ihrer Empfangssekretärin.

»Und …? Wie, schon da? Gut, dann bitte gleich zu mir rein!«

Hartmanns Sekretärin und rechte Hand legte nebenan auf und nickte der jungen Dame um die dreißig freundlich zu, welche auf dem Besucherstuhl saß und sich zuvor noch eine kleine Pille auf die Zunge gelegt hatte, die sie ohne Wasser herunterschluckte. In ihrer Hand sah man noch das winzige Röhrchen, auf dem kaum lesbar der Name der Arznei stand: *Pervitin*. Dessen ungeachtet öffnete die Sekretärin die ledergepolsterte Doppeltür und sah der Dame freundlich hinterher.

»Ach, wie schön!«, erhob sich Hartmann, blickte in das schmale Gesicht mit den dunklen Augen und plauderte. »Ihr

15

Vater versicherte uns schon am Telefon, dass Sie auf dem Weg sind, daher machte ich mir überhaupt keine Sorgen. Aber bitte, setzen wir uns doch, Kriminalassistentin Adler.«

»Sehr gern!«

Luise Adler nahm auf einem der bequemen Ledersessel Platz und schlug die bestrumpften Beine übereinander. Die Sekretärin hatte sie bereits informiert, warum sie an diesem Sonntagvormittag ins Amt zitiert wurde und war nun bereit zu hören, was ihre Vorgesetzte zu sagen hatte. Die begann sofort, indem sie zunächst die bisherigen Anstrengungen der Kriminalassistentin lobte, bevor sie Adler mit der neuen Aufgabe konfrontierte.

»Ich möchte nicht lange um den heißen Brei reden«, so Hartmann. »Ich sehe, wo Sie heute stehen. Von der Schreibstube in der Reichsjustiz über eine Ausbildung zur Polizeifachangestellten, dann später der Einstieg ins Kriminalamt und in meine Abteilung. Sie konnten sich schon immer schnell auf neue Themen einlassen, Adler. Denken wir nur an Ihren Einfallsreichtum und Ihre ausgezeichnete Ermittlungsarbeit bei den Gewaltverbrechen an den Frauen im Scheunenviertel.« Vorsichtig stopfte sich Hartmann eine Filterlose in ihre Zigarettenspitze, entfachte das Streichholz und kam zum aktuellen Fall. »Zwar wird Ihre nächste Mission mit *Quadriga* keine leichte Aufgabe, doch glaube ich, dass Sie genau die Richtige für den Fall sind. Der Führer will, dass Frauen bis spät in die Nacht für Ruhm und Ehre arbeiten, verdunkelt aber jede Nacht die ganze Stadt, damit die englischen Bomber nicht sehen, wo wir alle sind. Wenn da so einer im Dunkeln in der Bahn oder am Bahnhof steht, da können Sie nix machen, wenn der irre ist. Das wirkt auf den stimulierend. Da sind die Frauen ihm völlig ausgeliefert. Und ich schätze, der wittert sofort, ob wir ihm 'ne echte Frau wie Sie in die S-Bahn setzen oder nur 'ne Handvoll verkleideter Polizisten.«

»Dass Sie mich da nur nicht überschätzen, Frau Direktorin!«, entgegnete Adler mit leiser Stimme. »Es macht mir schon Sorge, mir vorzustellen, nachts in einer leeren S-Bahn zu sitzen und auf einen Mörder zu warten. Früh sterben ist sicher eine romantische Idee, aber Sie wissen sicher, was ich mit meiner Mutter in einer S-Bahn erleben musste. Zwölf Jahre ist das nun mittlerweile her.«

»Mir ist Ihre Geschichte und der schreckliche Verlust Ihrer Mutter durchaus bewusst«, entgegnete Hartmann. »Und genau aus diesem Grund werden Sie dem Täter nicht einfach so vor die Füße geworfen. Wegen unserer eingeschränkten Waffenbestimmungen bei der *Weiblichen* versichere ich Ihnen zu einhundert Prozent, ich wiederhole, zu einhundert Prozent, dass Kollegen in Ihrer Nähe sein werden, die bis an die Zähne, ich wiederhole, bis an die Zähne bewaffnet sind. Dafür lege ich persönlich meine Hand ins Feuer. Ich stelle Ihnen Kriminalassistent Oscar Zach zur Seite. Dem Mann kann man vertrauen, auch wenn er sich gerade selbst im Weg steht, nachdem ihm seine Verlobte abhandengekommen ist. Daher bloß keine langen Sätze bei dem Kollegen und immer viel loben. Meine Güte, ich rede ja schon wie in der Hundeschule!«

Nicht nur in der Luft lag Katerstimmung, auch bei Kriminalassistent Zach war die Laune nicht die allerbeste. Doch trank er nun schon zu häufig, um einen echten Kater zu haben.

Die von Lüdke auferlegte Fahrt zur Gartenkolonie hatte er mit der S-Bahn unternommen. Er stand auf dem verlassenen Bahnsteig des S-Bahnhofes *Betriebsbahnhof Rummelsburg* und sah in der Ferne, wie sich das Grau des Herbstnebels mit dem Grau des Wasserturms der Bahnbetriebsanlage vermischte. Ein ungemütlicher Wind pfiff über den Bahnsteig und er erkannte die vielen Schienen und Züge wieder. Doch keine Spur mehr vom Polizeiaufgebot der vergangenen Nacht. Nachdem er sein Notizbuch aus der Manteltasche herausgekramt hatte und die Seite fand, auf der die Nummer der Parzelle notiert war, lief er zum Ende des Bahnsteigs. Er ging durch einen Tunnel bis zum Ausgang und stand schließlich auf verlassenen Wegen. Noch waren diese gepflastert und mehrere Wegweiser lotsten den Besucher zur Laubenkolonie *Gutland II.* Am Eingangsportal hing ein verblasstes Schild, auf dem die vielen Wege und Parzellen des Areals wie ein Irrgarten aufgezeichnet waren. Der Versuch eines Überblicks, bevor man das Durcheinander betrat. Ab hier bestand der Weg auch nur noch aus lehmigen Radspuren und tiefen Pfützen, die mit dem Regen der Nacht gefüllt waren. Zach bemerkte, dass er die falschen Schuhe anhatte und stakste daher wie ein Storch im Salat durch den kleistrigen Matsch. Das war also die Mitte von Gutland. Er schaute sich um. Eine Welt umhüllt von schwefligen Nebelschwaden. Alle paar Meter eine schäbige Laube, hinter deren Zäunen die S-Bahnzüge stadteinwärts und auswärts regelmäßig vorbeikamen. Schließlich ging er in den Weg C und stand vor der Parzelle 1: das kleine Stück Heimat der toten Karin Borchert. Auf leisen Matschsohlen schritt er durch das quietschende Gartentor über das ausgesprochen ungepflegte Grundstück zur windschiefen Hütte ohne Charakter. Tür und Fensterläden verriegelt, zwei gruselige Gartenzwerge als Wachposten, das war's dann auch schon.

»Was machen Sie denn da, junger Mann!?«, fragte ein großer, bärtiger Mann in scharfem Ton über den Gartenzaun des Nachbargrundstückes.

»Guten Morgen, ich bin Kriminalassistent Oscar Zach.« Zach kam näher und hielt seine Dienstplakette hoch. »Abteilung M1 für Sittlichkeitsverbrechen. Ihre Nachbarin, Karin Borchert, ist letzte Nacht ums Leben gekommen. Wir gehen von einem Gewaltverbrechen in der S-Bahn aus.«

Von Weitem machte der Mann einen jugendlichen Eindruck, doch wiesen aus der Nähe seine Falten und das angegraute Haar auf reiferes Alter hin. Auch in seiner Art zu reden wurde das deutlich.

»Das wäre nun Nummer fünf«, antwortete der zu Zachs Überraschung. »Aber Mord? Die Borchert? Wie schrecklich!«

Mehr sagte er nicht. Zach merkte ihm zwar an, dass er schockiert war, doch wunderte er sich auch, dass der Mann sehr gut über alles Bescheid wusste. Die *Sipo* hatte doch geheime Nachrichtensperre über alle S-Bahn-Vorfälle verhängt.

»Johanna, komm schnell! Hier ist Polizei!«, rief der Mann durch die geöffnete Tür seiner Laube. »Etwas Schreckliches ist passiert. Stell dir vor, die Borchert ist ermordet worden, in der S-Bahn.«

Eine junge zierliche Frau schritt heraus und stellte sich zu ihm an den Gartenzaun – ihr dunkles Haar war kurz geschnitten, ihr Körper wirkte zierlich, ihre Haut durchsichtig. Sie schwieg und wirkte kühl und zurückhaltend. Zach stellte sich höflich vor und berichtete.

»Sie wurde in der S-Bahn überfallen und tödlich verletzt, wahrscheinlich auch vergewaltigt, man fand sie auf den Gleisen.«

Die junge Frau schaute ins Leere.

»Kannten Sie die Tote gut, Herr ...?«

»Christian Cornelius. Tja, kennen, nicht wirklich. Man grüßte sich und sprach ab und an über den Gartenzaun. Ich wohne noch nicht so lange hier, erst seit Frühjahr, seit ich von Schöneberg weg bin. So seit März, oder Johanna?«

Die junge Frau seufzte leise, schüttelte den Kopf und bestätigte mit unerwarteter tiefer Stimme.

»Ja ... seit März.«

Zach stellte sich die Frage, aus welchem Grund der Typ in diesem öden Gutland wohnte. Es konnte ja nicht der Verlust einer Stadtwohnung sein, hatte doch die *Royal Air Force* erst Monate später, nämlich Ende August, ihre Bomben zum ersten Mal auf Berlin geworfen. Auch machte es ihn neugierig, in was für einem Verhältnis der reife Kerl zu dieser Jüngeren stand, die noch ein Mädchen zu sein schien.

»Ich heiße Johanna Schenk«, sagte sie und gab ihm offen und ehrlich mehr Antworten, als er eigentlich wissen wollte. »Ich leiste hier in der Nähe mein Pflichtjahr im Kindergarten der Volkswohlfahrt ab. Drüben, in Karlshorst, Ecke Dorotheastraße, nur zehn Minuten Fußweg von hier. Ich übernachte hier oft bei Christian in der Laube. Von Schöneberg brauche ich ja mit der S-Bahn über eine Stunde.«

»Ach, Sie wohnen in Schöneberg?«, fragte Zach scheinheilig.

»Ich wohne an vielen Orten. In Berlin wohne ich zur Untermiete bei meiner Tante in Schöneberg, gemeinsam mit meinem Zwillingsbruder, der hier studiert. Wir kommen beide ursprünglich aus Heiligensee. Sie kennen sicher den Weidenhof?«

»Die Irrenanstalt?«, antwortete Zach.

»Heilstätte für verwahrloste und auffällige Kinder«, verbesserte sie ihn. »Mein Vater ist da Diakon, meine Eltern leiten das Haus.«

Es dauerte nicht lange und ihr Freund Cornelius fiel ihr ins Wort. »Johanna und ich wohnten in Schöneberg auf der gleichen Etage, jedoch in unterschiedlichen Wohnungen, ich war quasi ihr Nachbar. Meine Ehefrau wohnt immer noch dort. Wir leben in Trennung.«

Zach überspielte seine Neugier und winkte ab.

»Ach, wissen Sie, das ist für unsere Ermittlungen nicht maßgeblich. Mich würde eher interessieren, ob Sie mir etwas über Ihre Nachbarin erzählen können? Wir erfuhren, dass ihr Mann im Krieg ist. Empfing Frau Borchert vielleicht unbekannte Herrenbesuche? Trank sie? Haben Sie Veränderungen bemerkt?«

Johanna schlug einen trotzigen Ton an, man merkte, dass ihr die Fragen Unbehagen bereitete.

»Nein, Frau Borchert war eine junge Frau, die normal lebte und sich nichts zuschulden kommen ließ.«

»Das sind Routinefragen«, rechtfertigte sich Zach.

Ihr Freund Cornelius hingegen spielte erneut den großen Mann und sprach mit ihr wie mit einem bockigen Töchterchen.

»Johanna, es reicht! Ich glaube, du gehst rein und überlegst mal, was du hier sagst!«

Pikiert kehrte sie den beiden Männern den Rücken zu und lief ins Haus.

»Sie müssen wirklich entschuldigen, aber ich glaube, dass sie das alles sehr mitnimmt mit den Fällen hier«, entschuldigte sie Cornelius.

Zach musste an dieser Stelle nun nachhaken.

»Warum wissen Sie so viel darüber? Zu den Fällen gibt es immerhin Informationssperre.«

»Na ja, man hört ja immer erst davon, wenn es sich herumspricht. Es muss wohl geheim bleiben, dass ein schmutziger Verbrecher unter sauberer Hakenkreuzfahne wütet«, sagte er aufmüpfig und mit einem ordentlichen Revoluzzerton in der Stimme.

»Können Sie mir bitte noch sagen, wo Sie sich gestern Abend aufhielten? Wieder eine reine Routinefrage, Sie verstehen sicher!«

»Ich war hier, Johanna war hier, wir waren die ganze Zeit hier.«

Zach hatte genug gehört und zückte ein Kärtchen, das er aus der Manteltasche zog.

»Falls Ihnen noch etwas einfallen sollte, würde ich Sie bitten, sich unter diesen Angaben bei uns im Revier zu melden und uns für weitere Fragen zur Verfügung zu stehen. Wo sind Sie beide tagsüber erreichbar?«

Cornelius nannte die Adresse des Volkskindergartens und auch die seines Arbeitsplatzes.

»Ich arbeite im Berliner Werk bei *Degesch*. Da haben wir auch Fernsprecher.« Er sagte die Telefonnummer, die Zach gleich notierte.

»De-gesch?«, hakte Zach nach.

»*Degesch* ist die Abkürzung für *Deutsche Gesellschaft für Schädlingsbekämpfung.*«

»So, so. Schädlingsbekämpfung. Klingt ja wie Innere Sicherheit«, witzelte Zach nicht ohne Ironie und notierte die Wortschlange der Arbeitsstätte.

»Nein, ich forsche da über Pflanzenschutz, also Pestizide, das läuft gerade gut, die Nachfrage ist groß.«

Pestizide? Pflanzenschutz? Für Zach klang das wie eine Nonsens-Wissenschaft.

»Damit wären wir am Ende, Herr Cornelius. Auf Wiedersehen und vielen Dank.«

Das Gespräch mit Adler in Hartmanns Büro zog sich.

»Warten Sie nur ab!«, sprach die Chefin. »Wir haben mit *Quadriga* einen guten Plan entwickelt. Deshalb ist es wichtig, dass Sie gleich an der Besprechung teilnehmen. Sie sitzen natürlich neben mir, keine Frage.«

»Ehrlich gesagt mache ich mir große Sorgen, dass ich von den Kollegen nicht ernst genommen werde. Ich weiß doch, wie das vor sich geht. Wenn eine Frau da bleibt, wo sie ist, ist sie für Männer keine Gefahr. Aber wenn sie da hinkommt, wo die Männer sind, wird sie von ihnen verächtlich behandelt.«

»Ich habe bei Ihnen immer das Gefühl, Sie leben nach vorne, denken aber rückwärts!«, erwiderte Hartmann. »Natürlich wird es anfangs Sprüche geben, die Männer werden versuchen, Sie an die Wand zu drücken. Aber das wird sich legen. Männer brauchen immer schnelle Lösungen, brauchen dieses Fuchteln mit den Dienstplaketten, das Springen über Zäune und das Eintreten von Türen. Ihr Denken hat zwei Farben, Schwarz und Weiß. Frauen haben zwar ein kleineres Gehirn, wissen es aber besser einzusetzen. Sie finden heraus, wo der Schlüssel der Tür versteckt ist, damit Sie sie eben nicht eintreten müssen. Und das wissen die Herren bald zu schätzen. Also, zeigen Sie, wie es geht!«

Im Prinzip hatte die Chefin recht. Adler wollte nie mehr Schwäche zeigen, hatte Gespür und Stärke aus den schrecklichen Ereignissen ihres Lebens entwickelt und kämpfte gegen Gewalt und Verbrechen an. Welchen Anteil das Pervitin und ihre emotionale Taubheit dabei hatten, verdrängte sie. Auch jetzt, als ihr Kopf ihr diese Frage immer wieder stellte.

»Ich brauche nun endlich eine Entscheidung!«, sagte Hartmann und schlug die Akte auf. Was nun aber kam, war nicht das Warten auf eine Antwort, sondern eine Erklärung wie beim Staatsakt.

»Frau Luise Adler! Ich will Sie! Wir brauchen Sie für diese Aufgabe! Deshalb möchte ich Ihnen nun ein Angebot unterbreiten, das Sie einfach nicht ausschlagen können.«

Während Hartmann nebenan nur undeutlich durch die Diplomatentür zu hören war, starrte Eva Schiller, Hartmanns Sekretärin, im Vorzimmer gelangweilt auf das Führerbild an der Wand. Der Mord der vergangenen Nacht verlangte Sonderdienst auf Abruf, auch für sie. *Die Schiller*, wie sie alle nannten, war mit ihren Mitte fünfzig zwar keine junge Frau mehr, doch strahlte sie attraktive Reife aus. Haarfestiger, gute Figur, stilsicher gekleidet, selbstverständlich gute Schuhe. Ihre Gedanken kreisten, ging der Mord der Nacht schließlich nicht an ihr spurlos vorbei. Sie war sich sicher, dass sie die einzige Frau im Amt war, die mit ihrer Wohnung in Karlshorst dem Schrecken ganz nah war. Ein Mörder meuchelte auf ihrem Arbeitsweg, auf ihrer Bahnstrecke, was für eine grauenhafte Vorstellung. Dass er direkt vor ihrer Haustür über Frauen herfiel und sie ihn nicht schnappen konnten, war für sie die ganze Zeit schon beklemmend, aber Mord? Das versetzte sie nun in Angst und sie wusste nicht, was sie tun sollte. Aus Karlshorst wegziehen, ging nicht. Dass Simon, der Mann, den sie liebte und versteckte, raus vor die Tür ging und sie vom Bahnhof abholte, schon gar nicht. Es würde alles herauskommen und sie wäre als Judenhelferin entlarvt. Und was würde dann aus Simon werden? Umsiedeln würde man ihn, Richtung Osten, ins KZ. Niemand wusste, dass er bei ihr war, sie ihn versteckt hielt und vor dem Tod rettete. Noch nicht einmal Harald, ihr erwachsener Sohn und Adjutant drüben bei der *Sipo* wusste davon, obwohl er jeden Mittwoch nach Hause zum Kaffeetrinken kam. Niemand durfte es erfahren, niemand!

Im Namen des Deutschen Volkes!

Die Strafkammer verurteilt Juden wegen Rassenschande, da ein Verhältnis zwischen Juden und deutschen Frauen verboten ist. Die Strafandrohung richtet sich nur gegen den Mann, nicht gegen die Frau.

(Gesetz zum Schutze des deutschen Blutes und der deutschen Ehr § 11)

Eva Schillers furchtbare Gedanken rissen durch das grelle Läuten des Telefons. Schnell hob sie den Hörer ab.

»Ja, Frau Kriminaldirektorin? Richtig, Lüdke hat die Beförderung bereits unterzeichnet … Ja, habe ich verstanden! … Dann komme ich jetzt rein!« Sie knallte den Hörer auf die Gabel, strich sich den Rock glatt und befestigte die gelockerte Haarklammer am Hinterkopf. Mit einer goldumkordelten Beförderungsurkunde und einer Polizeimarke aus Messing mit der Aufschrift *Kommissar* schritt sie schließlich ins Nachbarzimmer.

2

Die große Sitzung im Haus begann nicht pünktlich. Mitten auf dem stumpfen Parkett des großen Saals stand der große Konferenztisch, um den viele Stühle noch leer waren. Die große Rolltafel an der Seite war mit Fotos, Skizzen und Gebietsplänen der laufenden Ermittlung bestückt. Auch Kriminalrat Lüdke befand sich noch im Wartemodus und saß gut organisiert an der Stirnseite. Er war ganz in dichte Qualmwolken gehüllt, weil er sich gerade mit großer Flamme seine dicke Zigarre angezündet hatte. Das machte er immer, bevor er mit einer Sitzung begann, konnte er sich so besser konzentrieren. Überhaupt war Sitzungsrauchen Lüdkes Erfindung und ein wichtiges Ritual, das irgendwann alle in der Abteilung übernommen hatten, bis auf Sekretär Klaussner, der Nichtraucher war und als Protokollant bereits in seiner Nähe saß.

»Klaussner, Sie Schüler! Mütze ab!«, maßregelte ihn Lüdke.

Einige Herren der Abteilung kamen im Schlendergang und erreichten, mit Aktenordnern und Rauchutensilien bewaffnet, den Saal. Man setzte sich und redete über Belangloses. Die Ranghohen ließen sowieso immer auf sich warten, aber auch Zach fehlte noch. Lüdke betete, dass er sich nicht zum sonntäglichen Frühschoppen in einer der Trinkhallen hatte hinreißen lassen.

»Obwohl ich mit Blick auf die Uhr gerne pünktlich beginnen würde, schlage ich vor, dass wir einigen fehlenden Mitgliedern der Sondersitzung noch Zeit geben«, warf Lüdke in die gemischten Gespräche ein. Mit einem freundlichen »Mahlzeit, Kollegen!« schlenderte schließlich auch Zach lässig durch die Tür. Mit Hut auf dem Kopf und Mantel am Finger suchte er sich einen freien Platz. Er wirkte wach und seine Augen waren nicht glasig, was schon die halbe Miete war. Lüdke musterte scharf seine Schritte, bis er beim korpulenten Kollegen, Willi Kuttnik, angekommen war. Schließlich schmiss Zach den Hut auf den Tisch, den Mantel lässig über die Stuhllehne und begann einen kurzen Kollegenplausch mit Tischnachbar Kuttnik.

»Wat hast'n mit deene Schuhe jemacht, Oscar? Biste übern Acker jeloofen?«

Auch wenn Kuttnik auf den ersten Blick rustikal und burschikos daherkam, wurde er im Kollegium von allen respektiert. Er war ein Bulle im wahrsten Sinne des Wortes, arbeitete vorrangig im Innendienst und war ein sympathischer Kerl. Bei ihm wusste man, dass es nie die Runde machte, was man ihm anvertraute. Zudem war *Kutti*, wie ihn alle bis auf seine Vorgesetzten nannten, ein grandioses Organisationstalent und konnte alles beschaffen, was es auf der Welt oder zumindest im Großraum Berlin gab: Essbares, Hochprozentiges, Fahrzeuge, Werkzeuge, aber auch Informationen aus jedem Winkel der Stadt.

»Und, Oscar? Wat machste jetze mit die große Wohnung? Isse schon ausjezojen?«, flüsterte Kuttnik zu Zach, der ihm auch antworten wollte, wenn nicht plötzlich alle stuhlqietschend wie gehorsame Soldaten aufgesprungen wären, weil der Chef des Amtes, Reichskriminaldirektor Arthur Nebe, den Raum betrat. Das Oberhaupt der Polizei des Deutschen Reiches. Eisernes Kreuz der ersten und zweiten Klasse 1914, Verwundetenabzeichen 1918, Medaille zur Erinnerung an den 1. Oktober 1938, Kriegsverdienstkreuz, Dienstauszeichnung der NSDAP sowie noch drei weitere Polizeidienstauszeichnungen inklusive Reichssportabzeichen.

»Meine Herren, bleiben Sie doch sitzen! Mein lieber Lüdke, ich grüße Sie!«

Vor versammelter Mannschaft folgte ein zangenhafter Händedruck, bei dem sogar Lüdkes kräftige Pranke Schwierigkeiten hatte, mitzuhalten.

»Wie ich sehe, läuft hier alles auf Hochtouren«, sprach

Nebe. »Sehr ordentlich!« Dabei blickte er zwar durch den Raum, sah aber an allen nur vorbei. Von außen wirkte er in der stahlblauen Polizeiuniform mit den vielen Abzeichen freundlich und vertrauensselig. Es war dieses ständig lächelnde Großvatergesicht und das weiße Haar, das ihn zu einem netten älteren Herrn machte. Doch war man sich nie sicher, ob sich hinter der freundlichen Fassade nicht Kalkül verbarg. Es war bekannt, dass Nebe von Beginn an ein nationalsozialistischer Mittäter ersten Ranges war. Sein Karrierestart hatte begonnen, als er Propaganda gegen Juden in der Polizei machte. So wurde er zum Leibwächter von Göring, seinem zweitbesten Freund, und kurze Zeit später Chef der Reichspolizei, befördert durch Reichsinnenminister Himmler, heute sein bester Freund.

»Herr Kriminaldirektor! Zigarre vielleicht? Hilft beim Denken! Mir jedenfalls«, öffnete Lüdke das dickledrige Täschchen mit den drei Reservoirs und bot ihm eine an.

»Nee, Lüdke, lassen Sie mal! Der Magen!«

Plötzlich standen zwei Uniformierte im Türrahmen – und obwohl sie erwartet wurden, hatte es den Anschein, als wollten sie den Saal durchsuchen, so überheblich traten sie mit lauten Stiefelschritten ein. Der eine, ein großer, blonder junger Mann in einfacher Uniform, war Harald Schiller – im echten Leben nicht aus Zufall der Sohn von Hartmanns Sekretärin, Eva Schiller. Er gehörte zur Verfügungstruppe der SS und seine Dienstbezeichnung war kürzlich erst erfunden worden. Er war Assistent des *Ogruf*, die Abkürzung für Obergruppenführer und einer der vielen Titel des Mannes, der wie eine uniformierte Vampirgestalt mit breiter Narbe über dem Auge, Totenkopfmütze und geöffnetem Ledermantel hinter ihm erschien. Kurt Eugen Görnitz, der politische Polizeikommandeur der *Sipo* und oberste Dienstvertretung hier im Kriminalamt am Werderschen Markt. Ein Überzeugungstäter, der mit inhumanen Maßnahmen frei von Gewissen agierte. Nur er wusste, wie man mit einer Verbindung aus Skrupellosigkeit, karrieristischem Denken und Effizienz die fanatischen Ideologien in den normalen Alltag brachte. Unter den vielen Speichelleckern war er einer der Fähigsten im Männerbund der Massenmörder: Ein Manager des Bösen, der Klassenbeste, die Supernova.

»Heil Hitler, die Herrschaften!«, rief er in den Raum, zog sich Finger für Finger die schweinsledernen Handschuhe aus und ließ sich vom Gehilfen Schiller den schweren Mantel wie ein Sonnenkönig abnehmen. Alle wiederholten den Deutschen Gruß deutlich, da es unter Höchststrafe stand, sich dem zu verweigern. Bis auf Lüdke: der schummelte sich, wie immer, mit einem murmelnden »Drei Liter!« aus der Affäre und begrüßte Görnitz kühl, fast eisig, indem er ihn weder mit Titel ansprach, noch sich bemühte, sich zu erheben.

»Görnitz! Schön, dass Sie noch für uns Zeit gefunden haben. Wir haben sehnsüchtig gewartet und wollten schon ohne Sie anfangen. Sitzungsbeginn war ja vor knapp acht Minuten. Ich möchte nicht pingelig sein, aber ich denke, wir haben nicht ewig Zeit! Es ist Sonntag und die Kollegen haben Familie, im Vergleich zu manch anderem hier!« Auch jetzt ließ Lüdke ihn spüren, wie sehr er ihn verachtete, konnte er mit dem ganzen Getue, der Uniform und den Schikanen dieses aalglatten Typen nichts anfangen. Alles Mumpitz, wie er immer sagte, weil es in seinen Augen diesem verkleideten Blutsauger nur darum ging, seiner Abteilung die Nährstoffe zu entziehen. Lüdke wusste, dass Görnitz so ein Fossil wie ihn am liebsten mit einer vom Führer signierten Dankesurkunde entsorgt hätte, doch wusste er auch, dass man auf ihn nicht verzichten konnte. In keinem Archiv fand man mehr Informationen als in seinem Kopf.

»Lüdke, Sie altmodischer Idealist!«, begann Görnitz nicht ohne Verachtung in der Stimme und mit dem Gesichtsausdruck eines bösen Gorillas. »Ich bin ja heute sehr gespannt, was mir die Fachmänner für Unsittlichkeit und ihr vorzeitlicher Dinosaurier heute wieder für spannende Geschichten liefern werden.«

Lüdke überhörte das bewusst, legte in aller Ruhe seine angekaute Zigarre in den Aschenbecher und griff zum Zeigestock.

»Somit begrüße ich heute alle aus ernstem Anlass zur Sondersitzung. Wir hatten es in der Nacht zum ersten Mal mit Mord zu tun. Unser Täter hat sein erstes Mordopfer auf dem Gewissen und wir müssen davon ausgehen, dass es nicht sein letztes sein wird. Er probt hier sein System, und ...«

Die bereits geschlossene Tür wurde erneut aufgerissen und Hartmann und Adler drückten sich verspätet durch den schmalen Spalt. Schnell schlichen sie auf Zehenspitzen zu den zwei für sie freigehaltenen Plätzen.

»'Tschul-di-gung!«, zischelte Hartmann in die Runde und Adler hinter ihr nickte freundlich und folgte ihr auf Schritt und Tritt. Sie merkte, dass die Blicke jetzt an ihr klebten, war sie doch für viele ein noch unbekanntes Gesicht. Lüdke kommentierte indes weiter die Karten der Gleisanlagen, des Laubengeländes und des Betriebsbahnhofes. Er gab relevante Zeugenaussagen wieder, beschrieb die Erkenntnisse der Gerichtsmedizin und nebenbei hörte man das schnelle Bleistiftkratzen von Protokollant Klaussner.

»Die Gewaltspirale dreht sich und wir erleben einen Anstieg in der Qualität der Taten«, sprach Lüdke eindringlich. »Es kam zu Misshandlungen der Opfer, nachdem sie erst mit der Taschenlampe angeleuchtet und im Dunkeln belästigt wurden. Später wurden sie gewürgt, mit einem Messer verletzt, erhielten schwere Schläge mit einem Gegenstand aus Metall oder gleich alles auf einmal. Einige Frauen erinnern sich an eine Uniform und an eine Kopfbedeckung mit Hoheitsadler, doch davon haben wir viele im Reich. Ich hatte es schon mit vielen Sexualstraftätern zu tun. Das hier lässt ganz deutlich auf die Psychologie eines Einzeltäters schließen. Er agiert allein, ohne Komplizen. Mit dissozialer Per-

29

sönlichkeit, mangelnder Triebkontrolle und, ganz wichtig, mit Blutgruppe 0.«

Lüdke umfuhr mit dem Zeigestock noch einmal das Gebiet, das auf einem der Pläne markiert war.

»Vermutlich kommt er aus der unmittelbaren Region, mit besonderem Augenmerk auf den Stadtteil Karlshorst, den Laubenkolonien westlich davon und dem Betriebswerk Rummelsburg im Zentrum. Seit Monaten fischen wir im Trüben, weil wir Stillschweigen bewahren sollen. Jetzt wird es Zeit, an die Öffentlichkeit zu gehen: mit Aushängen, Belohnungen, Phantombildern, Zeitungsmeldungen und, und, und …«

»Nun bohren Sie hier mal nicht so dicke Bretter, Lüdke!«, keifte plötzlich *Sipo*-Chef Görnitz vorlaut dazwischen. »Nach Ihrem kilometerlangen Vortrag frage ich mich, warum ich mir das wieder anhören musste, können Sie mir das eventuell beantworten? Wir sind im Krieg, die Reichshauptstadt wird bombardiert und Staatsfeinde verstecken sich in jeder Arschritze Berlins. Da ist kein einzelner Triebhafter am Werk, sondern Staatsfeinde der übelsten Prägung, von England geschickt. Kein Mensch glaubt doch jemals, dass da ein Einzelner im müden Karlshorst rumläuft, um ein paar öden Weibern die Fresse zu polieren.«

In diesem stattlichen Eigenheim nebst Arztpraxis hatten sich Dr. Hedwig Ebauer und Marianne Finck mittlerweile in Karlshorst, in der Dorotheastraße 13, am biederen und bürgerlichen Rande der Straße eingelebt – auch wenn es ihnen immer noch nicht leichtfiel. Marianne und sie mussten immer auf der Hut sein, sie hätten sich sonst beide verraten und es hätte die Runde gemacht. Eine nette Umarmung, womöglich ein schneller Kuss im Vorübergehen, es wäre fatal gewesen. Beziehungen dieser Art standen unter Strafe und bedeuteten Gefängnis oder sogar mehr:

Verordnung

Lesbische Frauen sind als Prostituierte
zu betrachten. Sie werden aus Gründen
der Gegnerschaft gegen den Nationalsozialismus inhaftiert.

Heinrich Himmler, Reichsführer-SS

Viele dachten, Marianne sei ihre jüngere Schwester, einige
vermuteten sogar, sie sei ihre erwachsene Tochter, aber niemand ahnte, wer oder was Marianne in Wirklichkeit war,
nämlich ihre Liebe und ihr Leben.

Um sich in ihre zweite Leidenschaft, die Töpferkunst, zu
vertiefen, die schon ihre Großmutter beherrschte und ihr als
Kind beigebracht hatte, hatte sich Hedwig Ebauer unten im
Keller einen kleinen Zufluchtsort eingerichtet. Ihn als Werk-
statt zu bezeichnen, wäre übertrieben gewesen, aber hier
bekam sie den nötigen Abstand nach der herausfordernden
Sechs-Tage-Woche.

Sie verknotete ihr langes geordnetes Haar zu einem un-
ordentlichen Zopf und genoss das kühle Nass zwischen den
Fingern. Ein Schwämmchen, etwas Wasser und den Klumpen Ton, mehr brauchte es nicht, um für die Welt etwas Neues entstehen zu lassen und mit den Händen zu erschaffen.
Es war ganz das Gegenteil von dem, was sie sonst tat. Als
Allgemeinmedizinerin hatte sie unter der Woche oben viel
zu tun. Im November standen die Patienten sogar draußen
Schlange und mussten bei Kälte krank vor der Eingangstür
warten, weil ihr Wartezimmer viel zu klein für den zu großen Andrang war.

Vor nun mehr als einem Jahr, im Januar 1939, hatte sie
dieses Haus mit Praxis übernommen, nachdem der langjährige Vorbesitzer, Dr. Simon Blumberg, von heute auf morgen
unbekannt verzogen war. Man erzählte sich in der Nachbar-

schaft, er kam wohl nach den Ereignissen im November 1938 ins KZ Sachsenhausen, mehr wusste man nicht.

Sie legte den Tonklumpen in die Mitte der Töpferscheibe, trieb sie unten mit nackten Füßen an und bildete mit ihrer Hand eine Kuhle in der feuchten Masse. Marianne unterstützte sie oft in der Praxis, obwohl sie als Krankenschwester im Kreuzberger Bethanien-Krankenhaus nicht nur gefordert, sondern ganz und gar überfordert war. Der Krieg hatte viele Opfer in der Stadt gefordert.

Sie drehte die Scheibe mit den Füßen weiter voran. Niemand durfte jetzt stören, außer Marianne, die durfte alles. Sie durfte sogar mit ihr dabei zusehen, wie gerade die Welt unterging. Doch wenn sie mit Marianne unterging, war es kein echtes Problem – Liebe ist halt ein großes Gefühl.

Nach wenigen Augenblicken entstand aus dem Klumpen ein Gefäß mit dünnen Wänden und eleganten Proportionen. Sie schaffte es immer in einem Zug. Marianne sagte immer, wenn sie mal hier unten war, und das war sie selten, dass viel zu viele unfertige Dinge hier auf den staubigen Regalbrettern standen. Rohlinge von Schüsseln, Tassen und Kannen, alle noch stumpf und spröde. Am liebsten hätte Hedwig die Gefäße mit besonderen Mustern bemalt. Sie mochte kleine weiße Punkte in einer perlenkettenartigen Anordnung, jedoch kam sie einfach zu selten dazu, die Stücke fertigzustellen.

»Darf ich dich kurz stören, Hedwig?«, fragte das schemenhafte Gesicht durch das trübe Rauchglas der Tür.

»Komm doch rein, Schatz!«

Mit Schürze bekleidet und einem gefüllten Tablett kam sie rein – mit ihrem dichten dunklen Haar und dem freundlichen Gesicht, in das Hedwig gerne schaute. Am meisten mochte sie Mariannes schlanken, stabilen Nacken. Er war nicht nur schön anzusehen, sondern konnte so manche Belastungen aushalten.

»Mein liebes Fräulein Finck, du bist einfach verrückt!«

»Wieso verrückt? Ich dachte, jemand hier braucht heißen Tee und ich bin mir sicher, dass du dieser Jemand bist!« Marianne schenkte gleich ein, reichte ihr eine dampfende Teetasse aus zartem Porzellan und rückte ein Schälchen Plätzchen zurecht.

»Du bist eine wahre Hellseherin, Marianne. Kein Gold der Welt ließe sich mit dir aufwiegen! Schau nur, was ich hier in der Zeit für Unsinn erschaffen habe!«

Sie zeigte auf ihr jüngstes Werk.

»Oh, schön!«, sprach Marianne. »Eine Vase, oder? Nein, eine Kanne! Oder ist es ein Kochtopf?«

»Kochtopf aus Ton. Eine reizende Erfindung.«

»Wieso nicht?«, sprach Marianne amüsiert. »Im Krieg verbringen wir lange Abende der Finsternis mit Ersatzkeksen, trinken dazu Ersatztee und du erfindest halt den Ersatzkochtopf, der auch nix wert ist. Kratz doch noch ein Hakenkreuz rein, dann verkaufen wir viele davon und werden reich!«

Beide kicherten, nippten an ihren Tassen und aßen weiter Ersatzbutterplätzchen ohne Butter.

»Geniale Vorstellung, du Erfinderin«, sprach die Ärztin, mit dem Mund voller Krümel.

»Ich finde übrigens, hier stehen zu viele unfertige Dinge auf deinen Regalbrettern. Du solltest mal nachdenken, sie zu verschenken!«

Hedwig reagierte mit spitzem Grinsen, erstaunt darüber, dass sie es erst jetzt aussprach. Marianne zog indes einen kleinen Zettel aus der Schürzentasche.

»Ich habe nun eine gute und eine schlechte Nachricht, Frau Doktor!«

»Ich brauche immer erst die Gute, Marianne, Liebes! Was ist die Gute?«

»Ich habe meine Nachtschichten mit Schwester Christa getauscht und muss heute Nacht noch einmal in die Klinik, habe dann aber die ganze nächste Woche frei. Ich helfe dir dann in der Praxis, abgemacht?«

»Wirklich? Ach, das freut mich. Du bist ein wahrer Schatz! Aber ich ahne schlechte Nachrichten. Wer zerstört unseren schönen Sonntag und hat sich nun schon wieder angekündigt?«

»Ein Notfall. Frau Golzow. Du kennst sie. Die Frau von diesem Bahnarbeiter, der dir immer ellenlang vom jüdischen Arzt erzählt und was er ihm angetan hat. Sie kommt nachher noch einmal mit ihren beiden Kindern. Angeblich ist sie gestern ganz dumm in der Wohnung über ihre Tochter gestürzt. Sieht wohl nicht gut aus und sie möchte sich versichern, dass bei ihrer Tochter nichts gebrochen ist. Sie wollte gleich zu dir, aber ich habe ihr gesagt, sie soll am späten Nachmittag noch mal klingeln, weil du beschäftigt bist. Wenn ich nur gewusst hätte, dass du Reichsersatzkochtöpfe für Volk und Führer erfindest, hätte ich sie natürlich für heute ganz abgewimmelt.«

Hedwig kramte in ihrem Gedächtnis und trank den letzten Schluck aus der Tasse.

»Golzow? Golzow. Ja, ich erinnere mich. War sie nicht schon wegen ähnlicher Geschichten bei mir?«

3

Rundfunkverbrecher sind Volksverbrecher war eine Verord-
nung über außerordentliche Rundfunkmaßnahmen, die das
Hören von ausländischen Feindsendern verbot und unter
schwere Strafe stellte. Für den Chemiker Cornelius aus der
Laubenkolonie Gutland II war das Hören dieser Sender jedoch die einzige Möglichkeit, an Nachrichten über die wahre Lage im Land zu gelangen. Er wollte sich nicht von Propa-
gandamärchen einlullen lassen. *Englisch inhalieren* hieß es,
wenn man heimlich die BBC hörte. »*Hier ist England. Hier ist
England. Der deutsche Service der British Broadcasting Corpo-
ration. This is London calling.*« Der Morgen wurde zum Vormittag, die deutschen Nachrichten der BBC waren zu Ende
und was folgte, waren die Anfangstakte der fünften Sym-
phonie Ludwig van Beethovens. *Tata ta taaa.* Danach kamen
die dumpfen Paukenschläge im gleichen Tonmuster, die
Erkennungstöne der BBC. Sie allein waren eine Botschaft,
da sie das Morsezeichen für den Buchstaben *V* wie *Victory*
bildeten. Im Anschluss dudelte entspannte Orchestermusik,
die nur leise zu hören war.

Der Streit war wieder vergessen. Johanna und Cornelius
lagen im Bett, das noch ungeordnet war. Er umfasste sie
von hinten, zog die Decke über ihren nackten Körper. Sie
schmiegte sich an ihn und genoss seine Nähe. Seine Lippen
glitten zu ihrem Ohr und er glaubte, ihre Gedanken zu hören. Doch sie wollte in diesem Moment nicht denken, sondern nur noch fühlen. Später irgendwann, als sie noch so da
lagen, fragte sie ihn irgendwann.

»Sag, wie spät war es eigentlich gestern Nacht, als du
kamst, Christian?«

»Nicht spät. Hast geschlafen wie ein Stein, wieso?«

»Hättest du diesem Zack oder Zach vorhin nicht sagen
sollen, dass du gestern noch spät unterwegs warst?«

»Willst du schlafende Hunde wecken?«, warnte sie Cornelius. »Du weißt, was sie mit Widerständlern machen! Kurzen Prozess! Ich möchte meinen Kopf noch behalten.«

»Hast du außer deinem Kopf vielleicht noch irgendwo etwas zum Essen im Haus? Ich habe mordsmäßigen Hunger.«

»Ein Rest Brot, Margarine und Salz im Schrank. Aber geh doch nach nebenan ins Gewächshaus, da wachsen noch Schnittlauch und Petersilie. Doch sei vorsichtig! Seit gestern Abend lagern auch Hexogen, 24 Prozent Dinitrotoluol und neun Prozent Mononitronaphtalin dort. Vier Kilo feinster Spezialsprengstoff mit gigantischer Detonationswirkung. Das wird alle ordentlich weghämmern.«

Er setzte sich auf und griff in die Nachttischschublade, wo sein Tabaksäckchen und die Pfeife verstaut waren. »Mach dir aber keine Sorgen, die Mischungen sind stabil gegen Stöße und explodieren nur mit dem Zeitzünder, den man noch einstellen muss.«

»Willst du mich etwa so schnell beseitigen wie deine Schädlinge, an denen du da herumexperimentierst?« Johannas Stimme wurde leise und schwer. »Es reicht doch, dass du dich noch immer diesem Druck unterziehst, wo du doch weißt, was man mit deinen Erfindungen macht? Dein Gift soll nicht Schädlinge bei Pflanzen töten, es tötet Volksschädlinge in Konzentrationslagern. Du hast unterschrieben und hast das Kleingedruckte nicht gelesen. Bruno hat dich aufs Kreuz gelegt, sieh es endlich ein.«

Cornelius befeuerte beschaulich seine Pfeife, schüttelte das Streichholz und paffte nachdenklich vor sich hin.

»Der Weg ohne Gift ist bei *Zyklon* schwer, aber wir stehen kurz davor. Mit einer neuen Kombination ohne Blausäure. Biozid statt Pestizid. Das Ganze nennt sich Biodynamik, Verlebendigung statt Vernichtung. In vitalem Boden sprießen Pflanzen im Kräftefeld von Erde und Kosmos durch Achtsamkeit des Menschen. Ein Erkenntnisweg, der sich methodisch an der Biologie orientiert.«

»Du klingst schon wie ein Verrückter! Vielen Dank für deine Vorträge im Liebesnest, aber du willst eine Bombe hochgehen lassen und sprichst im selben Atemzug von der neuen Weltordnung in Frieden und Harmonie. Ich glaube, du wohnst schon zu lange an einem Ort, der Gutland heißt, merkwürdige Ansichten, die du hast!«

»Es steckt wirklich nichts Großes dahinter, Schädlinge nicht zu vergiften oder auszurotten, sondern nur zu vertreiben. Wusstest du etwa, dass Schlupfwespenlarven Motteneier fressen, dass die ätherischen Öle von Lavendel, Salbei und Zwiebel Spinnmilben fernhalten oder der Duft der weißen Rose braune Blattläuse fernhält? Man muss eine gesunde, widerstandsfähige Welt aufbauen, dazu muss man die Erde stärken und nähren. Was sagst du dazu?«

»Amen, Pater!«, reagierte Johanna spöttisch. »Du predigst schon wie mein Vater in der Kirche und dabei hatte ich ja nur Hunger! Werde endlich wach! Du kannst es nicht rückgängig machen! Es ist eine ganz einfache Formel: Dein *Zyklon* ist Gift und dieses Gift geht ins KZ.« Sie glitt nackt aus dem Bett und während sie weiterredete, zog sie sich an. »Ich muss jetzt los, bin sowieso schon viel zu spät. Meine Eltern warten mit dem sonntäglichen Ritual des Mittagessens im heiligen Heiligensee auf mich. Peter lässt mich heute mal wieder im Stich und hat was Besseres vor. Mein Bruder hat sich wieder mit diesem schönen Herrmann verabredet, den du neulich kennengelernt hast. Mir ist der Typ ja immer noch unheimlich und ich verstehe nicht, warum sich Peter mit diesen Geschichten immer ins Unglück stürzt. Da muss ich wohl heute alleine durch.«

Ihre Hände krempelten den schwarzen Pullover zusammen, ihr Kopf schlüpfte durch dessen Rollkragen. »Begleitest du mich noch zum Bahnhof?«

»Jetzt übertreib nicht mit deiner Paranoia, es ist taghell draußen, Johanna, dir wird schon nichts passieren. Ich muss auch los, fahr nachher nach Hause, zu Viktoria, wir wollten

37

noch einmal reden und ich schulde ihr noch Geld. Du weißt ja, Viktoria ist die Korrektheit in Person.«

»Korrektheit nennst du das?«, entgegnete Johanna aufsässig. »Deine Gattin ist für mich eine Faschistin der übelsten Sorte, das ist sie. Aber fahr zu ihr, bezahl deine Schulden und kläre die Dinge endlich mit ihr. Könntest du auch bei der Gelegenheit nebenan bei Tante Traudi klingeln und fragen, ob sie dir frische Wäsche für mich mitgeben kann? Und frag sie gleich, ob sie dir ein paar ihrer Leckereien aus dem *KaDeWe* mitgibt, da ist sie sicher spendabel. So ein paar Fressereien am Abend wären doch nicht übel?«

»Kann ich machen, kein Problem.«

»Und ich werde heute meinen Herrn Vater zur Rede stellen, er meidet ja sogar neuerdings meine Blicke.«

»Verkraftet er immer noch nicht, dass ich genauso alt bin wie er?«, fragte Cornelius.

Johanna konnte nur schmunzeln.

»Nein, ich glaube, er bekommt langsam Wind davon, dass ich weiß, was er in seinem Weidenhof anstellt.«

Im Sitzungssaal des Kriminalamtes nahm der angesäuerte Lüdke Akte für Akte vom Stapel ungeklärter Fälle und schmiss jede über die Fläche des langen Konferenztisches.

»Hier, Nummer fünf! Wieder Mordversuch und ungewollter Geschlechtsverkehr.« Auch diese Akte schlitterte wieder weit nach hinten, bis fast über den Rand des Tisches zum Kollegen Kuttnik. Der freute sich jedes Mal, dass er sie wie ein Cowboy an der Saloontheke stoppen konnte. Und auch an dieser Akte hing mit einer Büroklammer das gelbliche Schwarzweißfoto des kriminaltechnischen Dienstes mit dem Gesicht einer schrecklich misshandelten jungen Frau. Auch sie schaute wie die anderen auf den Fotos gedemütigt und zur Schau gestellt, auch sie hatte Kopfverletzungen und auch ihre Augen waren schwarz und geschwollen. Ein abscheulicher, grauenvoller Augenblick.

Grete Hartmann erteilte sich nach langem Zögern selbst das Wort.

»Kollege Lüdke? Verzeihen Sie bitte! Sie konnten uns zwar mit Ihrer verblüffenden Wortwahl alle vom Umfang und der Brutalität der Fälle überzeugen, doch bevor wir uns weiter unterhalten, hätte ich einen Geschäftsantrag, wenn Sie gestatten.«

Sie machte eine Redepause, nahm ihre Kaffeetasse wie die englische Königin beim Fünf-Uhr-Tee, um bewusst im Ton einer amtlichen Feststellung zu sprechen.

»Sie zitieren aus den Akten immer wieder einen ungewollten Geschlechtsverkehr. In meinen Ohren klingt das wie verweigern, als würden die Frauen hier etwas ablehnen, was sie nicht hätten ablehnen sollen. Natürlich kann man das so hinnehmen, aber es darf so nicht in den Akten stehen bleiben. Nennen wir das Kind doch beim Namen und registrieren es als das, was es tatsächlich ist, ein Verbrechen. Im Amtsdeutsch heißt das ...« Sie zog die Begriffe absichtlich übertrieben auseinander. »... Not-zucht, es heißt versuchte oder vollendete Ver-ge-wal-ti-gung! Und eine Vergewaltigung, wertes Gremium, ist eine abartige, widerliche Straftat. Es hat neben dem unsäglichen Akt der Gewalt auch viel mit Herabwürdigung und Raub zu tun. Ein Mann nimmt sich einfach, was er haben will. Er will eine Frau einschüchtern, unterdrücken und misshandeln. Dazu nutzt er seine Körperkraft. Ich bitte also um Streichung aus den Akten und Ersetzung dieser abscheulichen Formulierung. Schriftlich, wie in Zukunft auch mündlich! Sprechen ist Denken, meine Herren! Wer handelt, sollte auch die Folgen seines Handelns beachten!«

»Klaussner, der Antrag kommt ins Protokoll!«, befahl Lüdke unverzüglich ohne Gegenrede, während sich SS-Obergruppenführer Görnitz auch hier grob und störend dazwischenschaltete.

»Papperlapapp! Das ist doch wieder nur weibische Wortklauberei!«

Ungeachtet seiner unqualifizierten Bemerkung lenkte Direktor Nebe mit ruhiger Stimme ein.

»Kollegin Hartmann, Kollege Lüdke! Was möchten Sie? Was brauchen Sie?«

»Wir sollten endlich von der Mär der Staatsfeinde abkommen, die angeblich das ganze Reich implodieren lassen wollen«, begann Lüdke. »Wir müssen uns auf einen Einzeltäter konzentrieren. Das ist klar lesbar.«

Hartmann ergriff das Wort.

»Wir sollten konzentriert im Gebiet rund um Karlshorst und Rummelsburg ermitteln und die S-Bahnstrecke innerhalb und außerhalb der Züge kontrollieren. Das bedeutet eine gründliche Personenüberprüfung im gesamten Gebiet. Alle Männer in der S-Bahn, in den Laubenkolonien, auf der Bahnstrecke, auf den Bahnhöfen sowie eine Überprüfung des männlichen Personals im gesamten Bahnbetriebswerk. Das werden sicher nicht wenige sein. Wir müssen das Volk informieren, damit es uns informiert. Vielleicht kann man für sachdienliche Hinweise eine Belohnung ankündigen? Die Frauen, die dort wohnen, wissen nicht, was da passiert und das beunruhigt sie. Sie haben Angst, daher muss man Aufrufe starten, an Litfaßsäulen, auf Bahnhöfen und im VÖLKISCHEN BEOBACHTER. Und wir müssen das Phänomen der besonderen Blutgruppe weiterverfolgen. Im Umfeld kann es doch nicht so viele Männer damit geben. Wir müssen Blutproben erfassen! Nur so lässt sich ein Täter vielleicht heraussieben. Flächendeckend! Mann für Mann! Arm für Arm!«

Görnitz knallte mit der Faust auf den Tisch. Ihm reichte es jetzt.

»Ich finde das unerhört, was Sie hier vorhaben! Die Öffentlichkeit, die Öffentlichkeit. Psychologie, Profil, Blutgruppe. Wenn ich nur den ganzen Schwachsinn höre, wird mir schlecht. Sie können ja auch gleich das ganze Volk zur Blutabnahme zwingen und bei den Engländern anrufen, dass das deutsche Volk sich ergibt. Wenn ich das alles schon höre? Nebe! Sagen Sie doch endlich auch mal was!«

Nebe reagierte darauf nicht, sondern starrte nur vor sich hin, während Görnitz sich weiter verbal austobte.

»Sie kommen mir hier mit einem Einzeltäter und möchten lesen, was sich in seinem Seelenleben abspielt. Schön, lesen Sie, lesen Sie, aber glauben Sie ja nicht, dass Sie damit herausbekommen, was die Täter als Nächstes tun werden. Ich kann Ihnen aber sagen, was Sie hier alle tun. Sie versuchen mit diesen irren Vorschlägen alle aufzuhetzen, indem Sie jeden deutschen Mann, ohne mit der Wimper zu zucken, so mir nix dir nix unter Generalverdacht stellen. Alle Männer in der Umgebung, alle Männer, die in einer S-Bahn sitzen, alle treuen und hart arbeitenden Bediensteten der Betriebsanlage, ja prinzipiell alle Kameraden unseres tapferen Volkes. Da müssten ja eigentlich nach Ihrer Logik alle Männer Täter sein und alle Frauen vor den Männern im Reich Angst haben.«

»Tja?«, konterte Hartmann direkt und schnippisch. »Vielleicht ist das sogar so? Alle Männer können Mörder werden, und wie wir feststellen können, ganz besonders in Ämtern und Uniformen, werter Herr Obergruppenführer!« Sie wusste, dass sie ihn damit provozierte.

»Das ist doch unglaublich!«, schrie er ihr herüber. »So was kann ja nur von einer Frau kommen. Immer wieder das Gleiche.« Seine Stimme wurde aggressiver, überschlug sich sogar. »Einerseits nehmen die Weiber immer mehr die Rolle der Männer ein, andererseits können sie noch nicht einmal zuverlässig entscheiden, mit wem sie in die Kiste springen. Und wenn die Dinger es sich dann anders überlegen, wird die Sache auf Kosten der Männer zur Vergewaltigung erklärt.«

Dorotheastraße 24a in Karlshorst. In einer geräumigen, aber recht dunklen Wohnung im dritten Stock dieses mehrstöckigen Wohnhauses aus der Gründerzeit lag Simon Blumberg in fein gebügeltem Hemd und Bundfaltenhose auf einem viel zu kleinen Kinderbett. Es war auch sein Berlin, sein Deutschland, seine Heimat. Er wollte es diesen Verbrechern nicht gönnen, ihn aus Karlshorst, aus der Stadt oder dem Land zu ekeln. Wie jeden Tag, jede Stunde, jede Minute und jede Sekunde erinnerte er sich an diesen einen Moment, der sein Leben verändert hatte. »Ich muss mich verstecken, hilf mir!«, hatte er in der Nacht vom 9. auf den 10. November 1938 vor der Wohnungstür von Eva Schiller gefleht. »Überall nehmen sie jüdische Menschen fest, foltern sie, entwürdigen sie, entrechten sie. Sie zünden die Synagogen an, stürmen jüdische Häuser, zerschlagen alle Scheiben von jüdischen Geschäften. Ein Massaker. Sie toben sich aus, damit wir uns verloren fühlen. Sie sind bestimmt auch hinter mir her.«

»Bleib erst einmal bei mir, Simon«, beruhigte sie ihn damals. »Ich kann mir nicht vorstellen, dass sie Millionen völlig Unschuldiger einfach umbringen. Warte ab, dieser Spuk dauert nicht lange.« Doch der Spuk dauerte nun zwei Jahre an, seit sie das gesagt hatte. Genauer gesagt war es vor 742 Tagen. Tage, die ihn um Jahre älter und um Kilo leichter gemacht hatten. Einzig und allein ihre Fürsorge hielt ihn am Leben. Er wusste nicht, was ihn zum Opfer gemacht hatte. Seine Glaubenszugehörigkeit war für ihn nur eine Zugehörigkeit und nichts, was ihn als Art definierte. Er war doch der Universaldoktor von Karlshorst, nichts weiter. Er war der beliebte Hausarzt vieler Familien in der Region, ein sogenannter Bevölkerungsmediziner mit Tausenden von Rezepten und Krankenscheinen im Jahr. Eva Schiller wurde damals seine persönliche Patientin. Nachdem ihr Mann nach langer schwerer Krankheit verstarb und ihr erwachsener Sohn Harald auszog, um seine Ausbildung an der NSDAP-Schule in der Kurmark zu beginnen, holte Blumberg sie aus dem dunklen Tal der neurotischen Störungen. Dabei ging er nie den leichten Weg, verschrieb ihr keine gehirnweichmachenden Nervenpillen, sondern besuchte sie regelmäßig und unterhielt sich ganze Abende mit ihr. Seine Medizin war das Nachdenkliche, das Leise, das Stille. Das half ihr und sie verliebten sich irgendwann. Vor allem seine Ernsthaftigkeit und sein umfassendes Wissen zog sie an. Nun hatte sich das Blatt gewendet und Eva war für sein Leib- und Seelenheil zuständig, auch wenn er meist allein in der Wohnung war, da sie lange im Amt arbeitete, sogar bis spät in die Nacht. Sie war halt die Chefsekretärin bei der *Weiblichen*.

Eva versteckte ihn in Haralds ehemaligem Kinderzimmer. Es war nicht größer als eine Kammer. Harald lebte mittlerweile sein eigenes Leben und kam nur einmal die Woche zum Kaffee. Wenn er kam, hatten sie die Tür stets verschlossen und die Klinke entfernt. So wie Harald mittlerweile tickte, durfte er davon nie erfahren. So lebte Blumberg nicht, er existierte. Manchmal überkam ihn ein wahrer Licht- und Lufthunger. Er konnte aber nicht mehr auf die Straße gehen, in die Welt der Täter und Mitläufer, auch wenn er sich nichts sehnlicher wünschte als das. Niemand durfte ihn sehen, die Umgebung hätte ihn sofort erkannt. Sein Gesicht und die Halbglatze waren schon früher sein Markenzeichen gewesen, als er noch das Haus mit der Praxis am Ende der Straße gehabt hatte. Er wusste, dass es enteignet und an eine arische Ärztin übergeben worden war, was immer das auch war. Nun hatte er ein Bett, einen Tisch und einen Stuhl und er hatte zwei der wichtigsten Dinge: sein Leben und Eva. Trost in seiner zermürbenden Gefangenschaft. Eva steckte jeden Tag die gelesenen Zeitungen aus dem Amt für ihn in die Tasche. Er sog jede Seite, jede Zeile auf, nur um nicht zu verdummen. Er las die Hetzreden von Goebbels, die Stimme des Teufels und die Personifizierung dessen, was ihn in seiner Einsamkeit bedrohte. Er war angewidert und fasziniert zugleich von dessen Sprache und der ihr innewohnenden Macht:

Der Jude ist eine menschen- gewordene Lüge!

Wir werden die Juden beseitigen.
Man meinte, man kann diese Entwicklung
sich selbst auswirken lassen, aber so
etwas läuft sich nicht tot, es muss
beseitigt werden. Je gründlicher und
radikaler das geschieht, umso besser!

4

Das Scheppern der Räder auf den Gleisen schlug rhythmisch im Takt. *Dadamm-dadamm. Dadamm-dadamm.* Es dauerte keine halbe Stunde durch die brandenburgische Land-
schaft und der wackelige Regionalzug fuhr langsam in den
verschlafenen Ort namens Heiligensee ein. Er lag nur 30
Kilometer östlich von Berlin. Johanna Schenk sah aus dem
Bahnfenster und ließ die monotone Waldlandschaft an sich
vorbeiziehen. Feindselig war hier der Wald, tot und bizarr
ragten die kahlen Birken in den grauen Himmel und kün-
digten den seelenleeren Ort an. Ein Rathaus, eine geschlossene Bäckerei, die vernagelten Fenster des Waldgasthofes *Zur
Friedenseiche.* Die meisten Einwohner waren bereits im Ren-
tenalter – das war dann auch schon alles von Heiligensee.
Nur die vielen bellenden Hunde hinter den Zäunen protes-
tierten noch gegen diese unsägliche Einöde. Natürlich holte
sie niemand ab und so lief sie durch das dunkle Waldstück
in Richtung Weidenhof. Kein Hinweis, kein Schild. Auf dem
im Jahre 1887 von Theologen als *Knabenrettungsbau* gegründeten Hof befand sich eine Kapelle, ein Kinderfriedhof mit
weißen Grabkreuzen sowie das Kinderpflegeheim mit dem
offiziellen Namen:

**Anstalt zur Pflege und Erziehung
verwahrloster und auffälliger Kinder**

Seit 1924 waren Johannas Eltern, der Diakon Alfred Schenk
und seine Frau Gerda Schenk, geborene Kohlhans, für den
Hof verantwortlich. Johannas Vater wollte der erhabene
Mann der Kirche sein, deren Dienst er alles unterordnete –
auch seine Familie. Johannas Mutter indes wollte hier die
große Dame des Hofes sein, deren Dienst sie alles unterordnete – auch sich selbst. Tagein, tagaus herrschte sie wie eine

Diktatorin über eine Handvoll unmotivierter Frauen und Männer im Pflege- und Küchendienst. Dabei ging sie meist wie eine abgetakelte Gouvernante im Weidenhof umher und benahm sich auch so. Der Hof lag abseits der Gemeinde, tatsächlich von Weiden umgeben, ganz in der Nähe des Worniger Sees. Eine Festung, umringt von hohen, unüberwindbaren Trennmauern aus wuchtigem Granit. Mauern, die einzig und allein dazu dienten, die Dorfbevölkerung vor den Bewohnern zu schützen, nicht etwa umgekehrt. Derzeit waren hier 102 Kinder und Jugendliche untergebracht, 40 Mädchen und 62 Jungen ab einem Alter von wenigen Monaten. Der Menschenbestand schwankte täglich. Johanna näherte sich der roten Fassade des wilhelminischen Baus, aus dessen Arkadenfenster das kalte Licht der Belegungssäle schummrig auf den Vorplatz strahlte. Dort stand wirr und immer in Bewegung die 15-jährige Friderike Barnitzke. Sie stand immer hier draußen, ob Sommer, ob Winter. Immer barfuß und immer allein. Alle nannten sie nur Frida. Ihr Haar war fettig, ihre Hände und Fingernägel waren schmutzig und schwarz. Sie roch nach saurer Milch und verdorbenen Zwiebeln, da sie es vermied, sich im Waschraum blicken zu lassen, weil die Pfleger immer so grob waren. Sie hatte die Vergangenheit, die viele Kinder im Weidenhof hatten: unehelich geboren und von der leiblichen Mutter als Warenrückgabe weggegeben. Sie lernte erst mit drei Jahren sprechen und ab dem vierten Lebensjahr zeigte sich immer deutlicher, dass sie sich anders entwickelte als gleichaltrige Kinder. Man empfahl der Mutter eine Heimunterbringung des Mädchens und eine spätere Sterilisation. Von früh bis spät und bei jedem Wetter, meist spärlich bekleidet, umrundete sie stets und ständig den Vorplatz oder saß auf der Bank und wippte lethargisch mit dem Oberkörper. Hospitalismus. Die Folgen des jahrelangen stationären Aufenthaltes. Viele Kinder hatten das hier, weil sie kein Spielzeug und keine Privatsphäre hatten, kaum persönliche Zuwendung erfuhren.

»Frida, schön, dich zu sehen«, begrüßte Johanna das Mädchen wie immer freundlich. »Möchtest du bei diesem schmuddeligen Wetter denn nicht reingehen? Du holst dir doch den Tod bei der Kälte!«

»Mutti sagt immer, Mutti kommt bald, weißt du?« Dabei sah sie Johanna nicht an, starrte nur mit halboffenem Mund nach unten. Ab und an überkam sie ein Tick und ihr Kopf zuckte unkontrolliert zur Seite. »Drinnen Pisse. Stinkende Pisse«, murmelte sie und verzog ihr Gesicht, was ein Lächeln darstellen sollte, obwohl Frida nicht wirklich wusste, was Lachen eigentlich war. Johanna hingegen wusste, was Frida da meinte, nämlich den unerträglich scharfen Geruch im Pflegehaus, der aus den Gummieinlagen unter den Kindermatratzen strömte, auf denen sich nachts der Urin der Bettnässer staute. Für ihre Eltern wie für das unfreundliche Personal im Haus war es nicht von Belang, diesen erbärmlichen Zustand abzustellen. Es ihrem Vater immer wieder zu erklären, war mühsam bis vergeblich, auch wenn sie es schon mehrmals versucht hatte.

»Wie geht es dir denn?«

Frida stammelte.

»Mmh, ja, gut, geht gut. Außer die Spritze immer, die Spritze. Viele nun weg, aber Mutti kommt bald?«

Johanna verstand, was sie stammelte. Sie musste mit ihren Eltern heute Klartext reden, sie mit allem konfrontieren, was sie über den Hof erfahren hatte.

Durch Erlass des Gesetzes ist das biologisch minderwertige Erbgut auszuschalten. Es soll allmählich die krankhaften Erbanlagen ausmerzen und die Reinigung des Volkskörpers bewirken.

Heinrich Himmler, Reichsführer-SS

»Frida, ich gehe jetzt rüber zu meinen Eltern. Geh bitte auch rein. Du erkältest dich«, sorgte sich Johanna.

»Johanna!«, rief ihre korpulente Mutter von hinten von der Treppe.

»Endlich kommst du! Vater wartet schon zwei Stunden auf sein Mittagessen. Und Schuhe ausziehen! Hier wurde gewischt.«

Motzstraße 41, Berlin-Schöneberg. Hier begrüßte Viktoria Cornelius ihren Ehemann an der Wohnungstür. Er war ja noch ihr Ehemann und es war auch noch seine Wohnungstür.

»Christian, ich habe gewischt. Zieh doch erst mal die schlammigen Stiefel aus und komm rein. Ich gebe dir deine Pantoffeln!«

Auch Kuchenduft empfing ihn und zog sich durch die helle Diele seiner alten Welt. Und als er noch so in der Tür stand, da umarmte ihn Viktoria fest und lange – sehr fest und sehr lange. Sein Mantel muffelte nach Laube, nach Schlot und Feuchtigkeit, wohingegen sie rein, nach Persil und Spießigkeit roch. Nicht wie Johanna, nach der belebenden Mixtur aus Tatendrang und *Warta*-Seife. Viktoria war so alt wie er. Sie hatten nie an Kinder gedacht. Auch heute trug sie ein schlichtes Kleid, wie sie es immer trug. Ihr gezogener Mittelscheitel und der gewundene Zopf unterstrichen die eingewurzelte Besorgnis in der Stirn. Blass, wie sie war, sah sie ihn an, wie man eben seinen Ehemann ansah, der einen wegen der jungen Nachbarin verlassen hatte und in einer Laube am Stadtrand nach einer neuen Welt suchte. Früher, als sie sich kennenlernten, war sie Beschäftigte im Völkerkundemuseum gewesen, Spezialgebiet Anthropologie, auch Menschenkunde genannt. Jahrzehntelang musste sie eingekerkert, wie in einem Gefängnis, in den dunklen Räumen der prähistorischen Abteilung ihre Zeit absitzen und wäre beinahe zwischen Tonkrügen, versteinerten Schädeln und verstaubten

Büsten von afrikanischen Stammeskönigen selbst zu Staub verfallen. Bis vor drei Jahren der nationalsozialistische Rassentheoretiker, Prof. Dr. Hans Reiter, das Museum besuchte, gleich die Auflösung befahl und die volkskundliche Sammlung vernichten ließ. Er vernichtete auch Viktorias Monotonie und gab ihr das Gefühl, sie sei die funkelnde Entdeckung der neu gegründeten *Rassenhygienischen und Bevölkerungsbiologischen Forschungsstelle* in der Klopstockstraße in Tiergarten. Hier bewies sie nun immer werktags im Sinne ihrer nationalsozialistischen Förderer die:

Rassenkundliche Erfassung und Sichtung aller Minderwertigen

in Abgrenzung zur deutschen Volksgemeinschaft, darunter Asoziale, Behinderte, Homosexuelle, Dauer- und Gelegenheitsversager, Zigeuner, Juden und Judenmischlinge.

Vorgelegt von V. Cornelius, M.A.

Nicht mischen, sondern aussondern und vernichten. Juden, Homosexuelle, Behinderte, Verbrecher – und die Deutschen in dieser Ordnung als arische Rasse ganz oben. Sie hatte es bewiesen, mit Pseudowissenschaft, mit sinnfreien Bluttests, Körperproportionen- und Handleistenabmessungen. Und sie war von all dem fest überzeugt.

»Geh doch in die Stube und mach es dir gemütlich, du kennst dich ja aus.«

Cornelius nahm seine Brieftasche aus dem Mantel und trat wie ein Gast in das geheizte Wohnzimmer. Mit Freude betrachtete er seine Anschaffungen der schicken Bürgerlichkeit: die *Nordmende-Othello*-Musiktruhe, die Couchgarnitur, die passende Vertiko-Vitrine, alles streichelte er wie kostbare Schätze und setzte sich in seinen gemütlichen Sessel.

In diesem schlief er früher nach getaner Arbeit oft mit der Zeitung ein und darin überkam ihn stets das beruhigende Gefühl, wenn eine Schallplatte lief oder seine Frau neben ihm Socken zusammen- oder eine Patience zurechtlegte. Auf dem vorbildlich gedeckten Couchtisch stand das edle Kuchengeschirr aus dem Bestand der Mitgift und als erhabene Krönung der Schöpfung das Meisterwerk ihres selbstgebackenen Streuselkuchens, streng nach einem Rezept aus dem *Mondamin-Kochbuch für die moderne deutsche Frau.*

»Wird es dir langsam nicht zu kalt in deiner zugigen Baracke, Christian?«

»Ich kann nicht klagen«, antwortete er. »Der alte Ofen hält, was er verspricht.«

Während sie ein wenig plauderten, verlor Cornelius kein Wort über das schlimme Ereignis der letzten Nacht. »Übrigens, ich habe das Geld dabei. Ich bin dir noch deine zwanzig Mark schuldig.« Er nahm einen braunen Zwanzigmarkschein aus der Brieftasche mit dem Konterfei einer jungen Landfrau und legte ihn auf den Tisch.

»Ja, aber lass doch das Geld!«, besänftigte Viktoria und griff zur edlen Kaffeekanne, um einzuschenken. »Echter Bohnenkaffee und frisch gebackener Streuselkuchen mit viel Butter und viel Zucker. Der Amtsleiter sitzt an der Quelle und versorgt uns.«

Butter, Milch, und Zucker waren seit Kurzem nur rationiert gegen Lebensmittelkarten erhältlich. Für normale Menschen gab es sonst nur Muckefuck, Ersatzkuchen aus Mohrrüben und Ersatzmarmelade aus Steckrüben. Alles andere war reiner Luxus und schwer zu bekommen. Viktoria bekam alles, was sie wollte, war durch ihre vielen Kontakte zu den Machthabern sehr privilegiert und gehörte deshalb auch nicht zu den normalen Menschen. Ihr Ehemann genoss das privilegierte Kuchenstück aus realen Zutaten, hackte sich alles mit der Kuchengabel in mundgerechte Stücke, stopfte sie wie ein Ausgehungerter in sich hinein und spülte zum Schluss alles mit heißem Kaffee runter. Das Fettige, das Süße, das Aromatische – er hatte schon lange nicht mehr so etwas gegessen, geschweige denn echten Kaffee getrunken.

Viktoria setzte sich auf ihren Stammplatz auf dem Sofa und rührte selbst keinen Kuchen an.

»Schön, dass du wieder bei mir bist. Lass es dir bei mir gut gehen! Wenn man hier alleine wohnt, sind die Sonntage immer recht lang und wollen nur schwer enden!«

»Viktoria! Ich bitte dich! Fang nicht wieder an!«, unterbrach er sie mit vollem Mund. Er wusste, dass ihre sehnsuchtsschwangeren Formulierungen nur der Anfang weiterer Vorwürfe waren, deshalb schmatzte er nur weiter und sie zündete sich eine Zigarette an.

»Ich sagte dir doch schon, dass ich verstehe, dass Männer in deinem Alter solche Phasen durchleben. Du hast viel erreicht, fühlst dich bei mir wie in einem goldenen Käfig, brauchst woanders Bestätigung.« Sie rückte näher zu ihm an den Sessel. »Ich habe nachgedacht, Christian. Du weißt, dass wir nicht jünger werden. Es ist völlig klar, dass wir uns in unterschiedliche Richtungen bewegt haben. Aber ist es das wert, um alles hier aufzugeben?« Sie zog einen kräftigen Zug und atmete den Rauch so hastig ein, als ob sie ihn verschlingen wollte. Es ging ihr schlecht, das konnte man sehen. »Christian! Keine Ehe ist perfekt, aber du gehörst hierher, nach Hause, zu mir! Wir gehören zusammen! Ich kann es nicht mehr ertragen, wie sie mich hier alle im Treppenhaus auslachen, als verlassene Ehefrau, die es nicht schafft, ihren Mann von dieser Jüngeren und von wilden Ideen abzuhalten.«

Cornelius wollte heute nicht wieder alles aufrollen, gerade nach den unzähligen Nächten mit den vielen Gesprächen mit ihr.

»Viktoria! Ich wiederhole mich. Willst du immer noch Illusionen hinterherrennen? Du erwartest von mir, was ich dir nicht geben kann, nie geben konnte. Einen Zustand von

Beständigkeit und Erfüllung. Eine lebenslängliche Harmonie im Tausendjährigen Reich.«

»Wonach sollten wir sonst im Leben streben, wenn nicht nach Sicherheit und Harmonie?«

»Schau dich nur an! Schau dich um! Selbst dein Streuselkuchen ist geordnet und genormt. Für mich ist das nicht das wahre Leben. Alles geht unter und du? Du lebst in deiner völkischen Traumwelt, folgst allen blind Richtung Abgrund und hilfst den Verbrechern dabei, die Menschen in obere und untere Schubladen zu stecken. Du betreibst täglich Beihilfe zum Mord, Viktoria! Versteh doch!«

Sie zog den letzten Zug an ihrer Zigarette und drückte sie mit Knistern in den Aschenbecher.

»Du übertreibst ja! Wie immer!«

»Und du suchst Antworten immer bei anderen!«

»Was ist nur so schlimm daran?«, brach es aus ihr heraus. »Ist das Suchen von Ordnung im Außen nicht auch das Streben nach Verlässlichkeit?«

Cornelius massierte sich die Schläfen, er konnte das ganze bräunliche Geschwätz von Tugend, Sauberkeit und Ordnung nicht mehr ertragen.

»Bist du blind? Siehst du nicht, was geschieht? Warum gehört es zu deiner Ordnung, Menschen auszugrenzen? Bedeuten Bomber über Berlin für dich Verlässlichkeit? Heißt Verdunkelung für dich Sicherheit? Ich sage es dir noch mal: Die Nazi-Riege braucht geradlinige Teilchen, wie du eins bist. Ich aber, ich ganz allein, habe entschieden, kein Teilchen mehr zu sein. Ich will nicht dazugehören! Ich habe mit einer einzigen blinden Unterschrift bei *Degesch* mehr Unheil angerichtet, als recht ist.«

»Christian, hör doch damit auf! Mir ist schon schwindlig vom ständigen Zank!«

Sie sah ihn nun mit traurigem Blick an und legte die Hand auf sein Knie, streichelte es sogar.

»Dieser ewige Kampf. Du nimmst das alles immer so persönlich. Geht es dir gar nicht mehr um uns? Denke doch an unsere gemeinsame Zeit!«

Er sah ihr ins Gesicht, berührte und streichelte sie ebenfalls und hatte fast Mitleid mit ihr.

»Viktoria, du vergisst, dass es mir um menschliche Werte geht, um echte innere Überzeugungen. Das kann man nicht trennen!«

»Ist Liebe keine Überzeugung? Kannst du mich nicht mehr lieben? Waren wir nicht glücklich zusammen?«

»Doch, das waren wir, Viktoria. Das waren wir. Wir waren glücklich.«

Sie nahm seine Hand in ihre und zog ihn, damit er vom Sessel aufstand und ihr folgte.

»Christian, komm und lass uns das heute alles für einen Augenblick vergessen. Komm mit nach nebenan!«

Sagen und Märchen

sollen den Frauen die Idee der Volksgemeinschaft vermitteln, ihre Opferbereitschaft stärken und sie zu einer dienenden Weiblichkeit erziehen!

Adolf Hitler

Obergruppenführer Görnitz füllte die ohnehin schon dicke Luft des großen Saals weiter mit Hetz- und Hasstiraden. Von Sekunde zu Sekunde und mit jedem frauenverachtenden Wort mehr, das er abfeuerte, stieg Adlers innere Wut. Sie war schweißgebadet, hätte am liebsten in die Tasche gegriffen und ihr Tablettenröhrchen hervorgeholt. Es war immer diese Furcht, die sie zum Pervitin hatte greifen lassen. Und es war immer die gleiche Sorte Mann mit dem gleichen herabwürdigenden Benehmen: verletzend, rechthaberisch und verachtend. Es waren Männer wie er. Es waren Männer wie Görnitz, die das ganze Unheil angezettelt hatten.

Sie hatten ihre Mutter getötet und ihr eigenes Leben in zwei Teile zerschnitten. Sie spürte, dass sie kurz davor war, die Beherrschung und den Mut zu verlieren. Sie schloss schnell die Augen, aber all die Stimmen, Bilder und Töne von dem Moment, als das damals mit ihrer Mutter passierte, tauchten in Görnitz' Getöse wieder auf. Das Zischen der Druckluft der S-Bahn, das Zuknallen der Schiebetüren und dieses abscheuliche Geräusch, wenn die Räder auf den Bahngleisen schepperten. *Dadamm-dadamm. Dadamm-dadamm.* Der Gestank der stickig-schwülen Luft, von Menschen verbraucht. Die Kinder, die ihre Gesichter ans Fenster pressten, die Männer, die ihre Zeitung studierten und die Frauen, die in ihren Fahrscheinen lasen.

»Is' ja gut, Mutti, beruhige dich mal!«, spuckte dieser junge drahtige SA-Mann, betrunken und mit zwei dumpfen Kameraden im Schlepptau, ihre Mutter rotzig an. Dabei wollte die nur sie, ihre achtzehnjährige Tochter, schützen, als diese von den Typen im Vorübergehen belästigt und anstößig betatscht wurde. Nach wildem Wortgefecht griff der eine dann die Handgelenke ihrer Mutter und was dann folgte, waren nur noch Schatten. Wie ein Dampfhammer schlug er immer wieder mit der Faust auf ihre Mutter ein, sodass diese jedes Mal mit dem Kopf gegen die kantige Tür prallte. *Badamm-badamm. Badamm-badamm.* Auf einmal roch es nach verglühtem Eisenstaub, Männerschweiß und dem Blut, das aus dem Mund und der Nase ihrer Mutter floss. Hilflos und hektisch fuchtelte diese nur mit den Armen, konnte aber ihr Gesicht vor den vielen Schlägen ihres Peinigers nicht schützen. Und alle in der Bahn schauten nur zu, niemand griff dazwischen, keiner folgte ihnen oder fasste die Typen, als sie flohen. Wie die Attrappen saßen alle nur da und blickten stumm auf ihre Mutter, die auf die Knie ging, zähe rote Fäden spuckte und irgendwann leblos in ihrem dunklen Blut lag. Niemand kam zu Hilfe, alle sahen zu, wie sie krepierte.

»Frau Kommissarin? Verzeihung? Sind Sie bei uns?«, fragte Hartmann.

Alle Anwesenden im Sitzungssaals starrten wie Zuschauer im Einpersonenstück stumm auf Adler; Sekunden erschienen dabei wie Jahre.

»Ja, natürlich?« Sie löste sich von den Gespenstern der Vergangenheit und erreichte wieder das Hier und Jetzt.

Donnerwetter, dachte Zach hinten am Tisch und wusste, dass er sich nicht verhört hatte. Hartmann hatte die Kollegin gerade mit *Kommissarin* vorgestellt. Damit müsste sie seines Wissens die erste Frau sein, die hier in dem Laden zur Kommissarin befördert wurde. Anscheinend wurde bei der *Weiblichen* wohl flotter befördert, als es in seiner Abteilung der Fall war.

»Guten Abend. Guten Morgen. Ich meine, guten Tag«, schluckte Adler hörbar und stotterte herum.

Ihre Chefin neben ihr kaschierte derweil die Losgelöstheit ihrer Kommissarin, indem sie einfach weiter drauflosredete. Man hatte in ihren Augen sowieso schon viel zu viel Zeit mit maskulinen Entrüstungen verplempert.

»Meine Herren! Kriminalrat Lüdke und ich möchten Ihnen jetzt unseren Plan skizzieren, der nun, nach dem Mord der Nacht, greifen muss. Da Obergruppenführer Görnitz sowie Direktor Nebe die leitenden Herren des Verfahrens sind, müssen sie am Ende entscheiden, wie wir weiter fortfahren. Kollege Lüdke, die Grafik, bitte!«

Lüdke rollte ein großes Plakat wie ein Rollo herunter und umfuhr simultan mit dem Zeigestock zu Hartmanns Erklärungen die dargestellte Skizze.

»Die Strategie der Sonderkommission, meine Herren, besteht aus vier Zugpferden«, sprach sie. »Aus diesem Grund haben wir den Arbeitstitel *Quadriga* ausgesucht. Zugpferd Nummer eins besteht aus der taktischen Steuerung durch Lüdke und mich aus dem Amt heraus. Wir behalten den Überblick, ist die Sache doch äußerst komplex. Nummer zwei ist eine gründliche und unauffällige Ermittlungsarbeit im Umfeld. Kriminalassistent Zach soll mit seiner Erfahrung die Recherchen, wie heute bereits begonnen, vor Ort führen: Bewohner, Angehörige, Stadtteil, Läden. Jedoch betreffen viele Befragungen die Intimsphäre von Frauen. Mit Kommissarin Adler setze ich ein Pendant dazu. Sie soll Zach kollegial unterstützen und ich erwarte eine vertrauensvolle Zusammenarbeit von beiden!«

Zach merkte, dass Hartmann ihn mit gewisser Strenge im Blick ansah und ihm damit zu verstehen gab, dass sie es besonders von ihm erwartete. Zach warf daraufhin ein charmantes »Na dann, herzlich willkommen, Frau Kommissarin!« in die Runde und klopfte zur Begrüßung auf die Tischplatte. Alle am Tisch, außer dem schmollenden Görnitz, stimmten mit ein. Adler schien sichtlich erleichtert nach ihrem Fehlstart, erhob sich, lächelte und nickte in alle Richtungen.

»Vielen Dank, sehr nett! Vielen Dank!«

Lüdke versachlichte die Situation wieder nach einem langen Zug an seinem schon recht kurzen Zigarrenstummel.

»Ich komme zum dritten Zugpferd von *Quadriga*«, sprach er. »Daneben muss es Aktionen geben, die lautlos im Hintergrund ablaufen. Auch sie sind von ihrem Aufwand her und nach dem Grad der Geheimhaltung nicht zu unterschätzen.«

Lüdke umfuhr die mit dickem Graphitstift schlicht entworfenen Skizzen auf dem Plakat: Ein großes Strichmännchen in einem Haus und viele kleine mit Röcken in einer gemalten S-Bahn waren da zu erkennen. Zuerst tippte er auf das große Männchen. »Wir beginnen sofort morgen früh mit einer verdeckten Ermittlung im Mitarbeiterkreis des Bahnbetriebswerks Rummelsburg. Es liegt im Zentrum der Tatorte. Dort arbeiten ausschließlich Männer und es ist nicht auszuschließen, dass der Täter sich unter ihnen befindet. Ich habe bereits mit dem Leiter vor Ort telefoniert. Nur er weiß, dass wir morgen unseren Kollegen dort einschleusen werden. Einen *Hans-Dampf-in-allen-Gassen*, der Kontakte knüpft, und uns alle Auffälligkeiten aus der Mitarbeiterschaft konspirativ übermittelt.«

Jeder am Tisch, selbst Luise Adler, die noch nicht alle kannte, blickte auf den Einzigen, der infrage kam. Und der tat nach seiner burschikosen Art so, als sei er zunächst davon völlig überrascht.

»Dass ick dit noch zum Top-Spion schaffe, gloobt mir ja keener!«, spuckte der dicke Kollege Kuttnik schnodderig in den Raum und löste ein befreites Gelächter im Saal aus. »Nee, hatten wa ja allet schon bekaspert, Chef. Ick bin vorbereitet, hab schon alle Klamotten rausjelegt. Und anpacken kann ick ja, da fall ick da ja nich' uff, Kinder.« Wieder Gelächter und applaudierendes Tischklopfen.

»Freuen Sie sich alle nicht zu früh!«, übertönte Hartmann die heitere Stimmung. »Gleich sind Sie an der Reihe, meine Herren!«

Die Ruhe im Saal kehrte zurück und Lüdke deutete auf die Strichweibchen auf dem Plakat. Hartmann ergriff dazu wieder das Wort.

»Wir konnten feststellen: Hier probt jemand die Methode. Aber was wissen wir noch? Wir wissen, dass er vorrangig den Samstag schätzt und gehen davon aus, dass er nahe der Tatorte wohnt oder arbeitet, weil es auffallen würde, wenn er irgendwo fehlt oder zu spät kommt. Auch wissen wir, dass er wie ein Fuchs im Dunkeln und in der S-Bahn umherstreift und sich anschleichen muss, um seine Beute zu machen. Deshalb setzen wir gezielt auf sein Tatmotiv – und das heißt Gier. Wir werden unserem Mörder deshalb ein Paar Köder in Form von Frauen der Kriminalpolizei anbieten. Frau Adler wird sich hübsch und appetitlich in die verdunkelte S-Bahn setzen und die Linie als Fahrgast bevorzugt Samstagabend bis in die Nacht abfahren.«

»Ist das nicht riskant und gefährlich für die Kommissarin?«, warf Zach gleich dazwischen. »Außerdem sprachen

Sie in der Mehrzahl von appetitlichen Frauen. Welche netten Kolleginnen dürfen wir denn noch in unseren Reihen begrüßen?«

Hartmann antwortete mit gewisser Heiterkeit in der Stimme.

»Wie Sie alle wissen, habe ich bei der Weiblichen Kriminalpolizei eine sehr dünne Personaldecke. Kommissarin Adler wirkt daher als echter weiblicher Lockvogel, den der Täter in der S-Bahn wittern und sich nähern soll. Drumherum müssen Sie alle bereitstehen, meine Herren, komme, was wolle – in Rock und Mantel, mit Straps, Strumpf und Lippenstift. Dazu werden sie toupiert, onduliert und bis auf die Zähne bewaffnet, um in voller Pracht als appetitliche Frauen in der S-Bahn zu brillieren.«

5

Lederschuhe, Nadelstreifen und das kurze blonde Haar mit frischer Pomade gescheitelt. So stand Peter Schenk, Johanna Schenks Zwillingsbruder, vor der *Volksbadeanstalt Schöneberg*. Nach einem ausgiebigen Wannenbad in einer der schäbigen Badekabinen ging er nun zum benachbarten *Kottler's Restaurant zum Schwabenwirt*, um auf seine Verabredung zu warten. Dort setzte er sich in das *Künstlerzimmer*, das ihm neben dem *Wappenzimmer* und dem *Ritterzimmer* noch am angenehmsten vorkam. Hier herrschte gedämpftes Licht, das spärlich durch die flaschengrünen Mosaikscheiben in den Innenraum drang. Im Hintergrund schnulzte – etwas leiernd – Wilhelm Strienz *Heimat, deine Sterne*. Ansonsten war das ganze Interieur hier für ihn eher feindselig. Hätten Hitler und Göring ein Lokal nach ihrem Geschmack eingerichtet, es würde mit Sicherheit so aussehen, Eichenfurnier und Heldenromantik, soweit das Auge reichte. Überall vollgestopfte Regale mit verstaubten Bierhumpen. Die Decke voller Geweihlampen und naiver Bauernmalerei: dickliche Mannsbilder in rustikaler Tracht, die entweder wanderten, Holz sägten oder sich gegenseitig zuprosteten. Und selbstverständlich durfte auch das Gemälde des Führers nicht fehlen, das wie ein Madonnenbild zentral und pompös hier über dem Kamin hing.

»Der Herr hat schon gewählt?«, fragte ein erwartungsvoll dreinblickender Kellner im Trachtensakko und mit Dreifachkinn, der plötzlich neben ihm stand.

»Bringen Sie mir doch bitte einen Römer-Wein!«, antwortete Peter verdutzt und konnte sich dabei ein Grinsen nicht verkneifen, da der Mann auf ihn den Eindruck machte, als sei er gerade wie Fallobst von der Decke hinabgefallen.

»Sehr gern. Der Herr wünscht zu speisen? Ich kann Ihnen heute das Kassler empfehlen.«

»Sicher später! Vielen Dank! Ich warte noch auf meine Verabredung.«

Wie auf Stichwort betrat nun ein stattlicher Mann mit Hut, Mantel und Postmappe unterm Arm den stickigen Lokalraum. Er brachte frische Novemberluft mit rein, was die Luft drinnen immens verbesserte. Es war Herrmann Bohr, Mitte dreißig und damit deutlich älter als Peter. Ein schneidiger Mann mit der Figur eines heldischen Olympiakämpfers: trainierter Körper, die Schultern eines Gladiators und ein scharfgeschnittenes Gesicht.

»So ein Schmuddelwetter! Ich grüße dich, Peter. Schön, dass wir uns sehen. Und so schick heute, der junge Herr. Steh mal auf und dreh dich mal! Siehst ja blendend aus.« Peter folgte seiner Aufforderung prompt und fühlte sich von ihm geschmeichelt. Es war vergnüglich, wie sie da fröhlich um den Tisch herumstanden. Selbst der Trachtenkellner, der noch den Getränkewunsch des neuen Gastes abwartete, grinste mit roten Apfelwangen.

»Bringen Sie mir doch gleich ein großes Bier, bitte!«, bestellte Bohr.

»Sehr wohl, der Herr«, verabschiedete sich der Kellner bis auf Weiteres.

Bohr hing Mantel und Hut an den geschwungenen Garderobenständer und setzte sich. Im Kleidungsstil standen sich Peter und er in nichts nach, selbst der Scheitel lag auf der gleichen Seite. Bohr arbeitete im neuen Reichssicherheitshauptamt, kurz RSHA. Prinz-Albrecht-Straße 8, Berlin SW 11. Er war dort Diätar. Ein Buchhalter, ein Tabellentiger, ein Erbsenzähler, nichts Bedeutendes. Zwar musste man dafür in der NSDAP sein, doch war er ja nur ein unbedeutender Beamter mit regelmäßigem Einkommen.

»Ich kann die Käsespätzle empfehlen, Peter. Und zum Nachtisch teilen wir uns was Süßes.«

»Du bist oft hier, Herrmann?«

»Was heißt oft? So ein Schuppen ist bestimmt ein sicherer

Ort. Wie heißt es so schön: Unter der Laterne ist es immer am dunkelsten. Du darfst dich übrigens heute von mir eingeladen fühlen.«

Peter lächelte und wechselte in den Flüsterton.

»Eigentlich müsste ich dich einladen bei all dem, was du für mich und die Bewegung getan hast. Du begleitest mich doch beim Treffen nächste Woche, oder? Ich gebe Mittwoch meinen Abschied in der Runde. Du weißt ja! Bromberg!«

Peter hatte vor einigen Wochen den Musterungsbescheid des Wehrbezirkskommandos erhalten. Nachdem der Amtsarzt nur bei der Größe Beanstandungen hatte, wurde Peter befohlen, seinen Wehrdienst im 3. Bataillon der Standarte Germania in Bromberg Folge zu leisten. Nun gab es kein Zurück mehr, musste auch er bald für Führer, Volk und Vaterland bereitstehen.

»Ich hab's nicht vergessen«, sprach Bohr. »Mittwoch, NSV-Kindergarten, Dorotheastraße. Wieso eigentlich an so einem skurrilen Ort?«

»Meine Zwillingsschwester macht da ihr Pflichtjahr. Der ideale Unterschlupf für solche konspirativen Treffen wie die unseren. Hast du alles dabei?«

Bohr übergab ihm die schlichte Postmappe.

»Hier! Nächste Fuhre: Brandschutzpläne vom Nazi-Block im Reichspolizeiamt«, sprach er. »Mit genauen Positionen der unbewachten Notausgänge. Ich bin jetzt mit dem Hausmeister per Du und schulde ihm einen Kasten Bier.«

Peter schob schnell die Mappe unter den Po und setzte sich drauf.

»Ich weiß gar nicht, wie ich dir danken soll?«

»Doch nicht dafür, es ist ja für eine gute Sache.«

»Seit gestern haben wir endlich das Knallzeug. Knapp vier Kilo Hexogen mit gigantischer Detonationswirkung. Spezialsprengstoff nach englischem Vorbild. Ein echtes Teufelszeug von *WASAG-Chemie*. Cornelius hat es durch Beziehungen beschafft.« Kurz nachdem er es sagte, atmete er tief.

»Du kannst dir nicht vorstellen, wie ich diese braune Pest verabscheue, die sich nun auch über die ganze Welt gießt. Das große Morden hat längst begonnen. Selbst meine Eltern spielen ihnen nun in die Hände und bald haben sie auch mich am Wickel – im öden Bromberg.«

»Ich kann dich verstehen«, sprach Bohr verständnisvoll mit einer frischen *Salem*-Zigarette im Mundwinkel. »Aber es wäre unmöglich, sich zu verstecken. Die Stadt ist voller Denunzianten.«

»Ich kann mich doch nicht für die niedrigen Instinkte einer Parteiclique opfern, irgendwann durchlöchert, verbrannt oder zerfetzt vom Kanonenrohr eines Panzers. Es muss etwas getan werden. Unsere Aktion wird der erste Warnschuss sein. Das Ding muss gezündet werden und dann werden wir als Helden in die Geschichte eingehen.«

Herrmann Bohr legte seine warme Hand sanft auf Peters kühlere.

»Das wäre purer Landesverrat und ein niederträchtiges Verbrechen, bedenke das! Es würde auch Unschuldige treffen, und vielleicht werden wir so schneller als Landesverräter unter dem Fallbeil landen, als uns lieb ist.«

Beide hielten lange Augenkontakt und schwiegen ebenso lange. Peter war sehr berührt von seinen Worten, hatte alles bei ihm immer mehrere Seiten.

Er hatte das Gefühl, dass dieser Herrmann nicht nur intelligent war, sondern aus ihm blickte auch seine verzweifelte Seele.

»So, die Herren!«, platzte der Kellner dazwischen. »Ein großes Helles und der Wein. Haben die Herrschaften denn schon die Speisen ausgewählt?«

Im Pfarrhaus des Weidenhofs in Heiligensee verriet die große mächtige Uhr auf dem Büfettschrank, dass es für Mittagessen schon viel zu spät war.

»Essen gibst Du uns und Getränke, Leben und Zukunft sind

Deine Geschenke. Wir danken Dir für diese Fülle, in Deiner Liebe
und aller Hülle. Amen.«

Traditionell wurde nach dem Tischgebet die Mahlzeit im
Kreise der Familie im Esszimmer immer schweigend einge-
nommen, auch wenn Peter heute fehlte. Nach Rouladen mit
Rotkohl folgte nun der Nachtisch. Götterspeise, Typ Wald-
meister – genauso undurchsichtig wie die ganze Situation
hier. Johanna löffelte hastig ihre Portion und ließ den ab-
geleckten Löffel ins Schälchen scheppern. Trotzig stützte sie
sofort den Kopf auf die Tischplatte und tat dies bewusst, um
das ganze Getue rund um feine Manieren und gute Sitten im
Raum zu brechen. Sie hatte das Gefühl, als säße eine Zeit-
bombe zwischen ihren Rippen. Jedoch mit allem sofort he-
rauszuplatzen und die Karten auf den Tisch zu legen, hätte
bei ihrem Vater in die Sackgasse geführt, das wusste sie. Sie
begann, sich schrittweise zur Wahrheit vorzutasten.

»Übrigens, Vater! Ich lese gerade ein gutes Buch von Im-
manuel Kant. Nach allem, was ich kürzlich in Berlin von gut
informierten Kreisen über den Weidenhof gehört habe, bin
ich mir mittlerweile sicher, dass dich Kant niemals interessiert hat.«

»Aha, aha«, entgegnete er sofort. »Kant also, gut informierte Kreise, in Berlin also.«

»Kant thematisierte damals die Menschenwürde und beschrieb, dass die Grundregel das Anerkennen der Gleichwertigkeit aller Menschen ist – egal, ob sie alt, krank, gequält
oder nutzlos sind. Denn der Mensch werde ohne sein Zutun
geboren und nur er darf frei bestimmen, wie sein Leben ver-
läuft.«

Ihr Vater bemühte sich jetzt noch nicht einmal, sich zu
rechtfertigen, sondern reagierte, wie man es von ihm gewohnt war, selbstherrlich und rechthaberisch.

»Menschenwürde, Gleichwertigkeit, Achtung vor dem
Anderen. Soso. Hat dich dieser Cornelius jetzt dazu gebracht, dass du dich mit der Philosophie der Aufklärung des

18. Jahrhunderts beschäftigst? Ich vergaß, dass dein Bekannter zwanzig Jahre länger auf der Welt ist. Lass dir von ihm ruhig die Welt erklären! Die meisten älteren Männer mögen ja die Rolle des Weisen.«

Johanna wusste, dass seine Standfestigkeit immer dann zu wackeln begann, wenn er anfing, mit spitzen Bemerkungen um sich zu werfen. Jedoch war sie mittlerweile immun gegen dieses Gehabe und provozierte ihn weiter.

»Kant sah Menschenwürde immer dann verletzt, wenn der Mensch als Mittel zum Zweck benutzt wird. So wie du es hier tust. Die Kinder hier im Weidenhof sind unter dem Deckmantel eurer Fürsorge der Willkür ausgeliefert.«

»Johanna, es reicht jetzt!«, zischte ihre Mutter dazwischen, während ihr Vater schwieg und sie unablässig weiterredete.

»Das Ziel eurer perfiden Fürsorge ist am Ende der Tod der Kinder. Ihr wollt euch unauffällig vom Ballast entledigen. Deshalb die schlechten Zustände in den Schlafsälen, deshalb der Nahrungsentzug, deshalb spricht Frida ständig von Spritzen. Was zahlt man dir dafür, Vater?«

»Was bildest du dir eigentlich ein?«, herrschte ihre Mutter sie erneut an. »Wie redest du eigentlich mit uns? Du behandelst uns ja wie Verbrecher! Das haben wir nicht verdient, oder Alfred? Nicht? Das haben wir nicht verdient!«

Er antwortete auch darauf nicht, sondern zog nur seinen vollen Löffel aus dem Götterspeisenschälchen, um sich das glibberige Zeug in den Mund zu stecken. Nach vernehmlichen Schlucken sprach er redegewandt, aber mit gelangweilter Stimme.

»Mögen deine Berliner Kreise gut informiert sein, aber spürst nicht auch du etwas Menschliches zutiefst in dir, das dich zwingt, für Hilflose da zu sein?«

»Sicher, Vater, aber das ist keine Antwort auf das alles hier!«

»In Würde leben zu dürfen, ist ein Wunsch jedes Menschenkindes«, erwiderte er. »In Würde zu sterben aber auch.

Doch dazu muss man sich ja seiner Würde erst bewusst sein, Johanna. Aber unsere Kinder hier sind sich ihrer eigenen Würde nicht bewusst. Sie können nicht frei bestimmen, wie ihr Leben verlaufen wird. Es sind Unrettbare, Verlorene, die mit schweren Behinderungen niemals ein normales Leben führen können, sondern lebenslänglich ein hoffnungsloses Dasein fristen müssen.«

»Dann ist das Experimentieren und die Tötung Hilfloser also ein Akt der Barmherzigkeit für dich?«, hakte sie nach.

»Wenn man es so betrachtet, sogar ein segensreicher.«

Johanna verlieh ihrem Zorn nun deutlich Ausdruck.

»Vater, das geht zu weit! Was du machst, ist Gott spielen.«

»Johanna! Sei nicht scheinheilig! So ist das Gesetz und der Wunsch des Führers Adolf Hitler. Und nach allem Leid wird der Tod nicht nur für unsere Kinder die Erlösung sein. Es wird für die Volksgemeinschaft eine Erlösung sein, erwachsen aus der Kraft des Mitleids. Erlösung von der riesigen Last an Arbeitskraft, Geduld und Vermögen.«

Betr: Fleckfieber, Weidenhof, Heiligensee

Sehr geehrter Herr Schenk!

Leider waren die jungen Bewohner in einem so miesen Zustand, daß viele nach der Behandlung verstarben. Der Rest war so jämmerlich, daß er nicht verwertbar war. Ich bitte um Überlassung von Bewohnern, die sich in einem normalen Zustand befinden, damit die Versuche an Material erfolgen, das unseren Soldaten annähernd entspricht.

Gez. Reichsgesundheitsführer

In dem in die Jahre gekommenen Arztzimmer der Dorothea-straße sah man durch die Fenster, dass es draußen langsam dunkel wurde. Dr. Ebauer ging wieder zum Schreibtisch, zu Hertha Golzow – junge Mutter von zwei Kindern und Ehe-frau von Paul Golzow, Weichenwart im Betriebsbahnhof Rummelsburg. Mit ihrer blassen Haut sowie dem dunklen speckigen Haar saß sie da und wirkte abgespannt und kraft-los. Ihr kleiner Sohn, der einjährige Robert, saß auf ihrem Schoß, blubberte in Kleinkindsprache vor sich hin und hielt seine Tippco-Spielzeuglokomotive in den tapsigen Händen. Ingrid, ihre neunjährige Tochter, lag auf der Behandlungs-liege, die in der Ecke des Raumes stand. Ingrid war nur in Unterwäsche und durfte sich nun wieder aufrichten, nach-dem sie *Tante Doktor* intensiv an Hals, Rücken und *untenrum* mit Lupe und Stirnreflektor untersucht hatte.

»Kannst dich wieder anziehen, Schatz!«

Dabei blieb Ingrid stumm und verhielt sich, als wäre sie durchsichtig.

»So, Frau Golzow. Ich gebe Ihnen hier eine Povidon-Iod-Lösung zur Behandlung der Schürfwunden mit. Die Blut-ergüsse bei Ingrid gehen sicher schnell weg, wenn Sie sie mit kalten, nicht zu feuchten Wickeln kühlen.«

»Mach ich. Ist sonst noch was, Frau Doktor?«

»Nun, Frau Golzow, können wir ehrlich zueinander spre-chen?«

»Können wir, Frau Doktor. Sicher. Können wir!«

»Ich meine alleine!«

»Ja, sonst immer gern, nur jetzt ist es halt schlecht. Hab ja die Kinder dabei!«

»Einen Moment bitte!«

Ebauer lief zur Tür, die einen Spalt offen stand.

»Marianne? Kommst du bitte mal!«

Eiligen Schrittes kam Marianne lächelnd durch die Tür.

»Was gibt es denn?«

Hedwig musste nichts sagen und brauchte nur mit den

Augen zu rollen, damit Marianne sofort Bescheid wusste und auf der Stelle reagierte.

»Na, Kinder? Wollt ihr mal kurz mitkommen? Ich brauche dringend fleißige Hände in der Küche. Tante Doktor will mal mit Mutti alleine reden.«

Mit dem Kleinen auf dem Arm und Ingrid an der Hand, schloss Marianne eilig die Tür und verschwand mit den Kindern, während Ebauer sich auf die Schreibtischkante setzte.

»Bei Ihrer Tochter ist glücklicherweise nichts gebrochen. Sie ist äußerlich mit ein paar blauen Flecken davongekommen.«

»Da bin ich aber beruhigt, Frau Doktor. Ich konnte ja kein Auge zumachen. Wenn Sie nur wüssten!«

»Was ich weiß, Frau Golzow, ist, dass Sie mit Ingrid bereits dreimal mit ähnlichen Geschichten hier waren.« Sie drehte die Patientenkartei. »Und zweimal, nämlich im August und Ende September, beklagten sie selbst Schürfwunden an der Schläfe. Ich diagnostizierte damals eine Gehirnerschütterung.«

»Tja, Kinder halt, Frau Doktor. Stehen immer im Weg und dann passiert's. Bin halt wieder über Ingrid gestolpert.«

»Ach ja? Gestolpert?«

Hertha Golzow schaute stumm mit einem von Furcht betäubten Gesicht ins Nichts. Dr. Ebauer schwieg ebenfalls und nahm einen kleinen Spiegel vom Schreibtisch.

Langsam schritt sie um ihre Patientin und stellte sich hinter sie. Schließlich drückte sie ihr den Spiegel in die Hand und öffnete vorsichtig von hinten die Knöpfe ihrer Bluse, legte Nacken, Hals und Schulter frei. Beide Frauen wussten, was da zum Vorschein trat: rot-violette Würgemale, Schwellungen, Prellungen und Blutergüsse. Ein Kalender körperlicher Misshandlungen, Jahr um Jahr, Monat für Monat, tagein, tagaus. Keine einzige Verletzung, die wegen eines Sturzes oder eines tollpatschigen Haushaltsunfalls zustande kam. Das da wurde regelmäßig durch neue Prügelattacken und neue Schläge ergänzt. Wer das getan hatte, hatte unendliche Kraft und eine einzige Sprache: die Sprache der Gewalt. Hertha Golzow wusste, wer derjenige war, beschaute im Spiegel ihre vielen Wunden und begann bitterlich zu weinen.

»Es ist nur ab und zu. Er sorgt für mich. Er sorgt für die Kinder und kennt sich in allem so gut aus.« Im Spiegelbild sah sie über ihrem Kopf das Gesicht der Ärztin, die ihr mit weicher Stimme gut zuredete.

»Wir müssen sofort etwas tun! Wer permanent misshandelt wird, akzeptiert früher oder später auch Misshandlungen anderer. Eine endlose Spirale der Gewalt, Frau Golzow!«

```
Alles, was mit Kampf und Blut zusammen-
hängt, ist ausschließlich Sache des
Mannes. Die Frau, die in dieses Getrie-
be gerät, wird dadurch nicht veredelt,
sondern es wird die Frau schänden.

Adolf Hitler, 1940
```

Im Kriminalamt öffnete man nun die Fenster. Kriminalrat Lüdke hatte die Sitzung nun offiziell beendet. Der kühle Wind, der hineinströmte, verjagte den dichten Qualm. Man kam irgendwann zum Ende und wollte alsbald mit den Aktionen loslegen. Kollege Kuttnik sollte morgen früh den Dienst im Werk antreten, Zach und Adler sollten miteinander warm werden und ihre Ermittlungen beginnen. Nebe wollte sich um Verstärkung bei der Schutzpolizei kümmern und Görnitz wollte sich, wie so oft, aus allem heraushalten. Es blieb aber dabei: Nachrichtensperre, kein Wort an die Öffentlichkeit über diese Morde, Befehl von ganz oben. Lüdke war von der Geheimniskrämerei immer noch nicht überzeugt. Keine Minute durfte seiner Ansicht nach mehr vergeudet werden, ging es doch um Menschenleben.

Die Mitarbeiter verteilten sich hier und da im Saal, der sich mit Gelächter und lockeren Gesprächen füllte.

»Charmant und aufreizend sollen wir da erscheinen, Leute. Endlich kannste mal feine Strümpfe tragen, Ejon!«, so der eine Kollege zum anderen.

»Wolfi, du und Frauenklamotten? Pass bloß auf, sonst heiratet dich noch jemand vom Bahnsteig weg!«, so der andere Kollege zum einen.

Zach und Adler machten sich einander bekannt, lehnten locker an der Wand und plauderten.

»Wie ich merkte, durften Sie bereits an den Vorschusslorbeeren naschen«, sprach er. »Bisher gab es, nach meiner Kenntnis zumindest, noch keine Kommissarin bei der *Weiblichen*?«

»Sie meinen meine Beförderung? Da ist die Tinte ja noch gar nicht richtig trocken.«

»Neid ist zwar kein Gefühl, das mich leitet, nichtsdestotrotz möchte ich Ihnen meinen Respekt für Ihren Mut aussprechen. Wenn man sich so etwas traut, muss mehr dahinterstecken als der nächste Schritt auf der Karriereleiter.«

Adler war froh, dass Zach so dachte. Er schien ihr auf den ersten Blick ein ehrlicher Mensch zu sein und konnte sich gepflegt ausdrücken. Nicht so eine Großschnauze, so ein Icke-dette-kieke-mal-Bulle, der jede billige Pointe auf Kosten anderer machte.

»Ich muss mich noch daran gewöhnen, mit Kommissarin angesprochen zu werden, aber die Aufgabe wird sicher leichter, wenn ich mit erfahrenen Kollegen wie mit Ihnen zusammenarbeite.« Sie bemerkte, wie Zach sie dabei ansah. Was sagte die Chefin? Er brauchte viel Lob. »Ich habe schon so viel Gutes über Sie gehört«, lobte sie ihn erneut. »Schauen wir mal, ob ich mich im Haifischbecken über Wasser halten kann. Sie müssen mir unbedingt erzählen, was Sie alles schon im Fall herausgefunden haben!«

Auch Zach fand ihre Art irgendwie originell.

Plötzlich unterbrach sie Adjutant Schiller mit angespannter Brust und knallenden Hacken.

»Kamerad Zach! Darf ich Sie bitten, mir zu folgen! Der Obergruppenführer möchte Sie sprechen!«

»Ich komme sofort!«

»So, so? Ka-me-rad Zach, also?«, stellte Adler scharfzüngig fest.

»Ich muss mich entschuldigen«, sprach er. »Obergruppenführer Görnitz will mich sprechen und Sie müssen zugeben, dass sein Dienstgrad noch ein paar Treppchen höher ist als Ihrer. Aber wie wäre es, wenn wir uns morgen gleich um zwölf zum Mittag hier im Restaurant am Werderschen Markt treffen? Die haben eine gute Suppe und gutes Bier.«

»Gut, abgemacht, Kamerad Zach. Morgen Mittag also.«

Nachdem er in Schillers Begleitung verschwunden war, kamen Lüdke und Hartmann auf sie zu. Lüdke brummte freundlich und umklammerte ihre schlanke Hand mit seinen fleischigen Fingern.

»Ich wollte mich noch einmal bei Ihnen bedanken, dass Sie sich so schnell bereiterklärt haben, diese Aufgabe zu übernehmen. Ich mag ja Frauen, die sich was zutrauen und ordentlich anpacken können, wenn es sein muss.« Dabei hielt er ihre Hand länger als nötig.

Kriminalassistent Zach stand indes schon bei Görnitz, der ihn mit kräftigem Männerhanddruck und stechendem Blick über den grünen Klee lobte.

»Ich wollte mich noch einmal bei Ihnen bedanken, dass Sie sich bereiterklärt haben, diese gefährliche Aufgabe anzutreten. Ich mag Typen, die sich was trauen und zupacken.«

»Ich danke Ihnen, Obergruppenführer und bin stolz, dass Sie mich so sehen«, antwortete Zach höflich wie ein Diener.

»Wir sollten bei Ihnen mal ganz schnell dafür sorgen, dass Ihre hervorragende Arbeit die entsprechende Anerkennung erhält. Wir verstehen uns doch, Zach! Die Zukunft gehört Ihnen!«

»Sicher, Herr Obergruppenführer«, antwortete Zach, obwohl er ihn keineswegs verstand.

»Sie kommen morgen zu mir!«

Er rief seinen Adjutanten.

»Schiller!«

»Jawohl, Herr Obergruppenführer!«

»Zugehört! Zach nimmt an der Tafelrunde teil. Dann sind wir morgen zu viert, verstanden.«

»Jawohl, Herr Obergruppenführer!«

6

Christian Cornelius stand im Durchgang seiner Wohnung vor der Garderobe und machte sich fertig. Im Wohnzimmer lief das Radio noch, ein Volksempfänger Typ VE 301W, auch *Göbbelsschnauze* genannt. Darin starb ein schmachtender Operettenheld seinen Liebestod und danach folgte das überhebliche Näseln des Sprechers, Werner Plücker: *»Werte Rundfunkhörer! Hier ist der Großdeutsche Rundfunk mit dem Reichssender Berlin und den Sendern der besetzten Gebiete. Wir grüßen die Soldaten an der Front und in der Heimat. Hören Sie nun unseren Strauß bunter Lieder. Es spielen Vera Landauer und das Orchester Max Kramer mit der Tango-Serenade ›Die schwarze Nacht‹.«* Im leisen Beginn der kitschigen Liebestodserenade fragte ihn Viktoria im schnell übergestreiften Nachthemd:

»Kommst du denn jetzt wieder öfter zu mir? Das war doch heute schön mit uns beiden, findest du nicht?«

Er schwieg nur, schloss seinen Hosengürtel, zog sich Schuhe und Mantel an und vergaß dabei seinen Schal am Haken. Auch an seine Brieftasche mit Geld und Ausweis, die er vorhin auf den Kaffeetisch gelegt hatte, dachte er nicht. Es wurde schon dunkel draußen und er wollte ja noch zu Johannas Tante, zur Irmscher, nach nebenan.

»Ich kann es dir nicht sagen«, sprach er. »Ich weiß nicht, wie wir aus diesem Schlamassel wieder herausfinden, aber so kann es nicht weitergehen.«

»Ist das alles, Christian? Ist das dein letztes Wort?«

»Hab Dank für deinen leckeren Kuchen und das nette Drumherum heute!«

Bloß keine innige Umarmung und schon gar keine langen Abschiedssentimentalitäten. Eilig und wortlos floh er vor ihren sehnsuchtsvollen Blicken und schlug die Tür hinter sich zu, um gleich nebenan bei *IRMSCHER* zu klingeln.

Waltraud Irmscher gewährte den Schenk-Zwillingen, seit

Peters Studium und Johannas Pflichtjahr, bei ihr Logis. Eins der großen Zimmer war schließlich frei. Gerhard, ihr geliebter Mann und Korvettenkapitän des Panzerschiffs *Admiral Graf Spree*, war ja auf hoher See und schrieb nur selten.

»Ja, Mensch, Meier! Komme ja schon!«, war sie hinter der Tür schon zu hören und präsentierte sich schließlich als Schöneberger Kopie einer *Jean Harlow* – mit lackierten Zehennägeln in Stöckelschuhen, nichts am Leib als einem seidigen Bademantel und einigen Kilo mehr an den Hüften. Auch sie sparte nicht mit knallrotem Lippenstift und hatte gelbweißes, wasserstoffblondiertes Haar mit der typisch toupierten Welle des Filmstars. Wie ein Zepter hielt sie lasziv die überlange Zigarettenspitze in der Hand und roch nach einer Mischung aus französischem Eau de Toilette und deutschem Schaumwein. Von Montag bis Samstag war Waltraud Irmscher Fachverkäuferin im *KaDeWe* und bediente schon UFA-Stars und den abgedankten britischen König Eduard VIII. Sie verkaufte Hüte, Nerze oder moderne Haushaltstechnik aus Amerika. Heute, wie immer an diesen langweiligen Sonntagen, genehmigte sie sich was und lud sich dazu einen Mann in ihre Wohnung ein. Sie scherte sich nicht darum, dass sie ihren Ruf im Haus weghatte, schließlich forderte die Einsamkeit ihre Opfer.

»Heute mal wieder *Fräulein* Irmscher, wenn ich bitten darf!«, lallte sie mit schwerer Zunge. »Hab gerade einen Bekannten zu Besuch.«

Cornelius musterte sie von den offenen Pumps aufwärts und wusste nun, warum sie fast unanständig in ihrem roten Seidenmorgenrock vor ihm stand.

»Komm doch zurück ins Bett!«, rief sie eine Männerstimme aus der Wohnung. »Wer ist denn da, Mäuschen?«

»Niemand, Schatzi. Kannst ruhig liegen bleiben!«

Cornelius sagte eilig, was ihm Johanna auferlegt hatte: frische Wäsche und sie möge schon wissen, was Johanna noch wolle.

Sie kiekste: »Sagen Sie doch gleich: Frische Schlüpper und was zum Schnabulieren. Trifft sich aber gut. Ich wollte es ihr schon persönlich nach Gutland bringen. Das junge Fräulein lässt sich ja immer seltener hier blicken. Momentchen, Herr Cornelius!« Dann verschwand sie wieder.

»Kein Problem, Frau Irmscher«, rief er ihr durch die offene Tür nach. »Ich hab Zeit. Meine S-Bahn fährt sowieso erst gegen halb.«

Im Vorzimmer der *Weiblichen* war noch ein wenig Bürokram zu erledigen. Sekretärin Schiller tippte auf ihrer Continental-Schreibmaschine die letzten Sätze ins Protokoll, die Klaussner ihr vom Stenoblock diktierte.

```
KK. Adler (WKP) erhält in den nächsten
Tagen für die o.g. Samstage bzgl.
ziviler Nachtstreifenkommandos folgende
Weisung: neben bürgerlicher Kleidung
auffälliger femininer Stil. Aufsuchen
eines möglichst leeren S-Bahnabteils
auf der Linie. Wagen priorisieren, die
von Uniformierten besetzt werden.
```

»... Punkt. Absatz, Strich, nächster Abschnitt, viertens, Punkt, Leerzeile«, so Klaussner weiter, »Platz in der Nähe wählen und Verhalten der Person beobachten, Komma, auf Gespräche eingehen, Punkt.«

In diesem Moment schritt Hartmann mit Henkelhandtasche und schwarzgekräuseltem Afghanenpelz aus ihrem Büro. Sie schaute beide an, zögerte zunächst, sagte aber dann doch, was sie ohnehin auf der spitzen Zunge liegen hatte.

»Mensch, sind Sie mit dem Getippe immer noch nicht fertig, Frau Schiller? Wollen Sie denn nicht nach Hause? Nun machen Sie schon, ich will das hier unterschreiben!« Sie riss ihr die Seite in einem Zug von der Walze, trennte das Kohlepapier und überflog jedes der sechs Blätter im Eiltempo. »Muss denn immer dieses dämliche Heil Hitler an meinem Namen stehen?«

Schiller und Klaussner zuckten synchron mit den Schultern und Hartmann wechselte wieder vom Ton einer Vorgesetzten in einen freundlicheren Modus.

»Im Übrigen, sehr vorbildlich, wie Sie den Punkt hier formuliert haben.«

```
Ein Schusswaffengebrauch durch Frau KK.
Adler ist strikt untersagt. Mitglieder
der Dienstgruppe KKD, PP, PPo, SSP
verteilen sich analog in benachbarten
Abteilen. Zugriff entsprechend Befehl.

Heil Hitler! M. Hartmann
Kriminaldirektorin WKP Abt. I RKPA
```

Hartmann unterschrieb, schmiss den Stift salopp beiseite und sprach im Gehen so schnell, dass man glaubte, selbst beim Zuhören heiser zu werden.

»So, Klaussner, Sie geben die Durchschläge bitte per Hauspost an die Abteilungen und einer kommt auf den Schreibtisch Ihres Chefs, ja! Und dann machen Sie beide Feierabend, ja! Morgen dann wieder pünktlich, Frau Schiller, ja! Also, schönen Abend. Wiederschauen, ja!« Sie knallte die Tür zu und Klaussner und Schiller blickten einen kurzen Moment entgeistert zur zugeschlagenen Tür.

»Ich dachte, nur mein Chef ist zerfahren.«

»Es ist nicht leicht mit ihr, aber man sollte sie nicht unterschätzen. Sie denkt noch schneller, als sie spricht.«

»Respektabel!«, urteilte Klaussner preußisch und schlug die ungeordneten Papiere auf die Tischplatte.

»Wir machen jetzt Schluss, Herr Klaussner!«, beschloss Schiller und stellte Locher und Stempelkissen in die große

Schreibtischschublade. »Sie sind sicher auch müde. Schließlich mussten Sie ja schon nachts raus, während ich hier den ganzen Tag nur die Zeit totgeschlagen habe.«

»Ja, die Nacht war kurz.«

Schiller gähnte.

»Wir haben alle eine Mütze Schlaf verdient und ich muss noch mit der S-Bahn nach Hause.« Auch wenn sie dies mit heiterer Stimme sagte, lag Sorge darin.

Klaussner wollte es herunterspielen.

»Ich glaube, dass es unwahrscheinlich ist, dass etwas Schreckliches geschieht und dieser Mörder zweimal hintereinander zuschlägt. Haben Sie nicht jemanden, der Sie vom Bahnhof abholen kann?«

Schiller dachte sofort an Simon, der sich zu Hause bestimmt schon fragte, wo sie bliebe.

»Mein Lebensgefährte könnte mich sicher vom Bahnhof abholen, nur ist es ihm als Arzt im Vorruhestand nicht möglich, auf die Straße zu gehen. Er muss das Bett hüten. Aber lassen Sie mal! Mir ist ja auch bis jetzt nichts passiert. Arbeite ja schließlich bei der Polizei. Und wenn nicht, sterbe ich wenigstens noch in ganzer Schönheit«, fischte sie nach einem Kompliment.

»Wo Sie recht haben, haben Sie recht!«, reagierte Klaussner.

Sie wusste nicht, ob sie Klaussner vertrauen konnte, war aber schon zu müde, um ihr Arsenal an Notlügen aufzubringen, das sie sonst rund um Simon und sein Versteck erfand. Sie war einfach nur müde, einfach todmüde.

Für Paul Golzow begann nun die Nachtschicht auf dem Betriebsgelände Rummelsburg in Haus III. Hier befanden sich in der Schwüle stickiger Ausdünstungen von Scheuermittel und feuchter Dienstkleidung die Spinde und Waschbecken der Wartungsarbeiter. Dienstbereit stand Golzow in seiner Reichsbahnuniform kurz vor einem beschlagenen Spiegel, richtete sich noch einmal die schief sitzende Mütze, um schließlich gemütlich zum Werkzeughaus zu laufen und das Nötige für die Nacht zu besorgen. Bei seiner Suche in der Baracke purzelten ihm die Blechbüchsen aus dem Regal, mehrere Besenstile und Harken kippten zu Boden, aber nicht einmal die einfachsten Dinge konnte er finden.

»Herrgott, so ein Saustall!«, rief er ärgerlich.

In seiner Wut dachte er an die letzte Nacht und an seine Frau Hertha. Wie sie ihn wegstieß und er sie schlug. Wie sie ihn dann gebissen hatte und er sie gegen die Wand drückte. Wie er »Halt die Fresse!« sagte und fester zudrückte. Und wie bei ihm dann die Sicherung durchbrannte. Er musste klarstellen, wer Herr im Hause und wer für Küche und Kinder zuständig war. Zehn Minuten bettelte sie ihn an und bettelte um ihr Leben. Er musste sich Respekt verschaffen. Die Kollegen respektierten ihn, die Nachbarn respektierten ihn, alle respektierten ihn. Er war SA-Mann. Anständig, gediegen, bürgerlich. Er war Paul Golzow von der Reichsbahn.

Er kramte weiter im Lager nach den Utensilien und hatte endlich alles beisammen. Er hatte die Dose mit dem Schmieröl sowie seine Stange und ging raus in Richtung Schienen. Bei der guten alten W12er Richtung Osten würde wieder der Bolzen klemmen. Den konnte er halt nur mit der Brechstange umlegen. Später sollte er die Dienststrecke abfahren. Das hieß, er musste wieder all die langweiligen Stationen der Strecke abfahren. Erst stadteinwärts, ab Rummelsburg, dann stadtauswärts bis zur Endstation: dem Kopfbahnhof in Erkner.

Der S-Bahnhof Erkner war der Umsteigebahnhof, von dem man von der Regionalbahn aus dem Brandenburgischen wieder in die Berliner S-Bahn wechseln musste. Sonntags fuhren die Wagen nur alle halbe Stunde in Richtung Stadt. Zurück aus Heiligensee saß hier gerade Johanna Schenk in einem startbereiten S-Bahnwagen nach Berlin. Im schummrigen Licht bauten ihre Gedanken ein schreckliches Szenario zusammen. Hier also geschah es – vielleicht sogar in diesem Abteil und auf diesem Platz. Die sonnige Nachbarin aus dem grauen Gutland, die auf ihrem Heimweg von einem Perversen misshandelt und ermordet wurde.

Marianne Finck stand noch zu Hause vor dem großen Biedermeierspiegel und befestigte ihr Schwesternhäubchen mit dem Rotkreuzabzeichen.

»Hedwig, hörst du mich? Ich muss los, zur Arbeit! Es ist schon spät!«

Sie wusste, dass Hedwig sie hörte. »Hedwig?«, rief sie erneut. »Die S-Bahn fährt am Sonntag nicht so oft und ich will pünktlich auf der Station sein. Die Oberschwester meckert sonst wieder. Brauchst du noch etwas?«

Hedwig trug bereits eine Art Nachtgewand, ihr Haar war handtuchtrocken.

»Eigentlich bräuchte ich heute Abend nur deine Gesellschaft, Liebes!«

»Nur noch einmal Nachtdienst, dann hast du mich ja wieder.«

»Pass gut auf!«, sagte Hedwig und schaute sie mit fast mütterlicher Fürsorge an.

»Ach Hedwig, lass doch diesen Blick! Ich bin ein großes Mädchen und kann bestimmt ganz gut auf mich selbst aufpassen. Außerdem begibt man sich doch immer ein bisschen in Gefahr, wenn man das Haus verlässt.«

»Da bin ich ausnahmsweise nicht deiner Meinung«, widersprach ihr Hedwig. »Das Schlimmste geschieht hinter der Tür. Wenn du hättest sehen können, wie die Golzow und ihre Kleine zugerichtet waren.«

Richardweg 3, Neukölln, Vorderhaus, erster Stock. Es war schon spät, als Luise Adler vorsichtig die Wohnungstür aufschloss und den Schlüssel leise auf die Ablage legte. Sie war zu Hause angekommen und dachte nur noch daran, ins Bett zu sinken. Es war spät geworden und grundsätzlich machte ihr das nichts aus. Mit einem pünktlichen Feierabend konnte man in diesem Beruf ohnehin nicht rechnen.

Mit kaum wahrnehmbarem Knarren ging sie in Richtung Wohnzimmer, um dort schnell und heimlich die mitgebrachte Zigarettenpackung der Sorte *Nestor Orient* mit der leergerauchten zu vertauschen. Es war Vaters Zigarettenmarke und es war er, der hier auf dem Sofa schnarchte. Der Kachelofen wärmte das Zimmer, das Radioprogramm dudelte leise und die kleine Stehlampe mit der 15-Watt-Luftschutzglühbirne ließ alles irgendwie behaglich erscheinen.

Mit seinem zerfurchten Gesicht und dem schütteren Haar saß er schlafend auf dem Sofa und rollte den Kopf. Seit seine Frau verstorben war, konnte er nicht mehr durchschlafen. Deshalb schlief er seit zwölf Jahren jede Nacht in Etappen. Auch trug er immer Pyjama, selbst tagsüber. Luise schimpfte oft, er solle sich was Richtiges anziehen und vor die Tür gehen, raus unter Menschen. Doch Walter Adler interessierte sich nicht mehr für Menschen und schon gar nicht für die vor der Tür. Warum auch? Ihm brachte es nichts, unter charakterlich Defekten zu sein. Die Tage waren ohnehin immer gleich lang und immer gleich düster. Und er hatte doch alles. Der Arzt kam direkt zu ihm nach Hause, um ihn ausreichend mit Morphium sowie drei anderen ruhestiftenden Medikamenten zu versorgen, auch hatte er seine Zigarettenration für den Tag und aß nur wenig. Walter Adler hatte mit allem abgeschlossen und wünschte sich nichts sehnlicher, als dass sein Leben endlich sein Ende nahm. Er selber traute sich nicht, das Ende zu bestimmen.

»Ich muss dir was Neues erzählen. Ich bin heute befördert worden«, sprach sie zu ihrem schlafenden Vater, der sie nicht hörte. »Stell dir vor, ich spiele bald einen Lockvogel in der S-Bahn. Ist das nicht Ironie des Schicksals? Wenn Mutter das erfahren würde?«

Adler erzählte es ihm, weil sie es sonst niemandem erzählt hätte. Sie erwartete aber nichts, weder eine Antwort noch Lob von ihrem Vater, der hier nur weiter laut schnarchte und nichts mitbekam. Eilig nahm sie ihre Handtasche und griff nach dem kleinen Tablettenröhrchen. Vor ein paar Jahren hatte sich das Berliner Pharmaunternehmen *Temmler* ihr stimmungsaufhellendes Zeug als *Pervitin* patentieren lassen. Seitdem es so hieß, waren die winzigen Pillen in so einem schicken Miniröhrchen mit schöner Schrift verpackt. Luise nahm es schon länger, schon seit der Sache mit Mutter damals, als es noch einen unaussprechlichen, klinischen Namen hatte. Es putschte auf, steigerte ihre Konzentration und ab und an sogar ihr sexuelles Verlangen. Gleichsam unterdrückte es Angstgefühle und sie fühlte sich immer wie eine Heldin, die alles schaffen konnte. Der Beipackzettel empfahl eine Tablette pro Tag, allerdings nur von Fall zu Fall. Sie nahm manchmal drei oder vier am Tag, eine am Morgen, eine am Abend, eine für besondere Fälle und eine für Notfälle. Sie setzte sich neben ihren Vater und wartete auf die Wirkung. Sie war erschöpft, aber es sollte nicht lange dauern, bis sie der Schub erreichte. Diese Explosion, wenn unerwartete Energie durch den Körper wallte. Keine Angst und kein schlechtes Gewissen mehr. Sich alles zutrauen: ein Moment von Euphorie und friedlichen Gedanken.

Oscar Zach saß zu dieser Zeit am Tresen seiner Stammkneipe *Zum Teuffels-Eck* in der Manteuffelstraße. Er starrte mit seinen glasigen Augen und friedlichen Gedanken auf die gedruckte Tafel an der Wand. *Nie den Hitlergruß vergessen* stand da. Wie ein kleines Mädchen musste er kichern und bemerkte schließlich, dass sein Glas schon wieder leer war. Er selbst war wieder im Selbstzerstörungsmodus und mittlerweile war es sein fünftes Feierabendbier, das er hinter sich hatte; die Schnäpse nicht dazu gezählt.

»Daggi! Machste mir bitte noch mal eins und 'n Doppelten!«, bestellte er mit müder Stimme. Umso mehr er trank, desto mehr verlor er das Interesse für die schreckliche Welt da draußen. Jedoch wurde er auch zunehmend mutiger und begann, wie so oft, mit der molligen Frau hinter dem Tresen zu flirten, die nur zwei Dinge tat: Bier zapfen und Gläser spülen.

»Muss mir erst mal Mut antrinken, um dir heute einen Heiratsantrag zu machen, Daggi-Schatz.«

Eigentlich hieß sie Dagmar Bürger und war die Ex-Frau des Besitzers, jedoch nannten sie alle nur Daggi. Eine schwere Frau, drall und rundlich mit großen Brüsten. Gelangweilt stand sie da und befüllte seine Gläser.

»Ach. Heute schon wieda, Oscarchen? Machste dit nich' jedetmal, wenn de hier bist? Also jeden Abend?« Dann stellte sie ihm seine Bestellung auf das abgewetzte Holz des Tresens, und er begann, alles hastig in einem Zug hinunterzukippen. Erst den Weinbrand, darauf einen großen Schluck Bier und was folgte, war die nächst höhere Stufe des tiefen Rausches, den er heute Abend erreichen wollte.

»Ahh, wie Himmel und Hölle, Daggi. Genau wie wir zwei beide!«

Die wasserstoffblondierte Waltraud Irmscher, geborene Kohlhans, wusste, wie man dem Rausch der Liebe ein wenig nachhalf. Deshalb lag sie nun mit ihm im Bett. Anfangs war es auch mehr Arbeit als Lust. Der kleine Muskulöse schien äußerst biegsam zu sein und stützte sich über ihr sportlich mit den Ellenbogen auf der Matratze ab. Er hieß Hans, mehr wusste sie nicht. Mehr wollte sie auch nicht wissen, denn morgen war sowieso wieder alles ganz anders: Der Mann, der Name – ob Franz, Hans, Müller, Meier oder Schulze, Obergefreiter oder Unteroffizier, es war letztlich auch egal. Hauptsache am Leben und Hauptsache lebendig.

So wippten sie im gemeinsamen Rhythmus und lagen dabei auf der Seite, auf der sonst ihr Göttergatte, der tapfere

Korvettenkapitän Gerhard Irmscher, immer lag. Schmutziges durfte nur auf seiner Seite geschehen, darauf legte sie stets großen Wert. Außerdem konnte sie so ihren Ehemann direkt ansehen, wenn er sie mit seinem schmalen Oberlippenbart und der Kapitänsmütze vom Foto an der Wand aus anlächelte. Franz oder Hans war schließlich irgendwann am Ziel und sie verlangsamte allmählich den Rhythmus, um mit weichen, erfüllten Augen auf das Foto ihres Helden auf hoher See zu blicken. So fühlte sie sich ihm ganz nah und all die tiefe Sehnsucht verflüchtigte sich.

Hinter der dünnen Wand befand sich das Schlafzimmer von Viktoria Cornelius, die nicht einschlafen konnte, da sie gedämpft mitanhören musste, wie sich ihre Nachbarin drüben vergnügte. Sie fühlte sich mutterseelenallein. Der Duft seines Körpers lag noch im Raum, obwohl sie lange gelüftet hatte.

Es war wie ein innerliches Massaker. Man sah kein Blut, trotzdem tat alles in ihr weh. Und die Schuldige für all das stand schon lange fest. Es war diese dünne, blasse Landpomeranze, dieses junge Ding. Es war Johanna Schenk, die Unheil in ihr harmonisches Leben gebracht hatte.

Viktoria legte sich den Schal, den er am Haken vergessen hatte, auf sein glattgestrichenes Kopfkissen. Auch seine Brieftasche samt den ganzen Papieren hatte er liegen lassen. Wo hatte dieser Mann nur seinen Kopf? Irgendwann würde noch etwas Schreckliches mit ihm geschehen.

Peter Schenk und Herrmann Bohr lagen ebenfalls in einem Schlafzimmer und in einem Ehebett in Berlin-Schöneberg in der Bozener Straße 9, es war Bohrs Wohnung. Ihre nackten Körper glühten noch. Bohr blies seinen Zigarettenqualm gebündelt Richtung Decke und der Kopf seines jüngeren Geliebten lag auf seiner nackten Brust.

»Und wann hast du dich entschieden, diesen schweren Schritt zu wagen und allein zu leben?«, fragte ihn Peter.

»Kurz nach meiner Hochzeit änderte sich alles«, blies Bohr die Antwort leise im Rauch heraus. »Ich wurde ein Fremder, immer abweisender gegenüber meiner Frau, musste viel arbeiten und verbrachte die Wochenenden mit Freunden im Ruderklub am Wannsee, auch im Winter. Als sie fragte, welche Freunde es seien, sagte ich immer, es seien Sportkameraden, die sie nicht kennen würde.«

»Du hast dich also verleumdet und deine Gefühle weggeschlossen?«

»Ich habe mich schuldig gefühlt, weil ich nicht den Mut hatte, es einzugestehen. Doch ich konnte es nicht mehr verstecken. Ich musste Tatsachen schaffen.«

»Du hast damit eine Entscheidung für dein Leben getroffen!«, befand Peter und sprach dann über sich. Dabei hob er den Kopf von seiner Brust, stibitzte ihm die kleingerauchte Zigarette aus dem Mund und nahm den ungeübten Zug eines Nichtrauchers.

»Mein Vater will es nicht wahrhaben. Es passt nicht in seine Geisteshaltung. Meine Zwillingsschwester und meine Mutter wissen es. Meiner Schwester musste ich es gar nicht erzählen. Meine Mutter riet mir, einen Arzt aufzusuchen. ›Der wird dir schon helfen‹, sagte sie. ›Diese Krankheit kann man bestimmt heilen‹, sagte sie.«

Bohr reagierte grüblerisch.

»Muss man dir helfen? Muss man dich heilen? Ist Liebe nicht eine ureigene persönliche Angelegenheit, die man nicht heilen kann? Bedarf sie einer Rechtfertigung? Niemand hat sie doch zu kontrollieren? Keine Mutter, kein Arzt und kein Staat. Ist der, der das Glück hat zu lieben, nicht immer im Recht?«

Dr. Simon Blumberg hörte im Treppenhaus fremde Stimmen. Kamen sie jetzt, um ihn abzuführen, ihn mitzunehmen? Stand da nicht ein Mann auf dem Flur? Oder waren es zwei? Sie redeten irgendetwas draußen, während er hinter der Tür die Luft anhielt. Er konnte sie nicht verstehen, sie sprachen, als hätten sie Knödel im Mund.

»Hast du wa pa ta ta?«

»Nein, aber wa pa pa patapa!«

Das Gespräch zog sich wie Gummi und er konnte nicht hören, worüber sie sprachen. Er hatte Angst, gleich würde etwas Schlimmes mit ihm geschehen.

»Wa pa tapatapa zu Hause?«

Plötzlich klopften sie, hämmerten an der Tür, klingelten Sturm und klopften erneut. Blumberg erschreckte, erstarrte und spürte das laute Pochen, das in seiner Brust schlug.

»Da ist Jude wa wa wa Blumen wa wa wa. Ha, ha, ha, ha!«

Er hatte sich nicht verhört. Sie mussten ihn meinen. Er strich sich zittrig den kalten Schweiß von der kahlen Stirn. Schnell lief er auf Strümpfen in seine Kammer und kroch unter das Bett. Er dachte an Eva, hatte Todesangst in seinem Versteck und hielt den Atem an, obwohl er Staub vom Fußboden eingeatmet hatte, der ihn zum Husten reizte. Es klingelte wieder und wieder, klopfte wieder und wieder. Noch einmal und noch einmal. Der Staub war nun auch in seiner Nase und er fühlte, dass er niesen musste – eine Höllenqual, es zu unterdrücken. Er kämpfte mit Staub und Speichel, die sich in seinem Mund ansammelten. Er konnte nicht mehr. Sein Brustkorb schmerzte vom Anhalten der Luft. Ihm wurde schwindelig. Seine Hände verkrampften sich und vor seinen Augen sah er nur noch Sterne flimmern.

Trommelwirbel im intimen *Salon Kitty*. Böse Zungen würden das Etablissement in der *Giesebrechtstraße 11* auch schlicht als Luxuspuff für hochrangige NSDAP-Funktionäre, ausländische Diplomaten und sonstige Herren des öffentlichen Lebens bezeichnen, und das war das *Kitty* auch.

Dumpf hämmerte der Trommelschlag von Benny Goodmans *Sing, Sing, Sing*. Verbotene Musik, Jazz. Und während auf der kleinen Wohnzimmerbühne der runde Lichtpunkt des Scheinwerfers vier dralle Revuegirls mit Zylinder und halterlosen Strümpfen verfolgte, schenkten die Herren an der Bar dem Tingeltangel kaum Beachtung und ließen sich lieber von den spärlich bekleideten Amüsierdamen aufmuntern. Hinter der Theke gelangte man durch einen Vorhang aus flirrenden Perlen zum rot beleuchteten Keller, wo mehrere reizvolle Luxusprostituierte für verschiedenste Spielarten und Stellungen zur Verfügung standen.

In der kleinen finnischen Sauna am Ende des Ganges zeigte das Thermometer in diesem Moment 90° Celsius. Die trockene Hitze bewirkte, dass dem schweißnassen Fleischberg Lüdke schummrig wurde und er nur mit dünner Stimme laue Sprüche ablassen konnte.

»Wie ihr das bloß aushaltet, Mädels«, witzelte er mit den zwei spitzbrüstigen Frauen, die auf der untersten Bank splitternackt und grazil auf ihren Handtüchern saßen. »Leg mal noch 'ne Kelle drauf, Alfred!«, sprach er zu einem anwesenden Herrn. »Mach sie noch mal ordentlich heiß!«

Der vollschlanke Mann kraxelte plump und ungelenk von der Bank, griff zum Wasserbottich und goss professionell drei volle Holzkellen eiskalten Wassers auf die heißen Steine. Laut böllernd zischte es in der kleinen Kammer und es begann nach Fichtennadeln zu riechen.

»Wie oft soll ich es dir noch sagen, Süßer?«, näselte er mit weiblicher Klangfarbe. »Man nennt mich hier Alfredo!«

Alfredo Bouchèr war sonst dreimal die Woche auf der Salon-Bühne oben der androgyne Conférencier für das Hauptprogramm. Eine blassgepuderte, mondäne Nachtgestalt, die im normalen Leben Alfred Fleischhauer hieß, unter der Woche ziviler Mitarbeiter im Wehrmachtsbekleidungsamt war und ursprünglich aus einer der heruntergekommenen Mietskasernen des Arbeiterbezirks Wedding kam. Ungeschminkt und nur mit Handtuch bekleidet, sah er hier nackt und im trüben Licht der Sauna ungewöhnlich gewöhnlich aus – farblos, dicklich, mittelmäßig, das Gesicht fleischig.

Lüdke forderte die spitzbrüstigen Damen mit flottem Händeklatschen zum Gehen auf.

»Lasst uns mal alleine, Kinder! Männergespräch!«

Die Frauen wickelten die Handtücher um ihre tadellosen Körper und verschwanden aus der stickigen Kammer.

»Also, sag mal konkret, Süßer!«, setzte Fleischauer fort. »Was brauchste?«

Lüdke verfiel trotz Sauna und Nacktheit in den amtlichen Ton des Kriminalrats.

»Ich brauche für einen groß angelegten Fall Frauenkleidung ab Größe 50, mindestens bis Größe 64. Kleider, Blusen, Röcke, Mäntel. Dazu noch Schuhe, Seidenstrümpfe, Hüte, Schmuck – den ganzen Klimbim.«

Der abgeschminkte Kleinbühnenstar ließ die Saunakelle in den halbleeren Holzkübel fallen und korrigierte Lüdke auf der Stelle.

»Das wird anders berechnet! Die Größen, die du meinst, gehen bei Damen von 44 bis 58. Aber wozu braucht ihr das denn alles? Polizei im Fummel? Was für'n Quatsch? Klingt ja nach Charleys Tante.«

»Nun zerbrich dir mal nicht deinen Kopf. Bis wann kannst du alles beschaffen?«

Alfredo griff zum Handtuch, wedelte herum und verteilte die heiße Saunaluft. Jeden weiteren Satz akzentuierte er mit zuckender Schulter und gestikulierte wie ein erfahrener Revuestar.

»Früher, als wir noch im *Eldorado-Club* in der Lutherstraße gegenüber der Scala oder im *Bermuda* Travestie machen durften, da wäre das kein Problem gewesen. Ach, was waren das für tolle Zeiten.«

Sein Blick ging zur Saunadecke, wie bei Shakespeares Othello im letzten Akt.

»Ich trug als Königin der Nacht ein Diadem mit Brillanten und Pfauenfedern auf dem Kopf. Im Gegensatz zu heute … Überall nur braune Soße.«

»Alfred! Ich brauche die Sachen bis Mitte der Woche!«, riss ihn Lüdke aus der Erinnerung.

»Wie viele Personen sagtest du?«

»Knapp dreißig.«

»Ach, wie stillos!«, näselte er empört. »Aber warte! Ich muss nachdenken!«

Fachmännisch rotierte er mit dem kleinen Handtuch über seinem Kopf und verursachte heiße Dampfstöße, die alle anwesenden Körper wie einen Gluthauch trafen.

»Mein lieber Scholli, denk schnell, das ist ja die reinste Quälerei«, schnaufte Lüdke und rang nach Luft. »Wird ja immer stickiger hier!«

Frida Barnitzke saß zu dieser Zeit im stickigen Schlafsaal des Weidenhofs in Heiligensee auf dem Bett und wippte mit dem Oberkörper. Der scharfe Fäkaliengestank und das bittere Weinen der kranken Kinder war heute Abend kaum mehr zu ertragen.

»Pisse, Pisse, Pisse.«

»Halt endlich die Klappe und leg dich hin!«, schrie ein dicker Fürsorger mit Haarnetz und Gummischürze. Sein Äußeres erinnerte eher an eine Fleischerei als an ein Pflegeheim.

»Du bist hier nicht alleine! Die anderen können nicht schlafen!«, befahl ein zweiter.

»Mama kommt! Mama kommt!«, intonierte sie wieder und wieder ihr Stakkato.

Sie packten das zerbrechliche Mädchen an Armen und Beinen und warfen sie wie einen Kartoffelsack auf die rollende Krankenliege. Sofort schlug sie um sich, schrie wie ein angeschossenes Tier, brüllte aus voller Brust. »Aua, Mut-tii!« Es war für die Männer gar nicht so leicht, das zerbrechliche Mädchen mit Gewalt herunterzudrücken und deren Arme und Beine mit den abgewetzten Ledergurten auf der Krankenliege zu fixieren.

»Mutti kommt bald, Mutti Kommt bald! Kommt bald!«

Tränen schossen ihr in die Augen, bitterer Schaum rann aus den Mundwinkeln und Gallefäden tropften auf das Bettlaken. Schließlich verlor sie die Kontrolle über ihre Blase. Ein großer Urinfleck wurde unter ihr auf der speckigen Matratze immer breiter.

»Sauerei!«, schrie der eine und verpasste ihr gleich rechts und links eine schallende Ohrfeige.

»Mensch, Jünther! Bleib mal freundlich!«

»Wieso? Wat soll's! Is' ja nich' schade drum!«

Schnell schoben sie sie auf der Liege raus auf den Flur und von dort in einen kleinen dunklen Raum. Die grellen Neonröhren an der Decke flackerten auf und gaben hochtönige Geräusche von sich. Eine Todeskammer, in der es überall nach verschimmeltem Putz roch, der von den Wänden blätterte.

»Wir wollen nur dein Bestes, Mauseschwänzchen!«, säuselte der eine von ihnen. »Wenn de brav bist und stillhältst, jeht allet viel schneller, hörste?«, sprach der andere und rammte ihr die spitze Nadel einer großen Glasspritze in die Armbeuge, um ihr die gelbliche Flüssigkeit in die Vene zu drücken.

```
Der Gedanke ist einfach unerträglich,
dass Geisteskranke Betten blockieren,
die man für verwundete Soldaten benö-
tigt. Ich tue nur, was die Kirche seit
fünfzehnhundert Jahren tut, allerdings
gründlicher.

Adolf Hitler
```

Die S-Bahnen durchkreuzten die verdunkelte Stadt. *Dadamm-dadamm. Dadamm-dadamm.* Irgendwo fuhr Marianne Finck zur Arbeit ins Krankenhaus, irgendwo war Sekretärin

Schiller unterwegs nach Hause und irgendwo fuhr Johanna Schenk Richtung Rummelsburg und war fast da.

Von ihrem Platz aus starrte Eva Schiller schon eine ganze Weile auf die Person, mit der sie nun allein im Wagen war: Ein Mann mit dunklen Schatten im Gesicht, die Schultern bepackt mit einem Sack und einem Einkaufsnetz voller Päckchen und Konservendosen. Sollte im schummrigen Abteil nun real werden, was sie insgeheim befürchtet hatte? Ihre Nerven lagen mehr als blank und sie musste an Kollege Klaussner denken, der noch gesagt hatte, dass solch ein Täter nicht so schnell hintereinander zuschlagen würde. Doch was wusste der junge Klaussner schon?

Auch bei Johanna Schenk war ein einzelner Mann zugestiegen und auch sie war mit ihm allein im Abteil. Seine Haut war matt, die Mütze hing tief, doch mehr konnte sie nicht erkennen. Verängstigt sah sie sich im dunklen, leeren Wagen um und bekam es mit der Angst zu tun. Vor ihr lagen nur noch zwei Stationen.

Marianne Finck saß derweil ganz hinten im leeren Abteil am Fenster und schaute hinaus. Die Bahn rollte langsam und stoppte am Bahnhof Ostkreuz. Sie erkannte durch die beschlagene Scheibe die großen Zeiger der Bahnhofsuhr und war froh, dass sie pünktlich war und die Oberschwester damit zufrieden sein würde. Während sie darüber nachdachte, zog sich plötzlich die Tür vor ihr auf und ein Mann in Uniform stieg ein. Er stellte sich direkt vor sie, hielt sich an der Haltestange fest und schaute sie an.

Ich bin ein großes Mädchen, wiederholte sie in ihren Gedanken wieder und wieder. *Ich kann ganz gut auf mich aufpassen. Mir wird schon nichts Schlimmes geschehen.*

Und ob Johanna Schenk, Eva Schiller oder vielleicht doch Marianne Finck – es geschah nun, was geschehen sollte: die

S-Bahn schlug ihre monotonen Schläge und schemenhaft wie in einem Stroboskoplicht ging alles rasend schnell. *Dadamm-dadamm. Dadamm-dadamm.* Er packte sie, er schubste sie, er drehte sie, bog sie, schlug sie, riss ihr den Rock hoch, zerriss ihren Schlüpfer und stieß seinen Penis von hinten in sie hinein. *Badamm-badamm. Badamm-Badamm.* Er wollte sie nur auslöschen, wollte ihre Qualen spüren, sonst wäre es sein Untergang gewesen. Es war nur das Recht des Stärkeren, sich zu holen, was einem zustand. So wurde er mehr, so wurde er Mann. Dumpf und triebhaft. Reinstecken, Draufschlagen, Draufschlagen und wieder rein – bis man, bis er, ihren Tod kommen sah und ihr Körper erschlaffte und zuckte. Dann konnte er nur noch die Türen zur Hölle aufreißen, den toten Körper raus auf die Schienen werfen und es war vorbei, ein für alle Mal vorbei!

Deutsche Frauen,
Deutsche Männer!

Wenn ich mich zu dem Wort bekenne, dass es nur die Männer sind, die Geschichte machen, so spreche ich es aus: Den besten Platz hat die Frau am Herd und in der Familie. Wir sind nicht gewillt, der Vernichtung unserer blutmäßigen Erbsubstanz weiter tatenlos zuzuschauen. Das Wort Emanzipation ist nur ein vom jüdischen Intellekt erfundenes Wort. Es ist nicht richtig, wenn die Frau in die Welt des Mannes eindringt, sondern die Weltordnung muss von Männern dominiert werden
Die deutschen Frauen sollten das nicht vergessen!

Joseph Goebbels

II Verstrickungen

7

Die Schornsteine der Stadt hauchten ihre Schleier in den Morgenhimmel. Im Gerichtsärztlichen Institut Berlin-Moabit, einem monumentalen Zwitterwesen aus Gericht und Krankenhaus, erschlugen einen schon nach Eintritt das riesige Treppenhaus mit den Verzierungen aus Schmiedewerk sowie der beißende Mix aus Spiritus und Besucherklo. Im dritten Stock befand sich der Sektionssaal mit dem ganzen ermordeten Berlin der letzten Woche. Zwanzig tote Körper lagen hier in Regalen sortiert, mit Zettel am Zeh und gut gekühlt bei zwei bis vier Grad. Nur jeder zehnte Fall war Meuchelmord, alle anderen waren Suizide.

Unter dem grellen Licht der Operationslampe lag auf dem gekachelten Obduktionstisch die neue Tote des Bahnmörders. Um sie waren Tücher, Sägen und Skalpelle aufgereiht, sorgfältig wie Tafelsilber des Hotels *Esplanade*. Lüdke beugte sich über sie und verlieh ihr Namen und Identität.

»Marianne Finck, 27 Jahre alt, unverheiratet. Lazarettschwester im Bethanien-Krankenhaus in Kreuzberg. Wohnhaft bei einer Frau Dr. Hedwig Ebauer. Dorotheastraße 13 in Karlshorst. War zum Nachtdienst unterwegs.«

Mit gelockerter Krawatte warf er einen enttäuschten Blick auf den steifen Körper.

Kommissarin Adler stand verschlafen, ungeschminkt und mit Pervitin wiederbelebt neben ihm. Ihr müder Kopf und ihr leerer Magen drehten sich, was auch daran lag, dass ihre Ankunft mit der Fahrbereitschaft eher der Landung eines Ju-52-Transportflugzeuges als einer Jungfernfahrt glich. Doch hatte sie die Übelkeit noch nicht ganz erfasst. Anders als zu Beginn ihrer Ausbildung, als sie ihre erste Leichenschau durchleben und sich an Ort und Stelle vor den Füßen des Rechtsmediziners übergeben musste. Damals war es nicht die Obduktion an sich gewesen, sondern der faulig-saure Geruch des Mageninhalts, als der Bauch der Leiche geöffnet wurde, der ihre Nase erreichte. Eine Frau wurde damals nach dem Verzehr von Gabelblättlingen, auch als Falsche Pfifferlinge bekannt, schnell und sicher von ihrem Ehemann ins Jenseits befördert, nachdem dieser ihr die Pilze zum Muttertag zubereitet hatte. Ihre letzten Worte waren wohl, dass er ein lieber Gatte und ein guter Koch sei, aber noch Salz fehle – dann verstarb sie.

Doch hier war alles anders, hier wurde eine Frau nicht durch Gift einfach so ums Leben gebracht, sondern gedemütigt, misshandelt, vergewaltigt und wie ein Gegenstand aus der S-Bahn geworfen – Schuhe und Handtasche gleich hinterher. Adler sah der Leiche ins wachsbleiche Gesicht. Wie die vergiftete Frau damals, hatte auch sie den Mund und die Augen weit geöffnet, als wolle sie noch eine letzte wichtige Botschaft loswerden, als wolle sie sagen: »Am Ende ist es leicht und ohne Angst, doch warum jetzt und warum so?«

Adler schüttelte es, ihre Stirn war mit kaltem Schweiß benetzt und immer wieder kam ihr dieses *Warum*? Es schrie in ihr und wühlte, weil sie noch keine Antworten hatte. Es war der gleiche gewaltsame Tod wie beim letzten Mal. Starker Aufprall ins Gleisbett, Spermareste und Fremdblutgruppe 0 in den Verletzungen der Scheide.

Lüdke brummte missgestimmt.

»Adler! Was sagen Sie?«

Sie zuckte zusammen. Hatte da etwa der große Lüdke, die Koryphäe analytischer Polizeiarbeit, ausgerechnet sie, Fräulein Niemand, um ihre Meinung gefragt? Sie stotterte fast und war eingeschüchtert vor Respekt.

»Ich … eh … ich … Ich bin der Ansicht, dass …, dass Männer, die so etwas tun, zwar bei ihren Taten von einem starken Sexualtrieb gelenkt werden, doch glaube ich auch, dass das keine vorrangige Rolle zu spielen scheint.«

Kaum sprach sie es aus, riss jemand unaufgefordert die Tür auf und unterbrach sie abrupt. Lüdke wusste sofort, wer das war und wurde laut.

»Mensch Klaussner, Sie Dilettant! Sie können ja echt im Komödienfilm mitspielen. Lernen Sie mal, dass man an einer geschlossenen Tür anklopft und abwartet, bis man aufgefordert wird, einzutreten? Das kann doch nicht so schwer sein, Junge?«

»Guten Morgen die Herrschaften! Guten Morgen Kommissarin Adler. Schlechte Nachrichten: Kriminalassistent Zach war leider in seiner Wohnung am Morgen nicht anzutreffen.«

»Gut, dann lassen wir ihn mal, der wird schon wieder auftauchen«, erwiderte Lüdke. »Adler, hören Sie! Sie lassen sich von Klaussner jetzt nach Karlshorst fahren und überbringen dieser Hausärztin die Nachricht vom Tod der Marianne Finck. Vielleicht kriegen Sie auf diese Weise noch was anderes über sie heraus. Lebensumstände, Liebschaften, verletzte Verehrer oder so was.«

Adler konnte Lüdkes Plan nachvollziehen und setzte gleich weitere Bausteine zusammen: Wo, wenn nicht bei einer Ärztin im nahen Umfeld von Laubengebiet und Betriebsbahnhof, könnte sie die eine oder andere Karteikarte von Männern mit Blutgruppe 0 im Aktenschrank finden? Wo, wenn nicht dort?

Das Labyrinth der Lauben in der Kolonie Gutland II war noch in allen Grauschattierungen des frühen Morgens versunken. Die eiskalte Luft verriet, dass der Winter nun wirklich vor der Tür stand und irgendwo blaffte in der Ferne ein Hund. Die Fenster der kleinen Häuser wirkten so matt, als hätten sie die Bewohner von innen mit schwarzem Lack versiegelt, um die Armseligkeit vor der Welt zu verstecken.

Der Ofen, der in der Nacht die Laube mit Wärme versorgte, war bereits abgekühlt. Im Ticken des Weckers zischte ein

Streichholz und Cornelius brachte die blaue Petroleumflamme unter dem Lampenglas zum Wachsen. Schwarzgraue Umrisse wurden im kleinen Zimmer augenblicklich zu Objekten: Kissen und Kleider auf dem Boden verstreut. Ansonsten erschien im reduzierten Licht alles wie nach einem Trinkgelage, mit Resten von Speisen, leeren Weinflaschen und ausgelöffelten Konservendosen. Es waren die letzten Überbleibsel von Tante Irmschers kleinem Sortiment aus der Delikatessenabteilung des *KaDeWes*. In einem schrumpeligen Ende Rohwurst steckte sogar noch Cornelius' Klappmesser, das er sonst immer bei sich trug. Und unter der bauschigen Daunendecke des kleinen Bettes ragte ein blasses, schlafwarmes Frauenbein hervor.

Cornelius goss sich eiskaltes Wasser aus dem Zinkeimer ins Gesicht. Sein Körper war noch müde und sein Kopf lief bereits wie ein Radio, mit immer dem gleichen Programm und der gleichen Frage: War er ein Massenmörder? Nein, er war Betriebschemiker.

Seine Erfindung sollte der effizienten Schädlingsbekämpfung dienen, mit Kieselsteinen und Blausäure. Einfache Mittel wurden zu etwas Größerem gemacht, eine simple Erfindung, für die er weder den Nobelpreis noch irgendeine finanzielle Unterstützung bekam. Warum auch? Die *Degesch* verkaufte es seit Jahren als billiges Entlausungsmittel für Gefängnisse und Lager. Es sollte die Lebensbedingungen verändern, aber was damit letztlich geschah, war doch eigentlich nicht sein Problem.

Nachdem er die Waschprozedur beendet hatte, sich das Hemd zuknöpfte, glattstrich, in die Hose steckte und die Hosenträger über die Schultern zog, weckte er sie.

»Johanna! Steh auf! Es ist Zeit!«, flüsterte er Richtung Bett, ging umher, zog sein Messer aus der Wurst und verstaute es in dem kleinen Ledertäschchen am Hosenbund.

Dabei fiel ihm erst jetzt auf, dass er gestern seine Brieftasche samt Ausweis und Geld sowie seinen Schal bei Viktoria vergessen hatte. Er wollte aber in aller Herrgottsfrüh nicht weiter darüber nachdenken, zu schnell verging die Zeit mit Johanna, die langsam die Decke vom Kopf zog, sich räkelte und ihre Arme Richtung Kopfende streckte. Dann öffnete sie die Augen. Er mochte es, ihr beim Aufwachen zuzusehen, setzte sich auf die Bettkante und küsste sie.

»Mein Bruder bringt mir heute die Pläne«, hauchte sie mit alkoholischem Atem des letzten Glases vom Abend. »Ich verstecke sie bei den Kindern! Doch kein Wort zu niemandem, hörst du?«

Einfach immer schweigen, stillhalten, sich bei Eva verstecken, damit ihn hier im Haus in der Dorotheastraße 24a die Nachbarn nicht hörten. Wie jeden Morgen wurde Blumbergs Gedankenkette immer länger. Er sah ins Leere, war hellwach und Evas schlafender Kopf lehnte noch in seinem Arm. Und so fühlte sich dieser Moment an, als führten sie ein ganz normales Leben. Er brauchte nach all den Aufregungen ihre Nähe gestern Abend und sie konnte nach diesem verrückten Sonntag eh nicht schlafen. Mittlerweile schlich sich der Tag durch die Gardine. Blumberg fühlte sich jeden Morgen wie ein chronischer Hellseher. Er blickte zur Decke und wusste, was kam. Jetzt ging oben der Nachbar wieder in der Wohnung umher, jetzt würde seine Klospülung rauschen, jetzt seine Schranktür zuknallen, jetzt sein Wasserkessel pfeifen und jetzt würde er das Radio anschalten. Danach klapperte immer ein Fahrrad mit lockerem Schutzblech durch die totenstille Dorotheastraße. Alles war so wie an allen anderen verfluchten 743 Tagen – nur der Gesang eines Vogels ließ heute auf sich warten.

Eva öffnete irgendwann die Augen und wusste durch sein nervöses Atmen, dass sie gleich wieder in sein sorgenvolles Gesicht schauen würde.

»Beruhige dich, Simon«, sprach sie sanft und noch müde in der Stimme. »Die wollten gestern Abend nicht zu uns.

Wer weiß, wer da an der Tür war. Vielleicht haben da nur welche zu viel gefeiert. Wir müssen weiter durchhalten.«

»Wie soll sich jemand beruhigen, dem sein Leben zerstört wurde?«, sprach er verzweifelt. »Jemand, dem alles genommen wurde, die Ehre, die Freude, die Luft. Jemand, der als Bürger zweiter Klasse gilt. Ich halte diese Spielchen nicht mehr aus und muss weg, weit weg von hier. Ich werde gehen, oder dem Ganzen endlich ein Ende setzen. Flucht oder Freitod, denn vielleicht würde mein Tod allen weiterhelfen. Sie werden mich sowieso finden und zur Strecke bringen. Und dir wird man das Leben zur Hölle machen.«

Eva richtete sich auf und setzte sich auf die Bettkannte. Sie musste ihre Tränen herunterdrücken. Wie konnte Simon nur so etwas sagen? Sie verlassen? Sich umbringen? Nach allem, was sie bisher gemeinsam durchgemacht hatten. Hastig öffnete sie die Nachttischschublade und suchte vergeblich nach einem Taschentuch. »Dieses nasskalte Wetter wieder. Herrjeh, ich glaube, ich habe mir einen kleinen Schnupfen eingefangen«, sagte sie und wedelte mit den Händen« vor dem Gesicht, als könne sie so ihre Tränen trocknen. Schließlich tröstete sie ihn mit Worten des Durchhaltens. Das machte sie täglich und es half auch, doch wurden ihre Worte von Tag zu Tag unglaubwürdiger.

»Simon, glaube mir, wenn wir durchhalten, wird die Zeit wie Sand in einem Glas verlaufen. Dir wird nichts passieren. Glaube mir doch!«

Mitteilung der Gestapo
In dieser Woche werden in Karlshorst
und Umgebung spontane Einzelaktionen
gegen Juden stattfinden. Diese Aktionen
sollen dazu dienen, ihre Verstecke in
fremden Wohnorten ausfindig zu machen.
Es gilt, dieser Angelegenheit ver-
schärftes Augenmerk zu schenken.

Nur einen halben Straßenzug weiter eilten Adler und der bemützte Klaussner vom geparkten Mercedes durch das schmiedeeiserne Torgitter des ummauerten Vorgartens des Grundstücks in der Dorotheastraße 13. Nur wenige Stufen und schon standen sie vor der wuchtigen Eingangstür des großen Hauses.

Adler drückte den Klingelknopf, klingelte erst zweimal zart, dann dreimal stark und vernahm Schritte hinter der Tür. Wie eine Todesnachricht überbracht wurde, wusste Adler, musste sie es schon zur Genüge bei der *Weiblichen* tun. Meist waren es Mütter verstorbener Kinder, die entweder durchdrehten, schrien, mit den Fäusten auf sie losgingen oder ihr stumm und hilflos schluchzend um den Hals fielen. Oder es war ganz anders: völlige Gefasstheit, Starrheit, Kälte. Das Schwere war nicht die Formulierung der Todesnachricht, sondern dass man bei der Überbringung immer wieder an die eigene Endlichkeit und auch an Trauererfahrungen im eigenen Leben erinnert wurde. Jedes Mal ging ihr der Tod ihrer Mutter dabei durch den Kopf.

Die Tür öffnete sich. Mit einem perplexen »Ja, bitte?« blickte das müde Gesicht der Hedwig Ebauer dahinter hervor. Sie trug bereits einen Arztkittel.

Adler und Klaussner holten synchron ihre Polizeimarken wie große Geldstücke hervor und sprachen simultan ein freundliches »Guten Morgen!«. Adler gab Klaussner jedoch mit einem genervten Gesichtsausdruck zu verstehen, dass sie ab hier das Kommando hatte und nicht er.

»Guten Morgen. Frau Dr. Ebauer? Mein Name ist Adler, Luise Adler. Ich bin von der Weiblichen Kriminalpolizei.«

Was nun im Gegenzug aus dem Mund der Ärztin sprudelte, überraschte sie.

»Ach, ja schön. Ich habe mir zwar gedacht, dass Sie kommen, aber dass das mit solch rasender Geschwindigkeit passiert? Auf die Polizei ist ja wirklich Verlass. Möchten Sie nicht eintreten?«

Hedwig Ebauer schleuste beide durch den schmalen Flur bis zu einer kleinen Tür. Von dort kam man direkt in den Raum, in dem sich in knapp einer Stunde die Patienten wieder die Klinke in die Hand geben sollten, schließlich war Montag. Neben grippalen Infekten war heute gehäuft mit Prellungen vom Wochenende zu rechnen.

Ebauer platzierte sie wie Patienten auf die Stühle und gab sich sofort als professionelle Expertin in Weiß. Für Adler wurde die Situation immer bizarrer, weil Ebauer gar nicht weiter fragte, sondern gleich eine Diagnose stellte:

»Sie wissen es ja sicher, Frau Kommissarin. Jede Frau ist mindestens einmal in ihrem Leben von sexualisierter Gewalt durch einen Mann betroffen oder Opfer körperlicher Gewalt, die von einem Mann ausgeht.«

Natürlich wusste Adler das. Sie hatte solche Fälle ja die letzten Jahre professionell bearbeitet. Doch war ihr im Moment alles andere als klar, wovon die Frau hier sprach oder ob sie über den Tod von Marianne Finck vielleicht schon Bescheid wusste.

»Ich spreche von vorsätzlicher, einfacher Körperverletzung«, sprach Ebauer. »Von Vergewaltigung, sexueller Nötigung und sexuellen Übergriffen bis hin zu gewaltsamem Mord und Totschlag. Und das betrifft Frauen von Ehemännern aller sozialen Schichten, auch bei den Golzows.«

Bevor jetzt alles völlig in die falsche Richtung kippte, griff Adler dazwischen.

»Frau Dr. Ebauer? Dürfte ich Sie kurz bremsen. Ich bin hier, um Ihnen eine sehr traurige Nachricht zu überbringen.«

Morgendlicher Dienstbeginn in Haus III im Betriebswerk Rummelsburg.

»Morjen. Ick bin hier der Neue. Ihr könnt Kutti zu mir sajen!«

Nur der Werksleiter wusste von seinem geheimen Auftrag, niemand sonst.

»Morjen, Kolleje Kuttnik. Gleich mal mitkommen!«, sagte der und nahm ihn mit.

Die Männer der Frühschicht machten im Aufenthaltsraum gerade ihre erste Pause. Kuttnik war bereits in voller Montur erschienen und nutzte sofort die Gelegenheit, um mit seinem losen Mundwerk Kontakte zu knüpfen. Die Luft war hier zum Ohnmächtigwerden und roch modrig-schwül nach Eisen, Ruß und Männerschweiß.

»Wir können hier jeden jebrauchen. Sojar 'n Dicken«, begrüßte der Ältere ihn auf seine Weise. »Musst aber zuverlässig und ein Kamerad sein!«

Kuttnik, der sich sowieso immer gerne reden hörte, schaltete schnell auf Kumpel und fasste sich ans Herz.

»Wenn ihr Zusammenhalt und Respekt meent? Dit hab ick quasi in mir.«

»Musst aber hier ooch 'n bisschen dit Jehirn abstellen hier!«, erwiderte ein anderer. »Sonst biste anjeschissen! Ick bin übrijens Werner, Werner Rappitzke.« Er gab Kuttnik seine schmutzige Hand. »Ick bin hier Schlosser.«

»Werde mir Mühe jeben, Werner!«, antwortete Kuttnik und konnte dabei dem markigen Händedruck des Schlossers standhalten. Damit war er drin im Kreis der Arbeiter und für alle gleich der richtige Mann. Es war nicht allein sein rundes Gesicht oder sein herbes Äußeres, sondern auch diese direkte Art zu reden, um gleich von allen akzeptiert zu werden. Er sah aus dem großen Fenster und ließ seinen Blick über die Gleisharfen, die Wagenhallen und den Wasserturm kreisen. Wer hier jeden Tag zur Schicht ging, musste schon etwas für Eisenbahnen übrighaben. Ganz schnell registrierte er jeden der Mitarbeiter und versuchte, ihre Gesichter zu lesen. Der eine schied schon mal aus, weil der bestimmt schon Großvater war. Mit den anderen ging er eher langsam auf Tuchfühlung. Er wollte sich nicht verdächtig machen.

»Mensch, wie ick mir freue, dass ick wieda Arbeit habe«, tönte er laut zu den Kollegen. Er holte seine Thermoskanne und seine Brotbüchse aus der Aktentasche und zeigte stolz die beiden mitgebrachten Sammelalben: *Germanische Heldinnen in Akt* und *Afrikanische Kolonialweiber nackt*.

»Ditte sammelt hier och eener«, sprach ein Rangierer und schnitt sich dabei eine Brotscheibe vom Laib, um sie dick mit Margarine zu bestreichen.

»Weeste, wen de damit wirklich bejeistern kannst? Unsern Paule. Unsern Nachtfalter, den Golzow. Aber der hatte jestern Nachtdienst und wird Mittwoch erst wieder lebendig.«

Praxis wegen Trauerfall geschlossen stand über dem weißen Schild am Zaun des Grundstücks. Kommissarin Adler hatte Ebauer über den Tod von Marianne informiert und der war nun klar, dass der morgendliche Polizeibesuch sich nicht für den Fall der häuslichen Gewalt der Familie Golzow interessierte, sondern sich um den grausamen Tod ihrer Lebensgefährtin und ihrer großen Liebe drehte. Adler sah nun nicht mehr in das Gesicht einer starken Frau, sondern in eine Maske, die grau und eisig ins Leere starrte. Dabei schien es, als sei ihr Körper in einen anderen Zustand gesprungen und Standhaftigkeit und Lebenskraft der Ärztin schienen erloschen.

Adler brach mit ganz leiser Stimme andächtig das längere Schweigen der Fassungslosigkeit.

»Wenn ich Ihnen nicht zu nahe trete, würde ich Sie für die Ermittlungen gern fragen, wie Sie zu der Toten standen, Frau Dr. Ebauer? Wir sind unter uns. Sie dürfen offen sprechen!«

Immer noch lehnte Ebauer am Schreibtisch, schaute ins Leere und rang mit gedrückten Schlucken um Worte.

»Marianne unterstützte mich in allen Belangen ... Ohne sie ist nichts ... Sie war meine gute Seele ... Meine Freundin ...«

Ihre Stimme brach vor Trauer und sie schluckte erneut.

Adler sah sie an. Ihr war klar, dass diese Frau jetzt Zeit

brauchte und dass ihre Reaktion mehr Hinweise auf das Verhältnis zur Toten gab als weitere Antworten.

Klaussner kritzelte wichtigtuerisch irgendetwas ins Notizbuch, als würde er alles mitschreiben und mischte sich ein.

»Frau Dr. Ebauer! Während Kommissarin Adler die Befragung fortsetzt, möchte ich mich einmal im Haus umschauen. Sie haben sicher nichts dagegen!«

Er ging unerlaubt zur Tür in Richtung Privaträume und verschwand.

Dieser unnötige Aktionismus verunsicherte Adler zunächst. War das jetzt für die Ermittlungen wirklich hilfreich oder einfach nur der Gipfel der Dreistigkeit? Gerade wenn man an seinen unbedeutenden Rang als Sekretär dachte. Schnell nutzte sie den Szenenwechsel, um sich über die Blutgruppen männlicher Patienten aus der Umgebung zu informieren.

Paul Golzow lag zu dieser Zeit im Wohnzimmer in der Dorotheastraße 24 auf dem Boden, stützte den Kopf mit dem Ellenbogen ab und freute sich, dass er nun zwei Tage frei hatte. Während für die meisten heute wieder die Arbeitswoche begann, musste er erst Mittwochabend wieder ins Werk. Die Nachtschichten lagen hinter ihm und er lag auf seinem großen, dicken Teppich. Alles um ihn herum war sauber, ordentlich und vor allem taghell. Nicht so wie die Gegend seiner alten Junggesellenbude, nahe der *Nuttenmeile* am Schlesischen Bahnhof, wo es ständig nach allem Möglichen roch: nach Kartoffeln, nach Kohle und vor allem nach armen Leuten. Seit seiner Heirat mit Hertha, Ende der dreißiger Jahre, lebte er in Karlshorst. Zwar keine Villengegend wie Dahlem oder Grunewald, doch anständig und bürgerlich wie er selbst. Er war hier wer. Der Fleischer grüßte ihn, die Nachbarn grüßten ihn und sahen ihn mit Respekt an, wenn er in Reichsbahnuniform von der Schicht oder mit

SA-Uniform von den Ortstreffen kam. Uniform stand ihm. Zehn Jahre war er mittlerweile schon aktives Mitglied. Das machte schon was her.

Auf dem Boden lagen Spielzeugschienen zu einem Kreis zusammengesteckt. Sie gehörten zur *Tippco*-Eisenbahn, die er kürzlich seinem Sohn Robert zum ersten Geburtstag geschenkt hatte. Ein günstiger Ladenhüter, den er ergattern konnte, da die Firma *Tippco* nach der Enteignung des jüdischen Gründers längst nur noch Kriegs- und Propagandaspielzeug produzierte.

Der kleine Robert saß im Schneidersitz auf dem Teppich und spielte nur mit der Lokomotive. Den Rest der vielen Kleinteile fand er uninteressant, war das Spielzeug für sein Alter doch recht ungeeignet.

Seine Frau Hertha betrat in ihrer Kittelschürze das Wohnzimmer und balancierte dabei einen mit Lebertran gefüllten Löffel. Eilig steckte sie ihn dem Kleinen in den Mund, der das tranig-fischige Zeug freiwillig schluckte, auch wenn ihn der eklige Geschmack schüttelte.

»Siehst du!«, lobte ihn Golzow. »Ein waschechter Deutscher. Tapfer bis ins Mark. Ich bin stolz auf meinen Nachwuchs!«

Im gleichen Moment schlug er einen strengeren Ton Richtung Hertha an.

»Hör mal, wie lange muss ich eigentlich noch auf meine sauberen Hemden warten? Bis sich die gnädige Frau mal bemüht, sie zu waschen?«

Während er noch auf dem Teppich lag, stand sie breit aufgestellt vor ihm und ließ sich nicht provozieren.

»An deinen Diensthemden war Blut an Ärmeln und Kragen. Da muss ich mit Bleiche ran, sonst geht das nicht raus. Und das dauert. Was weiß ich, was du immer anstellst?«

Ihm hätte es völlig ausgereicht, wenn sie ihm wortlos seine Hemden in den Kleiderschrank gelegt hätte und er fand es von ihr mehr als anmaßend, dass sie so bockig losredete.

»Was ich immer anstelle? Was ich immer anstelle? Ich sage dir, was ich immer anstelle. Ich schinde mich ab, damit es dir hier gut geht. Das ist kein Zuckerschlecken zwischen Schienen und Schottersteinen.«

»Die braunen Hemden habe ich fertig!«, sprach sie nun bewusst unterwürfig, damit sie ihren Frieden hatte. »Die brauchst du doch für dein Männertreffen, oder?« Sie meinte das Treffen der örtlichen SA-Standarte, zu dem er immer mittwochs vor Dienstantritt ging.

Golzow starrte auf ihre nackten Beine, fuhr ihr mit der Hand unter die Kittelschürze und betatschte ihre Pobacke derart grob, als ob er seine Kuh streicheln würde.

»Nett von dir! … Bist ein braves Ding!«

Auf dem Weg zum Kriminalpolizeiamt saß Luise Adler auf dem Beifahrersitz und studierte Höhe Köpenicker Chaussee Namen und Geburtsdaten auf den Patientenkarteien, die sie von der Ärztin zur Ansicht erhalten hatte. Die Stadt pulsierte bereits vor Leben. In der Straßenbiegung kreischten die entgegenkommenden Trambahnen und permanent blockierten Fuhrwerke mit Bier-, Kartoffel- oder Kohlelieferungen die rechte Spur.

Kriminalsekretär Klaussner schaltete vom zweiten in den dritten Gang, sodass der Motor tiefer summte.

»Also viele von den paar hier können wir definitiv schon mal ausschließen. Keiner unter 70«, sprach sie, während Klaussner sich gekonnt am Lenkrad festhielt und versuchte, schlagfertig zu sein.

»Ach. Und da trauen Sie es den alten Männern nicht zu …«

»… die Türen während der Fahrt aufzuziehen …«, fuhr sie ihm über den Mund, »… um eine erwachsene Frau aus der S-Bahn zu werfen? Ich bitte Sie, Klaussner. Zwar ist die körperliche Ertüchtigung sicher ein Grundpfeiler der Volksgesundheit, aber dass Siebzigjährige in der S-Bahn Frauen vergewaltigen und aus der Bahn werfen? Nein, das gelingt nicht einmal einem Mitglied des Deutschen Reichsbundes für Leibesübungen.«

»Und was ist noch dabei?«, fragte Klaussner interessiert.

»Von den sieben, die noch übrig bleiben, ist einer gelähmt und ans Bett gefesselt, zwei wurden im Krieg versehrt und einer hat ein Körpermaß von 1,35.«

»Ach. Und da meinen Sie …?«, griff Klaussner den Faden wieder auf, sagte aber dann nichts mehr, als Adler ihm durch einen abfälligen Blick signalisierte, was sie davon hielt.

Nachdem beide die Fahrt eine Weile schweigend fortsetzten, entdeckte Adler den Namen Cornelius.

»Hier! Ein Christian Cornelius. 52 Jahre alt. Litt im September an Anämie, an Blutarmut. Wohnhaft in der Laubenkolonie Gutland II Weg C, Parzelle C2.«

»Kenne ich«, funkte Klaussner dazwischen, während er nach einer roten Ampel den Schaltknüppel in den ersten Gang stieß und ordentlich Gas gab.

»Wie? Kennen?«, wunderte sie sich.

»Also nicht persönlich, aber seinen Wohnort. Gutland II, die Laubenkolonie. Dort wohnte auch die erste Tote, die von Sonntagnacht, die Borchert.«

»Ach. Und da meinen Sie …?«

»Zumindest sollte man dem mal nachgehen, oder?«, entgegnete Klaussner.

Sie zog eine weitere Kartei hervor.

»Und dann ist hier dieser Golzow, Paul Golzow, Dorotheastraße 24. Er litt an Gonokokken, was zu einer Geschlechtskrankheit führte. Eigentlich 'ne ganz böse Sache so was.«

»Kenn ich!«, trumpfte Klaussner wieder.

»Wie jetzt? Hat es Sie etwa auch erwischt, Klaussner? Noch so jung und schon Tripper?«

»Ich kenne ihn oder besser gesagt, wir kennen ihn. Wir hatten ihn am Samstag in der Todesnacht am Tatort kennengelernt.«

»Muss man Ihnen eigentlich immer alles aus der Nase ziehen, Klaussner?«

»Dieser Golzow ist völlig harmlos. Halt anständig und bürgerlich. Er ist Mitarbeiter im Betriebsbahnhof Rummelsburg.«

»Na, nach handfestem Alibi klingt das ja nun nicht gerade, eher nach dem Gegenteil.«

»Doch, doch. Er ist Weichenwart und hatte ein blütenreines Alibi. Er arbeitete zur Tatzeit an den Schienen, also außerhalb der fahrenden Züge und fern der S-Bahn-Gleise. Er war für die Weichen der Fernzüge verantwortlich. Ein kompetenter Mann. Machte auf mich einen netten Eindruck. Sicher kein blutrünstiger Mörder.«

Adler konnte sich nicht mehr an den Zusammenhang erinnern, in dem sie den Namen Golzow heute Morgen schon einmal bei Dr. Ebauer gehört hatte.

»Hatte nicht die Ärztin vorhin diesen Namen erwähnt?«

Klaussner hatte keine Antwort und bog in die Mühlenstraße. Noch wenige Kilometer waren es bis zum Amt und noch eine halbe Stunde blieb, bis sich Adler mit Zach treffen wollte.

»Ich müsste in meinen Aufzeichnungen nachsehen«, so Klaussner. »Außerdem war ich ja nicht die ganze Zeit anwesend, da ich mich ja im Haus umgeschaut hatte.«

»Sagen Sie mal, was sollte das eigentlich vorhin? Machen wir hier auf großen Inspektor, wenn der Chef nicht da ist? Ich denke, Sie sollten es mir überlassen, wie wir bei Befragungen vorgehen und ob und wann wir irgendwo herumschnüffeln. Das war doch äußerst unsensibel. Haben Sie nicht gemerkt, dass die Frau leidet?«

Adler erschrak ein wenig über sich selbst, spielte sie doch deutlich die Karte des höheren Dienstranges. Das ging schnell, dachte sie. Nur knapp einen Tag nach ihrer Beförderung. Doch sie musste klarstellen, wer hier bestimmt, was wann in welcher Weise zu tun ist.

»Sie glauben, das war unnötig, Kommissarin?«, fragte Klaussner.

»Völlig! Denn nach was suchen wir? Nach einem Mörder. Meinen Sie etwa, der versteckt sich im Haus oder vielleicht in einem der Schlafzimmer der Damen?«

Der sonst bübische Klaussner wirkte auf einmal kalt.

»Im ganzen Haus gab es komischerweise nur ein Schlafzimmer, mit einem Doppelbett, das sich die Damen gemeinsam teilen. Die beiden waren mehr als Freundinnen. Zärtliche Schwestern, ein gleichgeschlechtliches Liebespaar. Widernatürliche Lesbierinnen und ein klarer Fall von § 175.«

Hedwig Ebauer wusste nicht, was sie tun sollte. Gelähmt saß sie in ihrer Töpferwerkstatt auf dem dreibeinigen Hocker und allein inmitten ihrer unfertigen Gefäße auf den Regalbrettern: Teller, Schüsseln, Versuche, allesamt stumpf, staubig und farblos – genau wie ihr Gefühlszustand. Menschen, die einen lieben, sorgen dafür, dass man etwas bedeutet, dachte sie, aber wer oder was ist man, wenn so jemand nicht mehr da ist? Man wird ein Niemand, man wird bedeutungslos. Sie war nun allein und in ihrem Kopf erschien ihr immer wieder Mariannes Stimme: »Hier stehen viel zu viele unfertige Dinge auf den Regalbrettern. Du solltest sie verschenken, solltest sie verschenken, verschenken, verschenken.« Hedwig Ebauer brach zusammen und fing bitterlich an zu weinen. Obwohl ihr niemand zusah, schämte sie sich ihrer Tränen und hielt die Hände vors Gesicht. In ihrem Inneren schrie es, Trauer und Wut schaukelten sich immer weiter hoch, bis es aus ihr herausbrach, wie Lava aus einem Vulkan. Es gab nun kein Halten mehr und es schrie laut aus ihr heraus, als hätte man ihr einen Dolch in den Rücken gestoßen.

»Warum nur? Warum! Marianne! Wo bist du?« Hals über Kopf nahm sie den Kehrbesen aus der Ecke und schlug ihn wie einen Vorschlaghammer wütend ins Regal. Immer und immer wieder. Ein brachiales Bild der Verwüstung. Unaufhörlich drosch sie auf ihre Gefäße, pulverisierte jedes einzelne Stück und schlug immer weiter auf das leere Regal ein, bis der qualvolle Weinkrampf sie besiegte und sie wie ein Häufchen Elend im Staubnebel erschöpft und zusammengekauert auf den Hocker sank. Es war vorbei – alles war vorbei. Ihr Lebensfilm zu zweit war ohne jede Vorwarnung gerissen.

8

12.00 Uhr und Mittagszeit im Restaurant am Werderschen Markt 1. Ein belangloses Phänomen war hier spürbar, welches man sonst nur von den hochgewachsenen Kirchen Wilhelminischer Bauart, großen Lobbys in Berliner Hotels oder neubarocken Bahnhofskathedralen kannte. An all diesen Stätten nahm man Gespräche und Hintergrundgeräusche trotz vieler Menschen nicht als störend wahr. Vielmehr verlor sich alles in leisem Summen mit gleichbleibender Frequenz. So auch hier, in diesem feudalen Gebäude, einem Großrestaurant des *Aschinger*-Konzerns. Wie immer war es zu dieser Zeit recht voll und der appetitliche Duft aus gebratenem Kotelett und frischem Gurkensalat zog ebenso zügig durch den Saal wie die Abordnung weiß gekleideter Ober.

»Komme sofort! Komme sofort!«, riefen sie im dissonanten Klimpern von Tellern und Besteck. Während das Restaurant sich am Abend als Versammlungsort mit gehobener Gastronomie auswies, bot es tagsüber für seine Kundschaft, bestehend aus Rentnern und Mitarbeitern des Kriminalamtes, die günstigere Mittagskarte an. Oscar Zach hatte es sich an einem der wenigen freien Tische bequem gemacht. Ein flinker Ober nahm sein harsches »He, Kellner! Großes Schultheiss!« mit einem geschleimten »Sehr wohl, der Herr!« entgegen und entfernte sich wieder. Zach wirkte übernächtigt und unrasiert. Die roten Äderchen in seinen Augen verrieten deutlich, dass die vergangene Nacht wieder eine sehr kurze gewesen war. Er ließ sein Zigarettenetui aufschnappen und steckte sich eine an. Während er rauchte und auf sein Bier wartete, überflog er die Titelseite des aktuellen VÖLKISCHEN BEOBACHTERS. Die Überschriften waren gleichgeschaltet wie das ganze Land und drehten sich einzig und allein um den vergangenen Besuch des sowjetischen Regierungschefs Molotow. *Molotow war Gast des Führers im kleinen*

Kreis, darunter *Molotow bei Göring,* links davon *Empfang Molotows bei Hess* und rechts davon *Abschließende mehrstündige Unterredung Ribbentrops mit Molotow.*

»Ein Großes, der Herr!«, stellte ihm der Ober das große Glas auf den Bierdeckel, auf den der weiße Schaum zäh wie Schmierseife herablief.

»Sie haben schon gewählt?«

Zach überflog eilig die Karte und zeigte drauf.

»Das Gulasch!«

Der Ober notierte es eilig und verschwand.

Nachdem er sein Glas angesetzt hatte, um das Bier auf ex auszutrinken, erkannte er Adler vor sich. Die kommentierte auch gleich schlagfertig sein hektisches Trinken.

»Mein Vater sagt immer: Alles ist vergänglich, nur der Durst bleibt lebenslänglich. Mahlzeit, Herr Kollege!«

Er stellte das Glas ab, wischte sich den Rest Schaum vom Mund und erhob sich höflich.

»Kommissarin Adler? Schön, dass Sie es geschafft haben. Möchten Sie vielleicht auch etwas trinken?«

»Wenn ich ehrlich bin, könnte ich jetzt auch ein Bier gebrauchen, aber bitte nur ein kleines!«

Zach schnipste gleich mit dem Finger und rief so laut, als wäre er der Chef des Ladens.

»Hallo! Sie! Kellner! Bringen Sie der Dame hier doch mal ein Kleines! Und mir gleich noch mal ein Großes!«

»Sehr wohl! Hat die Dame bereits ein Gericht gewählt?«

»Jemand verriet mir, dass Ihre Suppe empfehlenswert wäre?«, sprach Adler deutlich leiser, feiner und sanfter.

»Sehr gerne. Kommt sofort!«

Zach versuchte, das Gespräch mit ihr ungezwungen zu beginnen.

»Als Frau ein Bier? Um diese Zeit?«

Adler konnte mit seiner fragwürdigen Verknüpfung von Frau, Bier und Tageszeit nichts anfangen.

»Ist Biertrinken immerhin nicht besser als Quark reden?«

Zachs anspruchsloser Intellekt konnte mit solchen Wort-
spielen nichts anfangen, daher tat er so, als ob er es verstanden hätte und lächelte artig. Durch Geplauder konnte Adler
mit ihm wohl nicht warm werden, daher ging sie schnell
zum Dienstlichen über.

»Ich war schon mit Klaussner unterwegs. Unser Mörder
hat in der Nacht wieder zugeschlagen. Eine Krankenschwester. Sie wurde auf ihrem Weg zum Nachtdienst getötet. Sie
wohnte in Karlshorst bei der Ärztin der Region, daher konnte ich auch gleich Patientenkarteien von Männern mit Blutgruppe 0 beschaffen. Ganz schön viel für einen Vormittag,
oder? Wie ich hörte, hatte die Fahrbereitschaft vergeblich
versucht, Sie heute Morgen zu Hause anzutreffen?«

Zach log, ohne mit der Wimper zu zucken.

»Ja, ja, bei mir werden die Fenster ausgetauscht. Im ganzen Haus macht man bei uns jetzt diese … Doppelfenster.
Ich übernachte bei einem Freund.«

Sie spürte, dass er unehrlich war. Fenster austauschen
im November? Das ergab nun wirklich keinen Sinn. Doch
Adler unterschied immer zwischen den hellen Lügen und
den dunklen Lügen. Während zu den hellen reine Notlügen
zählten, bei denen aus Scham, Unsicherheit oder Angst ge-
logen wurde und es keinem besonders wehtat, waren die
dunklen Lügen die hinterhältigen Machenschaften, die In-
trigen, die anderen Schaden zufügten. Zach war ein heller
Lügner, zudem ein schlechter, der in erster Linie nur einem
Menschen Schaden zufügte, nämlich sich selbst. Sie blieb lieber beim Fall.

»Und nun haben wir zwei tote Frauen und zwei Männer
mit Blutgruppe 0.«

Der Kellner kam zwischendurch wieder und platzierte
gekonnt die bestellten Getränke sowie den Besteckteller.
Adler bedankte sich höflich und auch Zach schenkte dem
Kellner jetzt einen freundlichen Blick. Er erhob sein zweites
großes Bier am Mittag zum billigen Trinkspruch und sprach:

»Und wir sind jetzt auch zu zweit. Prost, Frau Kommissarin! Glückwunsch zur Beförderung und auf gute Zusammenarbeit! Trinken wir auf eine erfolgreiche Operation *Quadriga*! Wäre doch gelacht, wenn wir diesen Sittenstrolch nicht schnappen würden?«

»Möchten Sie denn gar nicht wissen, wer die Männer mit Blutgruppe 0 im Fahndungsgebiet sind?«

»Nun?«

»Es kommen nur zwei infrage. Einen haben Sie wohl schon Samstagnacht kennengelernt. Das erzählte Klaussner jedenfalls vorhin im Wagen!«

Sie zog die zwei Karteikarten aus der Handtasche.

»Paul Golzow. Er litt an Tripper, daher ist seine Blutgruppe in der Praxis bekannt.«

Zach hustete den Rauch seiner Zigarette heraus und lehnte sich verdutzt zurück.

»Dieser Weichenwart? Dieser Neunmalkluge, der uns die Erfindung des Totmanns erklärte?«

»Totmann?«, fragte Adler verdutzt.

Zach erklärte ihr schnell, was er neulich über den Sicherheitsschalter gelernt hatte. Auch beschrieb er seinen Eindruck über den Weichenwart und benutzte die gleichen Attribute wie Klaussner sie vorhin auch benutzt hatte: bürgerlich, kompetent und zuvorkommend. Ein Volksgenosse durch und durch.

Adler reichte das auch nach seinen Schilderungen nicht.

»Und mit diesen Eigenschaften allein kommt der Mann von vornherein nicht in Betracht? Interessant! Ich meine, Bahnuniform, Arbeitsplatz, Nachtdienst und Blutgruppe sind ja schon einige Verdachtsmomente. Wir suchen doch nach so was. Sollten wir unserem Kollegen Kuttnik nicht einen Hinweis geben, damit er im Betriebswerk mal auf Golzow genauer schaut?«

Zach war beim letzten Satz nicht wirklich bei der Sache und lenkte wieder ins Persönliche.

»Ich weiß ja nicht, wie das so bei Ihnen läuft, aber wäre es nicht wahres Glück, wenn der Mann Ihres Herzens mit solchen Eigenschaften ausgestattet sein würde wie Golzow?«

Auch wenn Adler Zach auf gewisse Weise sympathisch fand, missfiel ihr seine plumpe männliche Neugierde. Schon gar nicht wollte sie sich auf so eine Männlein-Weiblein-Theatralik einlassen.

»Der einzige Mann, der bei mir zu Hause wohnt, ist recht kompetent und zuvorkommend. Doch geht dieser Mann seit einem Jahrzehnt nicht mehr vor die Tür, raucht nur Kette, bemitleidet sich tagein tagaus und kann kein Glück mehr empfinden, seitdem ihm der Tod meiner Mutter und eine große Portion Morphium jegliche Illusion geraubt haben. Ich spreche von meinem Vater.«

»Oh, das tut mir leid. Verzeihen Sie!«, entschuldigte sich Zach sofort mit beiden Füßen im Fettnäpfchen und fischte nicht weiter im Privaten.

»Und was soll das eigentlich für ein Glück sein?«, philosophierte sie. »Ein Mann, der einem jeden Tag Blumen schenkt, aber zu sonst nichts zu gebrauchen ist? Der sich in allem auskennt, prahlerisch herumläuft und jedes Mal von mir gelobt werden will? Dieses ganze Getue bringt doch nichts. Schon gar nicht erweckt es getötete Menschen zum Leben.«

Diakon Alfred Schenk stand mit gefalteten Händen und verkniffenem Gesicht im Weidenhof vor dem Krankenbett, auf dem Fridas lebloser Körper lag.

»Ihre Seele ruht gelassen, geheilt in Gottes Liebe. Der Tod schlug zu, doch der Herr bestimmte sie. Amen.«

Nach dem Gebet schwieg er lange mit geschlossenen Augen. Seine Frau Hertha stand unbewegt neben ihm und schwieg mit. Bei Tag wirkte hier alles noch schäbiger, klebriger und düsterer, da man die Fenster absichtlich von innen grob mit weißer Farbe undurchlässig gemacht hatte. Überall roch es wie in einer muffigen Abstellkammer.

Frida lag vor ihnen – nackt, kalt, leblos und ohne Atem. Ihr Mund war geschlossen, die erloschenen Augen waren geöffnet, es war ein schrecklicher Anblick. Ihr Gesicht war fleckig und die Reste von Blut und Speichel waren zu kleinen rosa Krümeln auf ihren Wangen vertrocknet. Friderike Barnitzke war mit nur fünfzehn Jahren verstorben.

Nach etlichen Minuten des Schweigens sprach Schenk mit klebrigem Gaumen.

»Sie war schwach und unheilbar krank, nun ist sie vom Leid erlöst.«

Er klappte der Toten die Lider herunter und schob das weiße Laken über ihr Gesicht.

»Es geschah schon nach der zweiten Spritze!«, sprach seine Frau leise. »Wir können hoffen, dass sie zuletzt etwas Schönes gesehen hat.«

Ihr Mann nickte wohlwollend und predigte.

»Nun, der Tod war kaum vermeidbar. Wenn Heilung und Erlösung auf diese Weise geschehen, will Gott uns etwas lehren. Wir haben die große Aufgabe, Not zu beherrschen und dabei zu lernen, was Annehmen und Akzeptieren bedeutet. Am Leben festhalten, wollen viele. Das geht jedoch nicht immer und überall. Die Dinge nehmen Verläufe, die wir nicht verbessern können. Das sollte uns demütig vor den Grenzen des Lebens machen.«

»Alfred, nur du kannst in solchen Momenten die richtigen Worte finden«, schwärmte sie, während er zum Ende kam.

»Die Frage ist, ob der notwendige Aufwand für die Kinder gerechtfertigt ist. In den verflossenen Zeiten des Wohlstandes war sie nicht dringend. Nun ist es anders geworden und wir müssen uns wahrlich weiter mit diesem Problem beschäftigen.«

»Wir werden das doch schaffen, oder?«, atmete sie tief.

»Mit Gottes Kraft gelingt es uns. Nun lass uns loslassen und den Alltag bewältigen.«

Für Adler wurde es am Tisch jetzt Zeit, ihre Tagesdosis stabil zu halten. Sie holte ihr Röhrchen aus der Handtasche und nahm die zweite Pille des Tages.

»Nehmen dieses Zeug nicht unsere Fliegerstaffeln, um durchzuhalten?«, fragte Zach, als er die Aufschrift auf dem gelben Röhrchen las. »Müssen wir etwa durchhalten, Kameradin Adler? Wie es scheint, haben wir beide ganz ähnliche Probleme?«

Adler wollte dies nicht auf sich sitzen lassen und stellte trotzig die Ellenbogen auf die Tischkante, um mindestens genauso schlagfertig zu wirken wie ihr neuer Kollege.

»Ach, ganz ähnliche Probleme, ja? Ich komme eigentlich noch gut aus dem Bett und erwache nicht am nächsten Morgen als Pflegefall oder komme zu spät zur Arbeit, Kamerad Zach. Was machen wir also mit Golzow im Betriebswerk? Geben wir Kuttnik einen Hinweis?«

Als sie die Dosis mit Bier herunterspülen wollte, riss Zach ihr plötzlich das Glas aus der Hand. Er stellte es an die Tischkante und sein großes Glas an die gegenüberliegende Seite. Dann rekonstruierte er mit Besteck und Salzstreuer die Bahnanlage von Rummelsburg in der Mitte des Tisches.

»Schauen Sie mal! Golzow ist das kleine Bier, unser Weichenwart an irgendeiner Fernweiche. Die Mordbahn ist mein großes Bier.«

Er schob das Glas und zeigte auf die Gabeln und Messer, die er zu mehreren Parallelen angeordnet hatte.

»Dann gibt es Ein- und Ausfahrgleise, Ladegleise, Fernbahngleise und ganz vorne S-Bahngleise. Alle sind voneinander durch hohe Maschendrahtzäune und Stacheldraht getrennt. Nur an bestimmten Stellen gibt es verriegelte Pforten.«

Adler betrachtete sein Modell.

»Und Pfeffer und Salz? Sind das die Bahnhöfe?«

»Das sind die Stationen, richtig. Entweder Karlshorst und Betriebsbahnhof oder …«, er setzte den Salzstreuer wie eine

Schachfigur um, »… Rummelsburg und Ostkreuz.« Zusammenfassend griff Zach wieder zum kleinen Bierglas.

»Das hieße also, dass Ihr kleines Bier, also der Weichenwart Golzow, über unzählige, fast unüberwindbare Hürden klettern müsste, viel Kraft und Zeit benötigt und Gefahr läuft, sich zu verletzen, um dann zu einer S-Bahnstation, geschweige denn zu einem großen Bier, also zu einer alleinfahrenden Frau in die S-Bahn zu gelangen. Um sie zu töten, müsste er mitfahren, warten und sich verstecken. Das dauert und dauert. Also, ich wäre da nicht mehr imstande, eine Frau zu vergewaltigen.«

Obwohl ihn Adler mit einer gewissen Skepsis anstarrte, war für Zach alles schlüssig. Er gab ihr das Glas zurück, stieß an und stürzte den letzten Rest Bier hinunter. Damit zog er seinen Strich unter die Akte Golzow.

»Also, der Weichenwart fällt als Verdächtiger im Betriebswerk raus, ganz sicher. Der Typ, die Umstände, alles. Blütenreines Alibi. Und dann noch Tripper, der Arme. Wer ist noch dabei?«

Adler seufzte.

»Nur Invaliden, Kleinwüchsige, Greise.«

»Nicht schlecht, das nenne ich ja mal eine Riege böser Mörder«, witzelte er.

»Und dann gibt es da noch einen Bewohner der Laubenkolonie Gutland II. Er wohnt da alleine. Er litt eine Zeit lang an einer Anämie. Ein gewisser …«

»Christian Cornelius?«, fragte Zach. »Interessant, Frau Kommissarin! Also, da kann ich Ihnen ebenfalls ein paar Dinge erzählen. Möchten Sie eventuell auch noch ein Bier?«

In der Lobby des Reichskriminalamtes stand Kriminalsekretär Klaussner derweil mit Aktenordner und Federtasche bewaffnet vor den Schächten des Paternosters, an der die Kabinen mit ordentlichem Tempo schleifend vorbeirauschten. In dem einen Schacht fuhren die Kabinen nach unten, im anderen ging es aufwärts. Nachdem die nächste Kabine aus der Tiefe die gleiche Höhe des Linoleumbodens erreichte, sprang er hinein. Nicht lange und es tat sich für ihn die nächst höhere Etage auf: Gewohnheitsverbrechen. Dort machte auf dem Flur gerade ein großer Amtsleiter lautstark seine Sekretärin klein. Wie ein herabsenkendes Theaterstück fuhr der Streit jedoch schnell in die Tiefe. Nächste Etage: Berufsverbrechen. Ein einsamer Sekretär rauchte auf dem Flur. Vierte Etage: Polizeiliche planmäßige Überwachung. Niemand da. Fünfter Stock. Vorbeugehaft. Wieder keiner da. Letztes Stockwerk unter dem Dach: Außenstelle der Sicherheitspolizei des Reichsführers SS. Ankunft. Klaussner sprang heraus, folgte den Wegweisern entlang den hohen steinernen Säulen, bis zu den meterlangen Gängen mit monströser Raumfolge aus Granit und Marmor. Hier war es irgendwie grauer, dunkler und kälter als auf den anderen Etagen und jede zweite Tür wurde von einem gesichtslosen Posten mit Stahlhelm bewacht.

»Heil Hitler!« ... der Erste ... der Dritte ... der Fünfte. Klaussner grüßte zurück, bis er die sechste Tür erreichte und anklopfte. Als sie sich vor ihm öffnete, blendete ihn das helle Licht des Raumes. Er sah den Adjutanten Schiller sowie hinter einem großen Schreibtisch SS-Führer Görnitz, der ihn präsidial in schwarzer Uniform kameradschaftlich begrüßte.

»Ach, da ist ja wieder unser junger Kamerad Klaussner. Na dann mal hereinspaziert. Willkommen zur Tafelrunde, guter Freund!«

Werderscher Markt, Ecke Niederlagstraße. Einige Schritte an der frischen Luft taten Adler und Zach jetzt gut und so liefen sie das kleine Stück zum Reichskriminalamt gemeinsam zu Fuß. Das dunkle Grau des Himmels erhellte sich etwas und der schneidige Wind blies Herbstblätter um die Straßenecke.

Als sie am stillgelegten Bärenbrunnen vorbeikamen, machten sie kurz halt. Zach starrte auf die große Skulptur in der Mitte und fischte sich dabei mit einem Zahnstocher einen Rest Gulasch aus dem Mund. Seine Schilderungen vom Mittagessen ließen sie nicht los.

»Nach allem, was Sie mir erzählt haben, sind das nicht ausreichende Indizien, die diesen Cornelius zum Mörder machen. Fassen wir also zusammen. Erstens: Er hat Blutgruppe 0, Rhesusfaktor negativ. Zweitens: Er lebt getrennt von seiner Ehefrau und nicht in seiner Wohnung in Schöneberg. Drittens lebt er, trotz Festanstellung als Chemiker, ein ungewöhnlich bescheidenes Leben und hat viertens ein schönes Techtelmechtel mit seiner jungen Freundin, die er wie sein ungezogenes Töchterchen behandelt. Ziemlich wenig für einen Mörder.«

Zach schob seinen Hut mit dem Zahnstocher leicht zurück und platzierte ihn wieder im Mundwinkel. Adlers Reihe der Alibis ergänzte er mit einer eigenen Reihe belastender Indizien.

»Fünftens lebt er gut getarnt und abgeschieden in einer der heruntergekommenen Lauben in Gutland und somit im Tatbereich der vielen Vergewaltigungen. Sechstens: beide berüchtigte S-Bahnstationen sind für ihn ein Katzensprung, die Schienen liegen direkt hinter seinem Haus. Er ist – siebtens – der direkte Nachbar der ersten Toten, Karin Borchert, kannte diese persönlich und konnte sie Tag und Nacht und in jeder Lebenslage durch sein Küchenfenster beobachten. Und achtens war er bei der Hausärztin in Behandlung und ist daher ganz bestimmt auch der zweiten Toten, Marianne Finck, mehrmals begegnet, hatte er doch als Patient in der Praxis sicher direkten Kontakt zu ihr. Neuntens hatte er gestern diesen aufmüpfige Pazifisten-Ton in der Stimme. Somit könnte sein Motiv tatsächlich politisch motiviert sein. Das ist doch eine ganze Menge für einen Mörder, oder Frau Kommissarin?«

»Und da meinen Sie, man sollte ihn gleich hinrichten?«

Er lutschte weiter am Zahnstocher und biss dann darauf.

»Alles passt doch wie die Faust aufs Auge. Wir sollten uns diesen Cornelius vorführen lassen, ihn ordentlich ausquetschen, bis er singt und dann is' Ende mit dem Mörder. Rübe ab, fertig.« Dabei machte er diese typische *Rübe-ab-Geste* am Hals und pfiff durch die Zähne. »Dann ist der Fall erledigt, wir sind die Guten und müssen uns nicht weiter bemühen.«

Schweigend spazierten sie weiter Richtung Amt. Für Adler war das Ganze nicht stichfest. Was Zach da machte, war dieses typische Männergetue, von der auch die Chefin gestern gesprochen hatte. Von-Null-auf-Hundert, Schnell-zur-Sache-kommen-Schätzchen und nur zwei Farben: Schwarz und Weiß. Den Täter einfach mit zehn zierlichen Beweisen stellen, verhören und hinrichten, fertig. Doch das Wichtigste, was man gerade in Zeiten wie diesen tun musste, war, in alle Richtungen zu denken. Mit jedem Schritt in Richtung Amt wurde Adler klar, dass man sich mit Intuition vortasten musste. Vielleicht wäre es sogar klug, wenn sie sich, von Frau zu Frau, selbst einmal mit Cornelius' junger Freundin unterhalten würde.

»Sagen Sie Zach, können Sie mir sagen, wo wir diese Johanna Schenk erreichen?«

Er langte mit einem schnellen Griff in den Mantel und kramte sein Notizbuch aus der Seitentasche hervor, das er wie ein Daumenkino aufblätterte.

»Mal in *Schöneberg* bei ihrer Tante, meist in *Gutland* in der Laube, am Wochenende in der Irrenanstalt *Heiligensee* bei ihren Eltern oder tagsüber in *Karlshorst* in der Dorotheastraße. Sie arbeitet dort als eine Art Kindergärtnerin und absolviert ihren Pflichtdienst.«

»Karlshorst? Dorotheastraße?«, wiederholte Adler verwundert. »Ich glaube, da können wir ja bald ein Zelt aufschlagen, so viel spielt sich da im Moment ja ab.«

Dr. Hedwig Ebauer wankte durch ihr Wohnzimmer und hielt eine Flasche aus dem Barfach in der Ellenbeuge. Hausschnaps der Feinbrennerei *Burgschwaiger, Tirol,* mit 34 % Alkohol. In geselliger Runde konnte man einfach jedem damit eine Freude machen. Nun gab es keine Freude mehr, alles schien schwer, aber wenigstens das Zeug machte leicht. In Endlosschleife schmetterte aus dem Grammophonlautsprecher *Kann denn Liebe Sünde sein* von Zarah Leander. Ununterbrochen, immer und immer wieder von vorn. Der kleine Drehschalter am Plattenteller war auf A.D. eingestellt: *Automatisches Dauerspiel.* Der Tonarm mit der abgenutzten Nadel fuhr am Ende zur Einlaufrille, um die Platte mit Knistern und Kratzen von vorne abzuspielen. Jeder würde dieses Dauerdudeln als Foltermethode empfinden, wenn er nicht betrunken wäre. Ebauer war schon ziemlich betrunken, empfand nichts mehr und hatte sich schön gemacht. Sie durfte sich ja jetzt nicht gehen lassen und torkelte wie eine wilde Tänzerin des Dadaismus im schwarzen Kleid barfuß über den Teppich: das Gesicht mit weißem Puder, die Lippen knallrot bis über die Ränder, die Augen dunkel geschminkt und das lange Haar wild geschüttelt. Wenn schon keine amtliche, dann jedenfalls eine lustige Witwe, dachte sie. Aber in Wirklichkeit wirkte sie grotesk und tragisch, wie ein Harlekinclown in einem leeren Zirkus. Wände und Schrank flimmerten vor ihren Augen und sie sackte atemlos auf den Stuhl des Sekretärs aus Palisander, auf dem viele bräunliche Fotos des Miteinanders lagen. Sie durchmischte sie auf der Fläche, wie ein Kleinkind, das seine Karten mischte, und pickte einzelne Fotos heraus, um sie noch einmal näher zu betrachten. Auf diesem schaute Marianne wie Winnetou über Berge, auf jenem fütterte Marianne Eichhörnchen und lachte nett und auf einem weiteren winkte Marianne wie Heidi auf der Alm. Marianne, Marianne, Marianne, immer nur Marianne.

Ebauer zerriss die Fotos und schmiss die Schnipsel wild und gleichgültig wie Schneeflocken in die Luft. Alles war zum Kotzen und alles war vorbei. Ihr Pegel sank und der Korken wollte nur schwer aus der Flasche kommen – im

Gegensatz zu der Angst, die langsam wieder in ihr hoch-
schwappte. Schnell musste sie sich wieder befüllen und
kippte das brennende Überlebenselixier Schluck für Schluck
glucksend herunter. Sie musste doch ihre Nerven beruhigen,
sie musste doch jetzt funktionieren, es gab doch noch so viel
zu tun: Trauerfeier, die Frage der Blumen, herrjeh, und dann
musste sie ja noch Marianne von der Versicherung abmel-
den.

Sie wollte auf der Stelle eine rauchen, obwohl sie selten
rauchte. Sie zog an allen Schubladen des Sekretärs und
schmiss sie nach hinten. In einer hatte Marianne doch Zigaretten versteckt? Alles hatte sie versteckt. Wo waren die
denn jetzt? Und wo war Marianne überhaupt jetzt, dieses
Miststück?

Lesbische Frauen werden in Gefängnissen
und Konzentrationslagern mit einem
violetten Winkel gekennzeichnet. Ferner
wird die beidseitige
Eierstockentfernung vollzogen.

Himmler, Reichskommissar zur Festigung
deutschen Volkstums

9

Kurt-Eugen Görnitz saß in Block D der Sicherheitspolizei in seinem Zimmer wie ein Imperator an einem ausladenden Eichenschreibtisch. Wie einen glühenden Dolch hielt er seine Zigarette und urteilte über das, was ihm sein Laufbursche und Kontaktmann, Hans Klaussner, gerade brühwarm berichtete. »Eine praktizierende Ärztin in Karlshorst eine Lesbe? Gleich abstellen so was! Wusste doch, dass es in dieser Gegend nach Scheiße stinkt. Während die *Kripo* sich mit Travestie beschäftigt, werden wir mal da aufräumen und persönlich vorbeischauen, Schiller! Die wird noch betteln, dass sie nicht gleich mit auf die Schienen gepfeffert wurde.«

Klaussner saß auf einem der beiden Stühle und schloss den Aktenordner.

»Sie haben völlig recht, werter Herr Obergruppenführer. Man muss den Abartigkeiten Einhalt gebieten.«

»Hört, hört! Wer hätte das gedacht«, sprach Görnitz hinüber zu seinem Adjutanten Schiller, der wie ein Gorilla am Türrahmen lehnte. »Unser kleiner Klaussner ist schon ein ganz Großer. Macht sich wirklich prächtig, oder?«

»Natürlich, Herr Obergruppenführer!«, sprach Schiller wortkarg.

»Schiller! Wollen wir bei der Gelegenheit endlich auch mal zu Hause bei Ihrer Mutter durchlüften? Wir sollten ihr helfen, sich in ihrer Wohnung wieder wohlzufühlen.«

»Wie Sie meinen, Herr Obergruppenführer!«

»Ohne großes Aufsehen, sonst schlägt es nur Wellen bei der *Weiblichen*. Mutti passiert nichts, nur der Jude wird verladen.« Er nuckelte an seiner Zigarette und begann zu husten, als es erneut klopfte und Schiller die Klinke in die Hand nahm.

»Ach, der gute Kriminalassistent Zach«, begrüßte ihn Görnitz überschwänglich und mit dem Blick einer Vertragsunterzeichnung. »Kommen Sie doch zu uns und setzen Sie sich!«

»Mahlzeit!«, sprach Zach und erschrak, als er ins Gesicht des kindlichen Klaussner blickte, den er hier ganz und gar nicht erwartet hatte.

»Heil Hitler, Kollege Zach!«, grüßte der altklug mit Deutschem Gruß und streckte ihm seine kleine blasse Hand hin, die Zach nicht ergriff.

»Zach, mein Bester!«, erhob sich Görnitz und schritt nach vorn. »Wie Sie sehen, plaudern wir hier in einer vertrauten Runde. Ich nenne sie immer unsere Tafelrunde. Wundern Sie sich nicht! Unser Klaussner hat sich seit geraumer Zeit bereiterklärt, mich in punkto Kriminalpolizei regelmäßig mit Informationen auszustatten. Sie wissen ja, dass Ihr Chef Lüdke einen modernen Arbeitsstil verabscheut und lieber auf Sherlock Holmes mit Lupe macht. Und ich muss zugeben, Klaussners Rekrutierung hat sich gelohnt.«

Schnell fühlte sich Zach wie bei einem Verhör, als er neben Klaussner vor den Schreibtisch platziert wurde.

»Aber ich möchte heute mit Ihnen über Ihre Chancen sprechen, Zach. Erlauben Sie mir dazu ein Gedankenexperiment?«

»Wenn es der Sache denn dienlich ist«, antwortete Zach misstrauisch, wusste er nicht so recht, zu welchem Ergebnis dieses Experiment führen sollte.

»Da haben wir doch einen langjährigen und fleißigen Mitarbeiter hier im Reichskriminalamt«, begann Görnitz. »Gestatten Sie mir, dass wir ihn Oscar nennen? Es macht Ihnen doch nichts aus, dass wir ihn nach Ihnen benennen?«

Zach beantwortete diese Frage nicht.

»Also sei es drum, er heißt einfach mal ganz schlicht Oscar. Wissen Sie Zach, unser kleiner Oscar, ja, wie soll ich ihn beschreiben? Er arbeitet hart und wird seit Jahren von seinem Chef wie ein treuer Köter getätschelt. Dadurch bleibt Oscarchen ständig in dem Glauben, etwas Besseres zu sein.«

Görnitz lief im Kreis umher und begann mit der hohen Kunst subtiler Erpressung.

»Unser kleiner Oscar ist leider ein richtiges kleines Opfer und opfert Privatleben und Gesundheit. Er schläft wenig und raucht Kette. Selbstverständlich fängt er auch an zu trinken. Anfangs ein oder zwei Feierabendbierchen, um sich von der stressigen Arbeit zu entspannen, kurze Zeit später finden wir ihn in jeder seiner freien Nächte sturzbetrunken in seiner Stammkneipe vor. Er braucht mehr und immer mehr, doch der berufliche Erfolg will sich nicht einstellen. Sein Chef redet und redet, aber unser armer kleiner Oscar fühlt sich leer, missachtet und ausgenutzt.«

Görnitz hatte scheinbar in jedem Winkel seine Schnüffler versteckt.

»Und was passiert unserem armen kleinen Oscar, der sich immer mehr selbst bemitleidet? Seine Verlobte verlässt ihn, weil unserem Oscarchen auch ab und an die Nerven durchbrennen und irgendwann sogar die Hand ausrutscht. Böser Oscar, wirklich böser Oscar.« Schließlich setzte Görnitz zum Finalschuss an und wollte Zach einen letzten Schlag verpassen. »Nun lebt unser erbärmlicher Oscar allein in seiner viel zu großen Wohnung, in der er eine kleine Familie gründen wollte und wartet Tag für Tag, vielleicht bis zum Sankt Nimmerleinstag, auf seine Beförderung zum Kommissar. Und wie auch der heutige Vormittag zeigte, übersteht unser Oscar kaum noch einen Vormittag, ohne seine seelische Verelendung im Dienst mit einigen großen Bieren zu begießen. Ach schade, was da aus unserem armen kleinen Oscar geworden ist. Wirklich jammerschade, finden Sie nicht auch?«

Jeder andere wäre jetzt auf der Stelle im Erdboden versunken, Zach aber spürte weder Reue noch Schuld. Wieso auch? Die Dinge waren ja so, wie Görnitz sie beschrieb. Er wusste selbst, dass er sich in seiner Spirale immer weiter abwärts drehte und ahnte langsam, warum er heute hierher geladen wurde.

»Mensch, seien Sie doch vernünftig! Ich mach' was aus Ihnen und bau Sie richtig auf«, sprach Görnitz und glitt schleimig ins Kumpelhafte. »Sie kommen groß raus und kriegen den Rang, den Sie verdienen. Schließen Sie sich uns an und kommen auf unsere Seite! Wir müssen als Männer zusammenhalten und unsere Kraft einsetzen. Kraft, um Staatsfeinde aufzuspüren und zu erledigen. Bringen Sie mir Informationen! *Quadriga*? So ein Unsinn. Man spielt Maskenball mit dieser Adler, diesem Ding. Dieses Fräulein nervt mich schon jetzt.«

Gegenüber, im Block des Kriminalamtes, saß Adler auf einem Drehstuhl vor Lüdke und Hartmann, um über die Entwicklungen des Vormittags zu berichten. Adler schilderte ihre Erkenntnisse in Karlshorst, verriet dabei ihren spontanen Plan mit den Patientenkarteien bei Ärztin Ebauer sowie letztlich die spärliche Ausbeute der Männer mit Blutgruppe 0.

»Wusste doch, dass Sie selber auf Ideen kommen. Auch wenn's regelrecht Glück im Unglück ist«, kommentierte die Chefin ihre Aktion.

Adler berichtete auch über Zachs Überlegungen, kurzen Prozess mit dem Hauptverdächtigen, Christian Cornelius, zu machen.

Hartmann platzte sofort der Kragen.

»Das ist ja der größte Quark, der mir in meiner langen Dienstzeit zu Ohren gekommen ist! Wenn das so einfach wäre. Ich bitte Sie! Und so etwas arbeitet so lange Jahre bei uns. Unglaublich! Also, Denken ist leider allen erlaubt, nur beim Kollegen Zach ist es wohl Luxus.«

»Wieso?«, beschützte ihn Lüdke. »Das ist doch genial! Zach hat einen raffinierten Plan entwickelt.«

»Was ist denn daran raffiniert, bitte schön?«, sprach Hartmann mit Tadel in der Stimme. »Mal schnell jemanden zum Täter machen und abservieren, ohne wirkliche handfeste Beweise? Wo ist überhaupt Ihr Zach, Lüdke? Ist ihm die Luft hier zu trocken oder was?«

»Er sagte, er hätte noch einen Termin im Hause«, entschuldigte ihn Adler.

Lüdke ignorierte das und erörterte, was er an dieser Idee so raffiniert fand.

»Wenn wir diesen Cornelius zum Mörder erklären, ihm alle Taten anhängen, ihn einlochen, hinrichten und es dann groß in der Zeitung bekannt gegeben wird …«

»… Ja, dann ist Ihr Zach schön der Mann der Stunde und hat alle Chancen, bei Görnitz in den Himmel gelobt zu werden«, konterte Hartmann. »Und Görnitz kann vor Freude in die Luft springen, weil der Fall erledigt ist und er gewonnen hat oder wie? Ja, das ist tatsächlich raffiniert.«

»Vielleicht«, fuhr Lüdke fort. »Aber vielleicht hört Görnitz dann auch auf, nach Kakerlaken und Widersachern statt nach dem Fuchs im Hühnerstall zu suchen. Die Chancen stehen fünfzig zu fünfzig. War es tatsächlich dieser Cornelius, dann haben wir den Mörder und die Akte wird geschlossen. Sollte er unschuldig verhaftet und dem Henker ausgeliefert worden sein, wird es der Täter im *Völkischer Beobachter* lesen. Er wird es mit der Angst zu tun bekommen und sich nichts mehr zuschulden kommen lassen. Das Morden hört auf.«

»So eine Schnapsidee!«, stieß Hartmann empört heraus. »Wir hängen einfach ein Schild an die Laube, schreiben *Ein Fuchs hat die schöne Gans gestohlen* drüber und der echte Gänsedieb liest das Schild und denkt sich: Och nee, dann lass' ich das mal mit diesen Gänsen. Lüdke, das ist doch komplett geisteskrank! Dann sucht sich doch der wahre Mörder neue Frauen als Opfer und sieht die Verurteilung von Cornelius als Freibrief an. Und was bleibt dann am Ende übrig? Ein in Unschuld Hingerichteter, ein Mörder, der weiter durch die schwarze Nacht streift und nichts als Lügen, Lügen, Lügen. Nein, nicht mit mir. Das ist mir zu uncharmant«, lehnte Hartmann derartige Gedankenspiele ab.

»Adler, was sagen Sie eigentlich dazu?«, fragte sie Lüdke schon wieder nach ihrer Meinung. Lange hatte sie sich das kollegiale Kompetenzgerangel zwischen beiden nun angehört, wollte sich aber auf keine Seite schlagen.

»Nun, ich muss zugeben, dass mich der schnelle Schuss meines Kollegen auch irritierte, jedoch möchte ich auch betonen, dass wir mit Herrn Cornelius, aber auch mit dem Werksmitarbeiter Golzow, zwei Männer im Blick halten sollten, die sowohl mit der Blutgruppe 0, Rhesus negativ sowie durch ihren Wirkungsbereich auffällig, wenn nicht sogar verdächtig sind. Dennoch gibt es bei beiden keine ausreichenden Indizien.«

Hartmann wurde nun ungeduldig.

»Sie nehmen bei Ihren Erklärungen wohl immer die letzte Ausfahrt, was? Ich komme mir ja schon vor wie im Kreisverkehr.«

Anscheinend war auf der anderen Seite, im Block D, die Sache für Görnitz geritzt, wohingegen Zach noch nicht so richtig wusste, was der *Ogruf* eigentlich von ihm wollte. Sein Mund war trocken und er wollte nur noch eine rauchen.

»Sie geben mir Hinweise und ich verspreche Ihnen, Sie sind in wenigen Wochen ein gemachter Mann«, befahl Görnitz. »Unsere Art wird auch Ihnen bald Freude machen.«

Plötzlich klopfte es an der schweren Kassettentür. Ein weiterer Gast kündigte sich an.

»Na endlich!«, stieß es aus Görnitz heraus, während sein großer, blonder Adjutant Schiller vom Türrahmen wegtrat, um dem gut gekleideten Mann Platz zu machen.

»Da ist er ja!«, rief Görnitz und klang begeistert. »Mal hereinspaziert, wir warten schon. Meine Herren! Ich möchte Ihnen jemanden vorstellen, der sich klar entschieden hat, unserer Sache zu dienen. Ich möchte Ihnen Herrmann Bohr vorstellen, Diätar aus dem Reichssicherheitshauptamt.«

»Guten Tag, die Herren. Heil Hitler! Ich freue mich, Sie

kennenzulernen«, lächelte der blonde Bohr diabolisch und selbstbewusst in den Raum.

Adler wurde nun konkreter.

»Ich schlage ein zurückhaltendes Herangehen vor. Das heißt, dass wir nicht mit großem Tatütata anrauschen, den Verdächtigen verhören und verhaften, sondern uns ihm von der Seite nähern, sein Verhalten analysieren und Muster erkennen. Der Mörder ist ja eben kein Gänsedieb, der von Instinkten gesteuert wird. Er ist ein Mensch, der komplex denkt, der dominieren und unterdrücken will. Eine Persönlichkeit, die sich ihre Welt zurechtbiegt: Die Welt des Stärkeren.«

»Überschätzen Sie ihn da nicht ein wenig, Kollegin?«, fragte Lüdke.

»Herr Kriminalrat! Mit großen Mühen gelingt ihm immer wieder ein ausgefeiltes Katz- und Mausspiel. Das beweisen seine Taten und die erfolglosen Bemühungen der Polizei. Er führt alle an der Nase herum, schleicht seit Monaten durch dunkle Züge und Lauben und quält, vergewaltigt und mordet. *Mich kriegt ihr nicht*, denkt er. *Ich bekomme sowieso, was ich will.* Er ist unsichtbar, immer einen Schritt voraus und rechnet bestimmt längst damit, dass die Polizei irgendwann vor seiner Tür stehen wird. Und dann hat er sicher auch gleich ein lupenreines Alibi in der Schublade.«

»Nun reden Sie doch nicht wie ein tausendteiliges Puzzle!«, sprach Hartmann. »Was schlagen Sie vor?«

»Was haben wir? Wir haben ein Werk voller Männer, zwei Wackelkandidaten und ein paar Anhaltspunkte. Wir sollten neben all unseren Unternehmungen auch die Ansichten und Absichten der beiden Verdächtigen abtasten.«

Lüdke unterbrach sie besonnen, doch nachdrücklich.

»Wie wollen Sie das anstellen? Wollen Sie etwa den seelischen Zustand dieser Typen ermitteln? Wir sind doch keine Nervenärzte!«

»Es reicht doch zunächst, ihre private Umgebung zu befragen. In erster Linie sind das die Frauen um sie herum. Dieser Golzow ist verheiratet, und bei Cornelius können wir gleich zwei Frauen befragen: Johanna Schenk und seine Ehefrau, von der er getrennt lebt. Befragen wir sie doch. Fragen wir die Frauen, wie sie ihre Männer sehen, wie sie zu ihnen stehen und wie die sich ihnen gegenüber verhalten. Vielleicht hören wir etwas heraus. Und auch aus dem, was sie uns nicht erzählen, können wir unsere Schlüsse ziehen.«

»Das ist ja hervorragend!«, war Hartmann begeistert. »Durch die kalte Küche? Wie diplomatisch! Oder darf ich sagen, sehr weiblich, Frau Kollegin.«

Lüdke fand die Idee zwar gut, wenn auch mit gedämpfter Euphorie.

»Da müssen Sie aber mit viel Fingerspitzengefühl rangehen, Kollegin. So ein Schuss kann nach hinten losgehen. Bedenken Sie, dass Menschen sich sehr gern selbst täuschen wollen, um zu verhindern, dass das Bild vom Anderen Kratzer bekommt. Dann besuchen Sie zuerst einmal diese Johanna Schenk und statten dann der Frau vom Weichenwart einen Besuch ab. Zach schicken wir zu Frau Cornelius und später telefoniere ich mit Kuttnik, wie der sich im Werk eingelebt hat. Er soll mal ein Auge auf diesen Weichenwart werfen. Wo bleibt Zach eigentlich? Und wo ist eigentlich schon wieder Klaussner, dieser Armleuchter.«

Klaussner und Zach saßen wie kleine Jungen vor dem sportlichen Bohr, der hoch aufgerichtet dastand und berichtete. War Bohr gestern noch der homoerotische Romeo für den jungen Peter Schenk gewesen, mimte er hier nun den zähen Schnüffler und nationalsozialistische Tugendhaftigkeit. Niemand der Anwesenden ahnte dabei, dass Bohr hier ein doppeltes Spiel spielte und dass durch ihn weder sein junger Freund Peter Schenk noch die Gruppe NEUANFANG ernsthaft in Gefahr gebracht wurden. Bohr war für Peter, für den Widerstand, nicht dagegen. Er wollte helfen, indem er in der

Höhle des Bösen die Weichen so verstellte, dass alles harmlos schien.

»Und so ist der kleine Peter gestern ganz leicht auf meine schwule Nummer reingefallen«, log er überschwänglich. »Blind, naiv und von solch grandioser Dummheit. Ich musste nur meinen Wurm im Wasser baumeln lassen und schon biss der Kleine an. Die feindlichen und aufwieglerischen Bewegungen sind damit unter meiner Kontrolle. Die Schwester und ihr komischer Geliebter sind nur einfältige Klugscheißer und überhaupt besteht das Ganze aus nichts anderem als aus Luft und aus einer Handvoll Körnerfressern, Bücherfreunden und Naturisten. Harmlose Spinner, die Gruppierung wird sich bald von selbst auflösen, Herr Obergruppenführer.«

»Gut so, Bohr!«, lobte ihn Görnitz. »Gute Arbeit! Der kleine Peter wird in Bromberg ohnehin noch sehen, was Zucht und Ordnung ist und dass wir Widerständler wie eine Kröte zertreten.«

Zach verstand nur die Hälfte und starrte alle mit müden Augen an. Langsam konnte er das Dampfgeplauder nicht mehr hören. Er hatte doch einen Mörder am Stadtrand zu stellen und nicht irgendeinen Widerstand im Untergrund hochgehen zu lassen.

Wenn man sagt, die Welt des Mannes ist der Staat, die Welt des Mannes ist sein Ringen, die Einsatzbereitschaft für die Gemeinschaft, so könnte man vielleicht sagen, dass die Welt der Frau eine kleinere sei.

Adolf Hitler

III Vernehmungen

10

Das warme Licht der Gaslaternen gehörte schon immer zur Identität Berlins. Wie stumme Soldaten standen sie mit ihren helmförmigen Metallschirmen in Reih und Glied und waren Zeugen der wechselvollen Geschichte der Stadt. Selbst die bedeutungslose Dorotheastraße in Karlshorst war normalerweise großzügig mit dem Licht der Gaslaternen durchflutet, jedoch sorgte auch hier die Verdunkelungsverordnung für Finsternis. Schon jetzt, am frühen Abend, herrschte Finsternis. Nichts als lauernde, lastende Dunkelheit. Trübsinn und Gefahr lagen im abendlichen Dunst der Straße und alle Fenster der mehrstöckigen Wohnhäuser waren mit Decken verhangen. Dahinter leuchtete mal eine blaue Lampe, mal erkannte man flackerndes Kerzenlicht, während auf der Straße Autoscheinwerfer mit Schlitzblenden wie mit fiesem, zusammengekniffenem Blick vorbeizogen. Ideale Stimmung für lichtscheue Gestalten und eine Momentaufnahme einer feindseligen Zeit. Einige Meter benötigte Adler noch, bis sie in der schmalen Straße ihr Ziel erreichte. Mit klackernden Absätzen schritt sie ans Eckhaus. Dorotheastraße 27, ein Kindergarten der Volkswohlfahrt.

Unten, im Erdgeschoss, verlockten die riesigen Scheiben sie dazu, von draußen in den großen Raum zu blicken. Im trüben Licht erkannte sie ein Schaukelpferd, viele Miniaturmöbel und an den Wänden spärlich gefüllte Regale mit wenigen Kinderbüchern: *Grimms Märchen*, *Der Struwwelpeter* und natürlich auch *Trau keinem Fuchs auf grüner Heid und keinem Jud bei seinem Eid* von Elvira Bauer.

Auf dem Fußboden spielte ein kleines Mädchen mit seinen Bauklötzen, umstellt von einem Kreis leerer Kinderstühle. Auch eine junge Frau schlenderte im Raum herum und rückte Spielzeug und Stühle zurecht. Diese junge Frau war Zachs Beschreibungen zufolge und mit großer Sicherheit Johanna Schenk. Adler beobachtete sie eine Weile vor dem großen Fenster und klopfte dann einige Male, bis die sie hinter der Scheibe irgendwann bemerkte. Mit Handzeichen signalisierte sie ihr, zur Eingangstür zu kommen. Adler nickte und lief einige Schritte nach rechts, bis sie Johanna von innen durch das verschwommene Türglas näher kommen sah.

»Wollten Sie Clara abholen? Wissen Sie nicht, dass wir um fünf schließen?«

»Guten Abend. Ich bin Luise Adler von der Weiblichen Kriminalpolizei. Spreche ich mit Johanna Schenk? Hätten Sie vielleicht einen kurzen Moment, um mir ein paar Fragen zu beantworten? Es geht noch einmal um den Mord.«

Obwohl Adler vergaß, ihre neue Polizeimarke hervorzuholen, ließ Johanna sie ungefragt herein. Es waren nur wenige knirschende Schritte über den Linoleumboden, vorbei an den leeren Kleiderhaken, und schon standen sie im Tagesraum. Hier war es warm und der Duft von Erbsensuppe und Kinderhaar hing noch in der Luft. Während Adler im Raum stand, begab sich Johanna Schenk zum großen Schreibtisch. Eine große Tischlampe strahlte auf viele Unterlagen.

»Ich hatte doch Sonntagfrüh bereits mit einem Ihrer Kollegen gesprochen«, rechtfertigte sich Johanna ungefragt und warf sich trotzig in den Stuhl.

Adler lächelte in Richtung Stuhlkreis zur kleinen Clara, die zurücklächelte.

»Sie wird sicher gleich abgeholt. Später ist hier noch Besprechung unter Kolleginnen. Rein organisatorischer Art«, sprach Johanna und log dabei. Was hätte sie einer Frau von der Polizei auch sagen sollen? Dass sich gleich die gesamte Gruppe des Widerstands hier treffen würde, um über einen Sprengstoffanschlag auf die *Sipo* bei der *Kripo* abzustimmen?

Adler blickte in das trotzige Gesicht und erklärte ihren Besuch.

»Ich möchte Sie nicht lange stören, Frau Schenk. Ich bin hier, um noch einige Informationen rund um den Fall einzuholen. Wir möchten die tragischen Vorfälle im Gebiet möglichst zügig aufklären. Dabei liegt mir persönlich viel daran, Verdachtsmomente schnell einzugrenzen, wenn Sie verstehen?«

Auch wenn sie Polizistin und vielleicht für sie gefährlich war, fand Johanna Adlers Art und ihre Erscheinung auf Anhieb vertrauenswürdig. Es missfiel ihr allerdings, von ihr wieder nach dem grausamen Mord an Karin Borchert gefragt zu werden.

»Ich habe am Sonntag schon alles dazu gesagt. Karin Borchert lebte ihr Leben, war ordentlich, verheiratet und hat für Reich und Fahne bei *Borsig* an den Kriegsturbinen rumgeschraubt. Zu den Umständen kann ich nichts weiter sagen.«

Adler überlegte schon die ganze Zeit, wie sie es anstellen sollte, dieser unterkühlten jungen Frau schwierige Fragen zu ihrem älteren Freund zu stellen und verließ sich auf ihr Spezialgebiet: sich vorsichtig vorantasten, annähern und auf keinen Fall mit der Tür ins Haus fallen.

»Wissen Sie was? Sie müssen mir eigentlich nichts mehr über Karin Borchert erzählen. Das Ganze ist schon schlimm genug. Ich bin auch zu Ihnen gekommen, um Sie zu ermutigen, sich zur gesamten Situation hier im Gebiet zu äußern und Missstände zu benennen. Es ist wichtig, dass wir mit gemeinsamer Kraft das ganze Ausmaß an Belästigungen, Erniedrigungen und Gewalt ans Licht bringen. Leider finden die leisen Stimmen von uns Frauen immer wenig Gehör, dabei wissen wir doch beide, zu was die ganze Verschwiegenheit führt.«

Johanna hatte das Gefühl, dass Adler es ehrlich meinte und man ihr vertrauen konnte. Adler wiederum sah in Johannas Gesicht, dass daraus der Trotz verschwand und der Moment gekommen war, um ihr Fragen rund um ihren Freund Christian Cornelius zu stellen.

»Tun Sie mir doch einen Gefallen und erzählen Sie mir mehr über Ihren Gatten, Frau Cornelius?«, sagte Zach und hielt ihr die Flamme seines Streichholzes vors Gesicht, damit auch sie sich eine weitere Zigarette anstecken konnte.

Viktoria Cornelius saß auf ihrem Platz auf der Couch, wo sie immer saß, während Zach den gemütlichen Sessel ihres Mannes in Beschlag genommen hatte.

»Er ist ja sonst immer so ruhig und besonnen«, berichtete sie. »Er hat ja so eine warme Stimme und weiß alles. Aber ich habe schon sehr früh etwas gemerkt. Besonders als mir diese befremdliche Wortwahl bei ihm auffiel, in der er deutlich Stellung zu Mord und Gewalt bezog.

»Er sprach über Mord?«, hakte Zach nach.

»Ständig sprach er von *kaputtmachen, zerstören, zum Fenster hinauswerfen, Menschen verletzen, damit Neues entsteht*, all so Zeugs.«

»Und warum sprach er davon?«

»Er nannte es Widerstand. Und das alles, weil er sie traf. Was ist nur aus ihm geworden? Von heute auf morgen ging er weg und verließ mich und sein bürgerliches Leben, um in diesem heruntergekommenen Gutland mit diesem Ding zu leben.«

»Sie verstehen schon, warum wir Ihren Mann als Hauptverdächtigen sehen?«, fragte Zach, während sie ihre Zigarette im Aschenbecher neben den vielen anderen zerquetschte.

»Ich sagte noch zu ihm, Christian! Hüte dich! Hüte dich vor diesem Miststück! Da hat sie ihn nun hingebracht.«

»Haben Sie sich je gefragt, warum er in dieses Leben mit ihr geflüchtet ist?«

»Na, weshalb krallt sich wohl eine blutjunge Frau einen Mann, der die besten Jahre seines Lebens schon hinter sich hat?«, fragte sie zurück.

Zach antwortete aus eigener Erfahrung.

»Es kommt ja immer darauf an, welche Erfahrungen dieser Mann in seinem Leben gemacht hat.«

»Cornelius und ich haben alles gemeinsam im Leben gemeistert, glauben Sie mir! Ich kann nur vermuten, dass er sich noch mehr beweisen muss und den Helden spielt. Er spielt den Märtyrer, der gegen eine große Sache kämpft.«

Johannas tiefe Stimme blieb ruhig und unaufgeregt, als Adler sie im Raum des Kindergartens weiter befragte.

»Christian? Ein Mörder? Das ist Unsinn! Doch nicht er, Frau Kommissarin. Der kann keiner Fliege etwas zuleide tun.«

»Vielleicht erzählen Sie mir mehr über ihn?«, bat sie Adler.

»Für Christian hatte sich die Welt immer mehr zu einem konfusen Gebilde entwickelt. Sie müssen wissen, dass er vor etlichen Jahren, gemeinsam mit seinem ehemaligen Freund und Partner, Bruno Tesch, zu den exzellentesten Biotechnikern gehörte. Aber während er eher grüblerisch, still und schon immer voller Selbstzweifel war, galt Tesch als selbstbewusst und geradlinig. Zwei Charaktere, die sich zwar respektierten, aber immer wieder aneinander gerieten. Beide hatten ja dieses *Zyklon B* exklusiv für die Firma entwickelt.«

»*Zyklon B?*«, hakte Adler neugierig nach.

»Ein hochgiftiges Gas aus Blausäure, gebunden in kleinen Steinchen«, erklärte sie genauer. »Das war das Neue. Etwas Gasförmiges, was man plötzlich fest verkaufen konnte. Insektenvertilgung aus der Dose quasi und sofort tödlich, auch für Menschen.«

»Klingt ausgefallen«, so Adler. »Nur führt das allein doch nicht dazu, dass sich jemand so zurückzieht?«

»Nein, das war es auch nicht«, antwortete Johanna. »Sein Partner begann irgendwann, einen Pakt mit dem Teufel einzugehen. Tesch hatte den Behörden im Zuge des Baus neuer und größerer Konzentrationslager im Osten gestattet, das Zeug zum Töten von Menschen zu verwenden. Im Wissen der Firma hatte er ihnen zwanzig Tonnen zugesichert und dabei als Lizenznehmer ordentlich hinter Christians Rücken abkassiert. Erst später hat Christian bemerkt, dass er seine Unterschrift pro forma unter die Handelsvereinbarung gesetzt hatte, als Tesch sie ihm unter die Nase gehalten hatte. Während Christian später nur noch Zweifel plagten, zeigte Tesch kaum Bedenken. Er war überzeugt davon, auf der richtigen Seite zu stehen.«

»Haben Sie sich je gefragt, warum er mit Ihnen in dieses Leben geflüchtet ist?«

»Nun, Frau Kommissarin …«, fuhr Johanna fort, »… als wir uns näherkamen, war er am Ende. Er war krank, hatte Anämie und kämpfte gegen alles, um seinem schlechten Gewissen aus dem Weg zu gehen. Wir kamen darüber damals im Hausflur in Schöneberg ins Gespräch und mochten uns auf Anhieb. Er ließ ein bequemes Leben von heute auf morgen hinter sich und tauschte es mit der kalten Laube in Gutland. Da experimentiert er nun, um eine alternative Lösung für *Zyklon* zu finden, und bekommt von mir regelmäßig Wärme von innen, um wieder mit der Welt ins Reine zu kommen. Er versucht, es rückgängig zu machen, auf seine Art. Manchmal muss man etwas kaputtmachen, was einen zerstört und alles zum Fenster hinauswerfen. Mitunter muss man dabei sogar Menschen verletzen. Nur so kann Neues entstehen.«

Adler irritierte diese extreme Wortwahl.

»Kaputtmachen? Zerstören? Zum Fenster hinauswerfen? Menschen verletzen? Sie verstehen schon, warum wir Herrn Cornelius als Verdächtigen betrachten?«

Johanna wies Adlers Zuspitzung am Schreibtisch von sich.

»Ach, das kann man doch nicht mit Morden vergleichen. Das ist doch nicht …«

Plötzlich klopfte es von draußen an der großen Scheibe. Eine Frau stand da, winkte und lächelte.

»Mama!«, klang es hell aus dem Kindermund der kleinen

Clara, die sich die ganze Zeit still, friedlich und ausdauernd mit ihren Bauklötzchenturm beschäftigt hatte.

»Da ist jetzt endlich Claras Mutter. Komm, Clara! Mama hat sich verspätet!«

Nachdem sich Adler mit einem freundlichen Augenzwinkern bei dem Kind verabschiedete, ließ Johanna sie allein im Raum zurück. Adler ließ ziellos ihren Blick kreisen und verharrte plötzlich bei den vielen Unterlagen, die auf dem Schreibtisch angeleuchtet wurden. Ein großer Plan, groß wie ein Plakat. Sie sah ihn sich genauer an: Ein Raum- und Brandschutzplan eines Gebäudeteils im Kriminalamt, dessen Ortsbezeichnung in schwarzer Frakturschrift aufgedruckt war: *Reichskriminalhauptamt Block D.* Daneben entdeckte sie handschriftliche Notizen. Wie ein Backrezept las sie akribisch aufgelistete Handlungsanweisungen eines Sprengstoffanschlags mit genauer Datierung.

Sonntag, 15.12.1940, RK-Amt. 6.

Etage Block D, Zimmer A3,
4x Material: Hexogen je 75 g knetbar.
Je 2 Standardsprengkapseln,
Metallstift Säurezünder, Hinter Öffnungsklappen
Heizung.
Zünder reagieren 19.00 Uhr

Adler vernahm Johannas Schritte und versicherte sich unauffällig, dass auf dem Tisch alles unberührt schien. Hastig und schnell drehte sie sich zum Bücherregal.

»Ach, der Struwwelpeter, den gibt's auch noch? Ich erinnere mich noch, wie ich als Kind immer Angst vor dem bitterbösen Friedrich hatte.«

»Der Friederich, der Friederich«, begann Johanna, spontan aus dem Kinderbuch zu zitieren. »Das war ein arger Wüterich …«

Adler stimmte mit ein.

»Er schlug die Stühle und die Vöglein tot. Auch die Katzen litten große Not.«

»Und höre nur, wie bös er war«, beendete Johanna den Reim. »Er peitschte arg sein Gretchen gar.« Sie sah Adler in die Augen. »Glauben Sie mir, Frau Kommissarin. Christian ist kein böser Friedrich, eher ein armer. Er will nur eins. Seinen richtigen Weg, seine Bestimmung wiederfinden. Er will ein glückliches Leben in Frieden führen. Irgendwie wollen wir das doch alle, oder, Frau Adler?«

Gleich auf der gegenüberliegenden Seite der Straße stand Paul Golzow am Spülbecken seiner Küche in beigefarbener SA-Hose und Unterhemd. Er machte sich für den Abend fertig. Mittwoch hatte er immer volles Programm. Erst der Sturmabend mit den Kameraden und nicht mehr als zwei Bier, dann hinein in die erste Nachtschicht der Woche. Erst in Uniform für Reich und Führer, dann für die Reichsbahn. Bedeutsame Lichtblicke in der dunklen Woche des sonst unbedeutenden Weichenwarts.

Konzentriert bewunderte er sein Gesicht im kleinen Handspiegel, der am Heißwasserboiler hing. Das Kinn hatte er bereits mit dem weißen Schaum der Rasierseife eingepinselt, um seine Rasur mit einem Lied auf den Lippen zu eröffnen. Kein Mann auf der Welt würde ernsthaft bestreiten, dass ein geschärftes Messer nicht etwas ganz Herausragendes ist. Vor jeder Rasur musste er das Messer auf dem Abziehriemen abledern, um es zu schärfen, ganz ähnlich, wie es Metzger Heidenreich hier gleich gegenüber tat, bevor er den Kopf eines Schweines vom Körper trennte. War das Rasiermesser gut geschärft, musste man damit perfekt an der Halsschlagader hantieren, sonst konnte das kleinste Zucken schwerwiegende Folgen haben. Auch beim Schwein trat der Tod schon unmittelbar nach Öffnung der Halsschlagader durch den starken Blutverlust ein. So war die Natur. Der

Mensch war halt ein Tier und das stärkere Tier erledigte das schwächere. Das war nichts, worüber Golzow lange nachdenken wollte, das war einfach so. Und Golzow konnte jedes Messer korrekt und ordnungsgemäß anwenden, um unübertrefflich saubere Ergebnisse zu erzielen. Nach der Rasur trocknete er sein Gesicht mit dem Handtuch ab und fuhr mit dem Kamm durchs pomadisierte Haar.

»Dein Hemd, Paul!«, rief seine Hertha und kam im Hausfrauenschick in die Küche und hielt einen Holzbügel, auf dem sein lehmbraunes SA-Hemd hing. Es war bestückt mit der roten Hakenkreuzbinde am Arm und einer gestickten Kennung an der Brust: *Sturmkampftruppe Süd-Ost*.

»Ach, ganz hervorragend!«, lobte er seine Gemahlin. Überhaupt zeigte er sich die letzten Tage von seiner besten Seite, war ihr gegenüber zuvorkommend, hilfsbereit und unterstützte sie, wo es nur ging. Er machte Witze und Besorgungen, sie saßen gemütlich zusammen, hörten abends das *Wunschkonzert mit Willi Bechstein* sowie *Vaterländische Märsche* und gingen gemeinsam früh zu Bett. Dort legte er dann nur seinen Arm um sie und sie schliefen gemeinsam ein. So hätte es – und so hätte er – immer bleiben können, wenn es nach ihr gegangen wäre. Doch es ging nie nach ihr. Sie setzte sich an den Küchentisch und beobachtete ihn und er spürte ihre Blicke hinter seinem Rücken, als er sich das Hemd zuknöpfte. Dann befestigte er nicht ohne Stolz seinen Dienstdolch am Gürtel. Ein Messer der Sorte M33. Mehr Waffe als Werkzeug. Das Griffstück war aus rotbraunem Nussbaum mit Griffadler in Nickel und mit emaillierter SA-Rune.

»Siehst gut aus, Paul! Passabel! Uniform steht dir einfach!«

»Danke! Das hört man gerne. Und weil wir gerade bei Nettigkeiten sind. Ich hab da etwas für dich.«

»Ach, Paul!«, lächelte sie. »Das muss doch nicht sein!«

»Doch! Muss sein!«, sprach er wie ein stolzer Pennäler vor der Einschulung.

Er öffnete die rechte Klappe des altmodischen Küchen-

schranks und griff mit der Hand weit ins Fach, um hervor-
zukramen, was er dort so gut versteckt hatte.

»Hier! Für dich! Du magst doch so was, oder?«, drückte
er ihr eine kleine Tafel *Sarotti*-Schokolade Vollmilch in die
Hand. Mit geblähter Brust lief er dann schnurstracks zum
Flur und sie starrte überrascht auf die Tafel und entdeckte
den zu ihrem Leben passenden Slogan auf der Verpackung.

Lieber ein paar Dinge weniger im Leben – dafür eine echte
Sarotti

Im Nachbarhaus der gleichen Straße saßen Eva Schiller und
ihr erwachsener Sohn Harald am gedeckten Kaffeetisch und
schwiegen mehr, als sie redeten. Nur das »Tick … Tack« des
Pendels in der Standuhr war laut zu hören.

»Du magst doch warmen Kakao, oder?«

Tick … Tack …

»Ja, Mama.«

Sie berührte die Kanne.

»Nimm dir dann doch noch etwas!«

Tick … Tack …

»Gern, Mama! Gleich, Mama!«, reagierte er wortkarg.

Sie kippte den großen Teller an.

»Vielleicht Kuchen?«

»Du weißt doch, dass ich nicht gerne Kuchen esse.«

Tick … Tack …

»Es wird jetzt schon früh dunkel, nicht wahr, Junge?«

»Ja, Mama.«

Tick … Tack …

»Und dein Chef? Ist zufrieden mit dir, sagtest du?«

»Ja, Mama. Er holt mich hier nachher ab. Er hat in der
Nähe Termine.«

Tick … Tack …

»Ist er häufiger in der Umgebung?«

»Nein, Mama. Es dreht sich um diesen Mörder. Da wollte
er hier in der Straße Besuche abstatten.«

Tick … Tack …

Sie griff zum zweiten Teller auf dem Tisch.

»Iss doch wenigstens was Herzhaftes, Junge! Du musst doch Kraft haben! Ich habe dir extra was geschmiert. Leberwurst. Die magst du doch so.«

Tick … Tack …

»Ja gerne, Mama!«

Harald Schiller, der große uniformierte blonde Kraftprotz in SS-Uniform, trank, wie Gulliver auf seiner Reise nach Liliput, Kakao aus seiner alten Kindertasse und aß klein geschnittene Minibrotquadrate mit Leberwurst.

Schiller besuchte drei Jahre lang die Reichsführerschule in der Kurmark. Aus eigenem Antrieb, wie er immer betonte, obwohl man nach seinen vielen treuen Jahren in der Hitlerjugend nicht wirklich davon sprechen konnte, dass es sein eigener Willen war. Auch seine Mutter hatte nichts dagegen, schließlich sollte aus dem Jungen ja was werden, gerade nach dem Tod seines Vaters. In der Kurmark hatte er den Grad eines Ordensjunkers. So nannte man die jungen Lehrgangsteilnehmer derartiger Ordensburgen. Eine Mischung aus Erziehungsanstalt und Kaserne. Eine Ausleseschule mit führenden Nationalsozialisten als Ausbilder und Referenten. Hitler war mal kurz da, auch Himmler und sein Mentor Görnitz. Hier schulte man Schiller und seine Junkerkameraden in der Behandlung formaler Dienstaufgaben, der Festigung der Parteitreue, schulte ihn in Hass und Skrupellosigkeit sowie im Marschieren und Exerzieren. Als guter Sohn vergaß Schiller nie, seiner Mutter jeden Mittwoch pflichtbewusst einen Besuch in Karlshorst abzustatten. Und immer – ob Sommer, ob Winter – brachte er ihr einen Blumenstrauß mit.

»Schön, die Blumen wieder heute«, sagte Eva Schiller bedächtig und sie sagte es jede Woche zu ihm, obwohl sie wusste, dass Harald die Blumen immer eilig am Stand vor dem Karlshorster Friedhof in der Warmbader Straße besorgte. Trauerfloristik gab es nämlich zu jeder Jahreszeit.

Das Symbol für Liebe und Hoffnung. Zwölf weiße Nelken zu zwei Reichsmark. Was sie auch wusste, war, dass Harald seinen Besuch immer schnell absitzen wollte und früh ging. Das machte ihr damals, nach dem Tod seines Vaters, mehr zu schaffen als heute. Im Gegenteil: Harald redete nicht viel, ging nie in der Wohnung umher, höchstens mal aufs Klo und interessierte sich nie dafür, dass die Tür seines ehemaligen Kinderzimmers mit der Kommode verstellt war. So konnte sie Simon hinten im Zimmer gut und sicher verstecken, solange er sich nicht regte und Ruhe bewahrte.

Vor dem Haus von Dr. Ebauer stand Obergruppenführer Görnitz schon eine Weile an der Haustür, blickte kurz zurück und vergewisserte sich, dass der Wagen mit den beiden Gestapo-Männern geparkt am Straßenrand stand. Er rückte die Mütze zurecht und befreite die Schulterpartie seines Mantels akribisch von Staubflusen, die gar nicht da waren. Schließlich klingelte er so lange, bis sich die Tür öffnete.

»Guten Abend. Ich bin von der Sicherheitspolizei des Reichsführers SS im Reichskriminalamt, Kurt-Eugen Görnitz. Würden Sie mich bitte durchlassen, Frau Dr. Ebauer? Ich spreche doch mit Dr. Ebauer, oder?« Er musterte die tragische Frauengestalt, die ihm wie eine Karikatur vorkam: das Haar zerzaust, der knallrote Lippenstift verschmiert und die Augen, wie zwei schwarze Vogelspinnen – die Emulsion verlaufener Wimperntusche und getrockneter Tränen.

»Wer sind Sie? Was wollen Sie?«, fragte sie mit nikotinrauer Stimme. »Ich habe nichts mehr zu sagen!«

Görnitz gewährte sich sofort unerlaubt Zutritt, ging wortlos an Ebauer vorbei und stiefelte direkt ins Wohnzimmer. Was sich ihm hier bot, glich der Zelle einer Wahnsinnigen. Bücher, Schallplatten, Fotoalben – allesamt waren sie wild aus Schränken gezogen und lagen überall verstreut herum. Auch das große Landschaftsgemälde über dem Sofa war rabiat von der Wand gerissen worden. Stattdessen klebten dort unzählige Fotos mit immer den gleichen Gesichtern, umrahmt von einem großen, mit Lippenstift gezeichneten Herz. Görnitz musste nicht lange raten, um wen es sich bei den Gestalten da handelte, da über der absurden Collage die beiden Vornamen geschrieben standen.

Hedwig + Marianne

Ebauer torkelte und hielt sich vor Schwäche am Türrahmen fest, während der Eindringling sich im verwüsteten Zimmer umschaute und sich nicht dafür interessierte, ob die Frau neben ihm aus Schwäche oder aus Trunkenheit torkelte. Vom Geruch her war deutlich auf Letzteres zu schließen.

»So, so. Ganz entzückend. Das ist wahrhaft interessant, Frau Dr. Ebauer«, sagte er und schnüffelte wie ein Wachhund im Zimmer herum.

»Was ist denn hier so interessant, Herr …?«, sprach sie und wusste, dass dieser Nazi-Vampir ihr nur Unheil bringen wollte und sie von ihm vorgeführt, bloßgestellt oder eingeschüchtert werden sollte. Dass er ihr gleich alles auf einmal und noch viel mehr antun würde, ahnte sie nicht.

»Interessant, Frau Dr. Ebauer! Interessant, was ich hier vorfinde in einem großen Haus einer Ärztin. Ich bin doch im Haus einer Ärztin, Frau Dr. Ebauer? Oder irre ich mich? Korrigieren Sie mich, wenn ich etwas Falsches sage!«

Görnitz machte dabei so viele Pausen, als müsste er das Gift, das er ständig hochwürgte, nach jedem Satz wieder herunterschlucken.

»Ich bin doch tatsächlich bei einer Medizinerin?«, fragte Görnitz und appellierte weiter an ihr Gewissen. »Eine Medizinerin, die die Schwachen und Kinder behandelt. Ach, übrigens, kennen Sie das?« Er begann einen Auszug aus dem Hippokratischen Eid aufzusagen.

»Ihre Verordnungen wird sie treffen zum Nutzen der Kranken, nach bestem Vermögen und Urteil. Damit will sie

sie bewahren vor Schaden und Unheil. Aber was sich mir hier darstellt, liebe Frau Dr. Ebauer ...«, sagte er und studierte dabei die herzförmige Foto-Collage an der Wand, »... finde ich eigentlich gar nicht unheilvoll. Nein, wirklich, ich habe mir es ganz genau so vorgestellt. Genau so. Ein wenig verlottert, verwahrlost, asozial und so voller kranker Gedanken. Gedanken, die sicher auch zu Mord fähig wären.«

»So? Haben Sie das?«, stammelte Ebauer. »Ich trauere gerade, wenn es recht ist. Um eine gute Freundin.«

»Ja, ja. Das weiß ich und deswegen bin ich ja hier. Sie nehmen mir wohl nicht ab, dass ich Trauer und Verlustschmerz mitfühlen kann?«

»So, wie Sie sich hier präsentieren, eher nicht!«

Görnitz grinste weiter.

»Sehen Sie! Und da sind sie – die beiden Welten, die uns trennen. Meine Welt ist eine Gemeinschaft, die aus Vertrauen in die Menschen, von Zuversicht und sauberen Gedanken erwachsen ist, mit einer traditionellen Familie, bestehend aus einem deutschen Vater, einer deutschen Mutter und deren gemeinsam gezeugten Kindern. Eine Volksgemeinschaft. Ich bin froh, ein Teil dieser Gemeinschaft zu sein, Frau Dr. Ebauer. Sie ist geprägt von Toleranz. Sie toleriert sogar, dass eine Ärztin hier in Karlshorst netterweise ein schönes Haus mit Arztpraxis von Deutschen Behörden zugeteilt bekommt und darin sogar ihren originellen Lebenswandel oder besser, wenn Sie mir die Wortwahl gestatten, ein perverses lesbisches Leben ungeahndet ausleben darf. Sagt man das nicht so? Lesbisches Leben?«

Ebauer blickte weiter betreten zu Boden.

»Marianne ist tot. Ermordet! Mein Leben ist ohnehin zerstört! Was wollen Sie noch?«

»Frau Dr. Ebauer! Haben Sie meine Frage verstanden? Sagt man das nicht so? Lesbisches Leben? Oder sagt man in Ihren Kreisen eher das Leben von Lesben? Aber lassen Sie es gut sein. Auf alle Fälle ein liederliches Leben, krankhaft und mit abnormem Trieb.« Er strich mit den Fingern über die Schrankkante und begutachtete angewidert den angesammelten Staub. Dann quälte er sie wieder mit hippokratischen Zitaten. Es fiel ihr schwer, das auszuhalten.

»Doch in welch deutsches Haus ich immer eintrete, ich werde eintreten zum Nutzen der Kranken, frei von jeder willkürlichen Störung und den Werken der Lust an den Leibern der Kinder, Frauen und Männer. Werte Frau Dr. Ebauer, wir können Ihren abnormen Trieb nie heilen, aber ich kann Ihnen versichern, dass wir ihn gewiss dämpfen werden. Dafür hat meine Volksgemeinschaft, die Sie sicher ablehnen, gute Vorkehrungen getroffen, glauben Sie mir. Es gibt da Hoffnung für Sie, in einer Heilstätte. Sie werden verreisen, nicht mal achtzig Kilometer nördlich von hier. Optimale Lage, optimale Bedingungen, trotz der noch recht ungestümen Aufseherinnen.«

»Sie stecken mich ins Gefängnis? In ein Konzentrationslager?«, schrie Ebauer.

»Ja, ja. Ganz richtig. Ein Konzentrationslager«, sagte Görnitz und blieb besonnen. »Man konzentriert sich da nämlich auf etwas. Sie können sich da ganz auf sich konzentrieren und wir konzentrieren uns da auf Sie. Sie genießen zuerst die Einsamkeit in der Isolationszelle, verehrte Frau Doktor. Und wenn alles glatt läuft, verspreche ich Ihnen, sind Sie später nur unter Frauen. Ist doch ein wahres Paradies für Lesben wie Sie? Sie und die anderen Widerständlerinnen, Kommunistinnen, Jüdinnen und Prostituierten bleiben nur unter ihresgleichen.«

»Was wollen Sie?«

Sein Grinsen verschwand.

»Ich will zuerst, dass Sie mir hier auf der Stelle Ihre Dokumente aushändigen.«

»Nein!«, schrie Hedwig Ebauer.

»Haben Sie mich verstanden! Alles. Ausweis, Doktorurkunde, Sparbücher, Darlehen.«

»Nein! Was machen Sie?«

Er schaute auf die Uhr.

»Sie stehen unter Hausarrest! Ich gebe Ihnen maximal zwei Stunden, dann sind Sie für den Abtransport bereit! Und keine Sorge, Frau Dr. Ebauer. Wir werden auf Nummer sicher gehen, deshalb bewachen Sie bis dahin die Bediensteten der Gestapo im Wagen vor der Tür. Wir wollen ja nicht, dass Sie noch spazieren gehen?«

»Wieso machen Sie das? Was habe ich Ihnen getan?«, wimmerte sie.

»Sie brauchen nichts einzupacken. Einheitskleidung gibt's vor Ort. Die Müllkippe hier lösen wir morgen früh sowieso auf! Darum kümmert sich das fleißige Räumkommando der SA. Und tun Sie uns allen einen Gefallen und waschen sich noch einmal!«

Diese rassische Entartung!

Wenn sich alle Frauen so verhielten, würde unser Volk bald aussterben. Die Gemeinschaft kann so etwas nicht zulassen, noch dazu im Krieg.

Reichszentrale zur Bekämpfung von Homosexualität und Abtreibung

11

Der stämmige Willi Kuttnik hatte seine Bestimmung im Betriebswerk Rummelsburg gefunden und erwies sich hier als genau der richtige Mann. Er wurde zum Haustechniker ernannt. So kam er im Werk viel herum und konnte mal hier beim Kollegen einen witzigen Spruch ablassen und dort dem Kollegen einen Gefallen tun. Er wusste ja, wie man knapp gewordene Sachen organisierte.

»Mensch, Kutti! Da bin ick dir ja wirklich wat schuldig.«

»Nee, is' jut, lass ma«, war dann immer seine Antwort. »Hast zwar keene Haare uffm Kopp, aber dafür jetzt 'n Kamm inna Tasche.« Und da Kuttnik sich ohnehin immer gerne und lange reden hörte, hatte er bereits auch schon eine Vielzahl an Kontakten im Werk geknüpft. Er nutzte jede Gelegenheit, um einen möglichen Verdacht aufzuschnappen und ihn sich zu merken. Meist ging er dann für eine Weile allein am Fuße des großen Wasserturms entlang, wo er unbeobachtet war, nahm seinen Monteurkasten von der Schulter und holte das kleine Notizbuch aus der Brusttasche seiner Latzhose. Hier notierte er Auffälliges und Auffällige im Werk, wie z. B.

macht oft sexuelle Bemerkungen //geht unerlaubte Wege im Werk//erweckt instinktiv Verdacht

Kuttnik stand heute schon früher am Turm. Er schrieb schnell fertig, steckte den Bleistiftstummel ins Buch und beides wieder ordentlich in die Brusttasche. In wenigen Stunden begann die Nachtschicht und er wollte den Weichenwart Golzow treffen, um ihm ein Gespräch aufzudrängen und ihn genau zu studieren.

Die Fahne hoch! Die Reihen dicht geschlossen! Das johlende Grölen der zwölf hohen SA-Männerstimmen drang durch das hintere Vereinszimmer der winzigen Kneipe *Zum Schult-heiss*, Querweg 25, nahe den Gutland-Lauben. Eine Kneipe, die aus Zeit und Raum gefallen schien und in der es schwül nach Bier roch. Nach der schmissigen SA-Hymne wollte nun der GOBH, der Gebietsregionale Oberbefehlshaber, Ernst Klappenstedt, das Wort ergreifen. Doch genau in dem Moment, als er versuchte, vor dem versammelten SA-Dutzend das Wort zu ergreifen, quetschte sich noch schnell die Kellnerin durch die Flügeltüren und balancierte auf ihrem großen Tablett die frisch bestellten Biere. Sie hieß Renate Bangel und hatte einen stämmigen Körper, der im schlichten Rock und enger Bluse steckte. Sie schwitzte von der Arbeit, doch hielt ihre Wasserwelle der Schwüle im Raum stand.

»Hier! Nachschub, Jungs!«, rief Renate kumpelhaft in die Runde. »Lasst's euch jutjehen, meine Hasen!«

»Reni! Du bist'n wahrer Schatz. Hast immer was zu trinken für uns!«, flirtete sie Golzow an und tat es dabei so laut, dass es jeder hier zwischen den holzvertäfelten Wänden mitbekam. Selbstbewusst hob er den Humpen.

»Männer! Ein Hoch auf unsere Reni! Bier schmeckt doch immer besser, wenn's eine Frau einem bringt. Ich sage hoch, *hoch, hoch*!«

Schon beim zweiten »*Hoch*« jaulte der Rest der Chorknaben mit. Renate Bangel blickte verlegen in die Runde und verließ mit leerem Tablett unter dem Arm das Hinterzimmer durch die beiden Flügeltüren. Golzow blickte ihren bestrumpften Waden nach und trank seinen Schluck wie ein dürstender Fuchs. Er trank gerne Bier und meist sehr viel, doch trank er nie mehr als zwei Bier vor der Nachtschicht. Das musste reichten, da war er eisern.

GOBH Klappenstedt nahm dann den zweiten Anlauf.

»Männer! Diener des Führers! Kameraden! Ich halte hier eine dringende Depesche der Sicherheitspolizei im Reichskriminalamt zu meinen Händen. Geheimsache. Der Kenntnisstand: Die Polizei ermittelt nun im Zuge der Frauenmorde nach einem Mann im Umfeld. Demnächst soll es auch Aktionen mit verdeckten Kriminalermittlern in S-Bahnzügen geben. Der Befehl an uns Kameraden: Weitere Achtsamkeit. Unsere strebsamen Frauen aus den Betrieben der Reichshauptstadt im Wirkungskreis beschützen und betreuen. Soll heißen: Begleitdienst bis nach Hause!«

»Bis wohin ist nach Hause?«, fragte ein vollschlanker SA-Mann vorlaut vom Tischende dazwischen. »Sollen wa se och ins Bette bringen und Gute Nacht wünschen?«

»Genau, Männer!«, kam ihm Ogorzow mit lockerem Spruch zuvor. »Sich die Stuten packen und tief hinab in die Schlucht bringen, hinab zur Quelle und zum Wasser. Dabei sollen sie sich an unseren dicken Riemen festhalten!«

Die Lachsalve der Sturmbanntenöre explodierte.

»Zum Wohl, Kameraden!«, hob Golzow seinen Bierhumpen. »In Weib und Bier liegt die Kraft, die uns Männern Freude schafft!«

»So is' es, Kamerad Golzow. Darauf ein *Hoch, hoch, hoch*!«

Luise Adler wollte heute auch Hertha Golzow besuchen, lag die Wohnung der Golzows ja ebenfalls in der Dorotheastraße und war nur einen Katzensprung vom Kindergarten entfernt. Sauber und ordentlich war es hier und es roch nach Putzmittel. Und während über dem Sofa ein großes Bild von Adolf Hitler im Goldrahmen hing, lag auf dem Tisch die Tafel *Sarotti-Schokolade Vollmilch* in ihrer Goldfolie.

Adler saß neben Hertha Golzow auf dem ziemlich neuen Sofa und es war nur sie, die die ganze Zeit redete. Sie berichtete von den Vergewaltigungen und den Morden an Frauen und dass die Polizei ihren Mann ins Visier nehmen müsse. Allmählich wusste sie aber nicht mehr so recht, wie sie weitermachen sollte mit dieser Frau. Schweigend, wie ein Stein, saß sie da und ihr kleiner Robert und seine Schwester spielten auf dem Teppich.

»Macht euch jetzt bettfertig, Kinder!«

»Nun, Frau Golzow, wie gesagt, es ist Blut bei den Opfern gefunden worden und wir haben da ein paar Anhaltspunkte und Verdächtige – und Ihr Mann ist aufgrund seines Postens im Werk, seiner Dienstkleidung und wegen der eher seltenen Blutgruppe einer von vielen. Vielleicht können Sie mir mehr über ihn erzählen.«

Hertha Golzow saß weiter regungslos da und schwieg minutenlang. Gerade der Mord der Untermieterin von Ärztin Ebauer ließ Hertha Golzow vor Schreck erstarren. Das Ganze war plötzlich so nah und erst am Sonntag war sie doch noch dort gewesen. Aber dass man nun ihren Paul als Triebtäter und Mörder verdächtigte, nahm ihr fast den Atem.

»Überlegen Sie ruhig ein wenig«, warf Adler ein und gab ihr Zeit.

Hertha Golzow überlegte nicht, sondern setzte ein Mosaik in ihrem Kopf zusammen. Es musste ja was sein, sonst wäre diese Kommissarin nicht hier, dachte sie. Ja, er war oft brutal. Ja, noch nach Tagen sah man ihre Blessuren, die er ihr zufügte und die sie gut zu verstecken wusste. Und ja, er hatte auch seine guten Seiten – aber sie dachte auch an das Blut am Diensthemd, an sein herablassendes Gerede und an seine Übergriffe, die sie jahrelang über sich ergehen lassen musste. Das passte alles ins Bild. Aber Paul ein Mörder? Niemals. Und selbst wenn er es am Ende war, was käme dann auf sie zu? Er war zu wichtig für sie, nicht nur, weil er das Geld regelmäßig nach Hause brachte, sondern weil allein sein Dasein dafür sorgte, dass alles so ruhig und einträchtig blieb, wie es war. Und was würden die Leute über sie sagen? »Da ist die Frau vom Mörder!«, würden sie sagen und alle mit dem Finger auf sie zeigen. »Und da ist der Sohn vom Mörder!« Ihr war schon ganz schwindelig von dem wilden Gedankenkarussell und sie verlor auf einmal die Selbstbeherrschung. Ein starker Weinkrampf überwältigte sie und Adler legte die Hand an ihre Schulter.

»Gewalt von Seiten der Männer schränkt Frauen immer ein. Sie will uns einschüchtern. Möchten Sie mir etwas über Ihren Mann erzählen, Frau Golzow?«

»Wissen Sie, …«, schluchzte Hertha Golzow und schluckte ihre Tränen herunter. »Wissen Sie, es ist so …« Sie stoppte und konnte nicht sprechen, obwohl hier endlich der Moment gewesen wäre, alles auszuplaudern, was sie belastete. Jedoch war sie längst zu einer professionellen Lügnerin geworden. Keine konnte besser gute Miene zum bösen Spiel machen, keine besser die Maskerade des Überlebens tragen, als sie. »Wissen Sie, Paul weiß viel, kann viel. Das mit dem Tripper hat ihn sehr mitgenommen. Er ist oft sehr zornig, weil er seit Jahren schon da unten ziemlich zugerichtet ist. Ich glaube, er wäre überhaupt nicht in der Lage, eine Frau zu schänden oder hätte gar die Kraft, sie zu töten. Glauben Sie mir, Frau Kommissarin. Paul ist vieles, aber kein Mörder. Er will nur manchmal seinem Ärger Luft machen, um ein glückliches Leben zu führen.«

»Wollen wir das nicht alle, Frau Golzow?«, entgegnete ihr Adler und ahnte, dass sie es hier mit dem Pakt einer Geisel und ihrem Geiselnehmer zu tun hatte. Denn die Lösung, um im Leben ohne Sorgen, aber auch ohne jegliche Ansprüche zurechtzukommen, schien bei Hertha Golzow die Gefügigkeit und nicht der Widerstand gewesen zu sein.

»Heil Hitler! Guten Abend, Frau Schiller. Kurt-Eugen Görnitz. Ich bin der Vorgesetzte Ihres Sohnes. Würden Sie mich bitte hereinlassen?«

General Görnitz stand mit Aktenordner unterm Arm vor der geöffneten Tür und gewährte sich Zutritt. Er schritt direkt ins Wohnzimmer, wo sein Befehlsempfänger und ihr Sohn, Harald Schiller, am Tisch saß.

»Ach, das ist also Ihr altes Zuhause, Schiller? Dunkel, aber sicher gemütlich!«

»Heil Hitler, Herr Obergruppenführer! Jawohl!«

»Es freut mich, Ihre Bekanntschaft zu machen«, sagte er und streckte der Dame des Hauses seine Hand in aalglatter Manier entgegen. »Ich bin der verantwortliche Chef der Sicherheitspolizei im Amt. Wir sind uns da noch nicht begegnet, da ich noch keine Veranlassung sah, mich in den unteren Gefilden der *Weiblichen* aufzuhalten.«

»Was kann ich für Sie tun?«, fragte Eva Schiller.

»Zunächst danke ich Ihnen, dass Sie mich in Ihre Wohnung gelassen haben. Bitte verzeihen Sie mir mein rüdes Eindringen in Ihren Alltag.«

»Aber ich bitte Sie. Nehmen Sie doch Platz.«

Er legte seine Mütze mit dem Reichsadler auf den Tisch und den Aktenordner daneben.

»Möchten Sie eine Tasse Kaffee?«, fragte sie und machte ihm eine frische Porzellantasse aus der Vitrine zurecht.

»Sehr gern und kann ich vielleicht auf eins Ihrer delikaten Leberwurstschnittchen hoffen? Ihr Sohn erzählt mir immer, wie gut die sind. Ich liebe Leberwurst.«

Sie reichte ihm den Teller, auf dem sich einige der bereits vertrockneten Häppchen nach oben gebogen hatten. »Frau Schiller, auch wenn ich über Ihre Aufgabe im Amt Bescheid weiß, entzieht es sich natürlich völlig meiner Kenntnis, ob Sie wissen, wer oder was ich bin? Sind Sie sich meiner Existenz bewusst?« »Ja, ich denke schon.« Sie warf einen Blick auf ihren Sohn und dann wieder auf Görnitz, der sie übertrieben lobte. »Das ist gut! Sehr gut, sogar! Dann wissen Sie sicher auch, welche Aufgaben ich zu erledigen habe?« Er stopfte sich ein weiteres Leberwurstquadrat hinein und sprach mit vollem Mund weiter. »Erzählen Sie mir, was Sie über mich gehört haben?«

»Mein Sohn berichtete mir irgendwann, dass Sie Staatsfeinde aufspüren.« Görnitz lächelte. »Ihr Sohn hätte es nicht schöner ausdrücken können, nicht wahr?«

Aus dem eher ungezwungenen Plausch wurde plötzlich ein Verhör. »Wissen Sie, Frau Schiller, ich habe sehr viele Akten über diese Gegend und auch über Sie studiert. Und ich hätte da ein paar Fragen, Frau Schiller. Wenn Sie mir bei deren Beantwortung helfen wollen, kann meine Abteilung die Akte über dieses Haus, diese Straße, diese Gegend und Sie schließen.« Er nahm den Aktenordner und zog aus der Brusttasche seiner Uniformjacke einen großen schwarzen Füllfederhalter mit der Gravur *Eigentum der Wehrmacht* hervor. »Nach meinen Unterlagen ist der Verbleib aller Juden aus dieser Gegend geklärt – mit Ausnahme eines gewissen Dr. Simon Blumberg. Sie kannten ihn. Irgendwann schien er plötzlich vom Erdboden verschwunden zu sein. Und das lässt nur zwei Schlüsse zu. Entweder ist ihm die Flucht gelungen oder jemand hält ihn äußerst erfolgreich versteckt. Ist Ihnen eventuell über den Verbleib Blumbergs etwas zu Ohren gekommen, Frau Schiller?«

Eva Schiller antwortete nicht. Ihr Puls erhöhte sich heftig. Sie ließ sich aber nichts anmerken, auch nicht, als er weiterredete.»Wie ich hörte, waren Sie direkt nach dem Tod Ihres Mannes vor einigen Jahren bei Blumberg in Behandlung? Er unternahm regelmäßig Hausbesuche, er war oft bei Ihnen und Sie kamen sich näher.«

»Das sind alles Gerüchte«, umschiffte sie seine Unterstellungen. »Ach, ich liebe Gerüchte! Tatsachen können ja so irreführend sein, während Gerüchte, ob falsch oder richtig, einem oft die Augen öffnen. Also, Frau Schiller. Sprechen Sie frei heraus. Mich interessiert, was Sie dazu sagen.«

»In der Nachbarschaft sagt man, Dr. Blumberg ließ sich nicht aufhalten und er soll nach London ins Exil geflüchtet sein«, log sie. »Die anderen sprechen also von Flucht, Frau Schiller?«

Es war der alte Ehrenvorsitzende Edwin Schurrle, der im Stuhlkreis des Volkskindergartens die Eingangsworte für heute sprach. Das machte er immer. Schurrle war ehemaliger Rechtsanwalt und Verteidiger der *Roten Hilfe*, die 1929 gegründet wurde und damals in Berlins Untergrund Menschen vertrat, die wegen politischer Gesinnung inhaftiert wurden.

Er begrüßte die Männer und Frauen mit unterschiedlicher Herkunft, weltanschaulicher Prägung und Motivation. Neben den politischen saßen hier auch religiös motivierte Mitglieder, die sich kurz nach der Machtübernahme der Nationalsozialisten als Gruppe formierten.

»Ich beginne unsere Runde mit einem leidvollen Abschied und einem herzlichen Willkommen«, sprach Schurrle. »Unser lieber Peter wird uns verlassen. Der Krieg holt ihn, aber er hat mir versprochen, dass er dort, wo er sein wird, nicht Asche hinterlassen wird, sondern unsere Flamme weiter am Brennen hält.«

Peter Schenk saß da und blickte ernst. Alles lastete schwer auf seinem Gewissen, deshalb nickte er nur höflich und Schurrle fuhr fort.

»Es konnte aber ein guter Ersatz gefunden werden. Es ist ein Mann, der für uns viel riskiert, indem er uns mit Informationen aus den engsten Kreisen der Herrschenden versorgt. Wir begrüßen dich, Herrmann Bohr!«

Bohr blickte alle im Kreis mit wachen Augen an und nickte freundlich. Johanna nickte ihm nicht zurück, war schlecht gelaunt und auf Krawall gebürstet. Sie hatte viele Gründe: Ihr Bruder Peter würde bald weg sein, kaserniert in Bromberg, ihre Eltern erwiesen sich als Förderer von Auslese und Euthanasie, die Lage in der Stadt spitzte sich immer mehr zu und dann war da ja noch Christian, der hier neben ihr saß und dem sie verheimlichen musste, dass ihn die *Kripo* fast zum Mörder erklärt hätte. Und Peters Freund, dieser Bohr, missfiel ihr ebenfalls, wurde sie aus ihm überhaupt nicht richtig schlau. Ein Nazi-Angestellter im Stuhlkreis des Widerstands, das konnte nicht gutgehen. Auch wie er hier gleich als Erster wichtigtuerisch wie ein Streber seine Hand hob, um sich mitzuteilen, regte sie auf.

»Ich möchte gleich einen Denkanstoß in die Runde geben,

der vielleicht unser aller Leben retten kann und möchte mich deutlich zu den Plänen am 15. Dezember äußern, dem geplanten Anschlag am Werderschen Markt bei der *Sipo* in Block D.«

Während Peter ihn vom Nebenplatz her anschwärmte, zeigte sich Johanna auf der gegenüberliegenden Seite des Kreises weiter genervt. Unbemerkt dessen führte Bohr seine Weisheiten weiter aus.

»Es mag jetzt und im Augenblick sicher ein triumphierendes Machtgefühl für uns alle sein, aber geben wir uns nicht einer Täuschung hin? Hat diese Art von Widerstand eine Chance, wenn wir einen Anschlag auf das Polizeiamt, auf Unschuldige, unternehmen?«

Peter, der ohnehin momentan mit den eigenen Ansichten haderte, unterstützte ihn sofort.

»Ich muss Herrmann recht geben. Wir haben doch alle diese Kriegsscheiße satt. Wir erleben genug Irrsinn und Blutvergießen und verschwenden ein erhebliches Maß unserer Nerven und unseres Verstandes. Wollen wir wirklich noch mehr Irrsinn anzetteln, indem wir eine Bombe hochgehen lassen? Ich jedenfalls kann das Vorgehen unserer Bewegung nicht mehr vor meinem Gewissen rechtfertigen.«

Raunen bis Zustimmung bei vielen im Kreis. Johanna, sonst eher mit Sanftheit in der Stimme, redete über das Gebrabbel hinweg.

»Das ist doch Irrsinn, was ihr hier behauptet. Wenn ein kranker Patient zum Arzt geht, will er auch nicht hören, dass er eine lebensbedrohliche Krankheit hat, aber der Arzt muss ihn darauf aufmerksam machen und ihn heilen, auch wenn die Medizin für ihn bitter ist. Es spricht nichts gegen die Notwendigkeit einer Revolte. Wir sind nicht der Terror – das System ist der Terror. NEUANFANG bezeugt, wie falsch es ist, was Millionen andere tun. Zerreißen wir endlich den Mantel der Gleichgültigkeit, den sie um unser Herz gelegt haben, Freunde!«

Diese platten Formeln waren für Herrmann Bohr nichts weiter als kitschige Flugblattsprüche in schiefer Schrift.

»Du willst Konfrontation gegen die Macht?«, sprach er direkt zu ihr. »Tut mir leid, aber die wittern doch, was hier gespielt wird. Deshalb sollten wir das Ganze abblasen. Terroranschläge, Sprengstoff, man wird kurzen Prozess mit uns machen und uns alle an den Galgen hängen. Oder welche Reaktion erwartet ihr?«

Johanna fragte sich immer mehr, was Bohr eigentlich mit solchen Ansichten hier suchte? Cornelius spürte ihre Aufgeregtheit, wollte ihr helfen und provozierte Bohr, indem er gleich persönlich wurde.

»Du stellst viele Fragen, Herrmann«, sprach er. »Aber, sag mir, was tust *du* als Beschäftigter und Nutznießer des Nazistaates eigentlich? Was tust *du* gegen diese Diktatur, die Kriege anzettelt und die eigenen Landsleute unterdrückt, verfolgt und deportiert? Was tust du gegen dieses Regime, das systematische Vernichtung betreibt und in dem Konzentrationslager entstehen? Kannst du das widerstandslos über dich ergehen lassen?«

Bohr glaubte nicht, was er da hörte. Es waren Argumente aus der untersten Schublade. Die Diskussion geriet nun zum Streit.

»Schaut ihn euch an! Da faselt ein alter Zwölfender, der *Zyklon B* erfindet und sich mit seiner Unterschrift dafür stark macht, dass das Gift zur Massenvernichtung gegen Juden, gegen Andersdenkende, gegen Schwule und Lesben und gegen die eigenen Landsleute eingesetzt wird. Da nennt sich ein Mann aus der Vergangenheit Widerstand und will die Zukunft mit Gift zurechtbiegen. Und seine kleine naive Mädchenfreundin hier will mit Dynamit das Regime besiegen und nimmt dabei unser aller Leben und das Leben Unschuldiger in Kauf. Glaubt ihr wirklich, ihr seid so anders als die, die ihr bekämpfen wollt? Ihr seid mit derartigen Vorhaben auch nichts weiter als Mörder.«

»Hör auf!«, schrie Johanna wie ein beleidigtes Kind und bäumte sich vor dem größeren Bohr auf. »Bist du für uns oder gegen uns?« Sie zeigte zur Tür. »Los, raus hier! Wir können hier keine Nazis gebrauchen!«

Bohr verließ den Kreis, kehrte allen den Rücken zu und zischte warnende Worte zu Johanna.

»Du verstehst es nicht! Sieh es doch als Warnung, Mädel. Es wird nicht einmal eine halbe Stunde dauern, bis deine Träume einer besseren Welt platzen werden. Sie stehen bereits auf der Straße und werden uns alle hoppnehmen, ganz einfach. Ich weiß, wovon ich spreche.« Er ging zielstrebig und schnellen Schrittes durch die Tür, die er laut und kräftig zuschmiss. Alle anderen auf den Stühlen blickten zu Cornelius und starrten ihn an. Wacher als zuvor sah der wiederum zu Johanna. Es bestand Gefahr, sie mussten sich hier sofort auflösen und Bohr aufhalten.

»Geht alle durch den Hinterausgang nach Hause und verstreut euch! Ich versuche, Bohr aufzuhalten.«

Willi Kuttnik war im Umkleidebereich in Haus III des Betriebsgeländes Rummelsburg. Er stand auf der hohen Leiter und hatte mit geschickten Handgriffen dafür gesorgt, dass seine Fehleranalyse lange Zeit in Anspruch nehmen würde. Von der Leiter aus hatte er einen guten Überblick und konnte durch die großen Fenster hinaus auf das gesamte Betriebsgelände blicken – weit bis zu den S-Bahnschienen und noch viel weiter über das endlose Kleingartengebiet. Damit seine Spionage nicht auffiel, klopfte er ab und zu mit einem winzigen Schraubenzieher prüfend auf den großen Lampenkasten.

»Hol dir da oben mal bloß keenen Schlach, Kutti!«, sprach unten Werner Rappitzke, der kräftige Schlosser, der mit seinem Hinterteil schlaumeierisch am Waschbeckenrand lehnte und den letzten Tropfen Muckefuck aus seinem Becher schlürfte. »Nich', dass de dir eene einfängst!«

»Weeste, Werna«, warf Kuttnik ihm von der obersten Sprosse wieder zurück, »da is' eene eenzje kleene Schraube und die macht mia dit Leben zur Hölle. Ick brauch hier noch!«

»Jut, ick muss wieda los, Kutti!«, sprach Rappitzke und schraubte den leeren Becher mit seiner großen ölverschmierten Handwerkerpranke auf die Flasche. »Ick muss heute Nacht nämlich noch die Achslager und die Ölleitungen kontrolliern und die Federspannschrauben festziehen.«

Nach diesen Details des Kollegen blieb Kuttnik nur noch, ihm gutes Gelingen zu wünschen.

»Werna. Bleib fleißig, ick wünsch dia wat!«

Rappitzke verschwand Richtung Treppenhaus und Kuttnik war unbeobachtet. Schnell holte er ein kleines Opernglas aus der Brusttasche und blickte durch die großen Fenster nach draußen. Der abnehmende Mond leuchtete heute hell am Himmel und überall waren die Konturen klar zu erkennen. Das war es also, dachte er bei sich, als er den Kopf wie einen Radar kreisen ließ. Das Jagdrevier des Täters, das Areal, in dem der Mörder in dunklen Nächten umherstreifte und seine Beute erlegte. Der Ort, an dem er sie überfiel, auf sie einschlug, einstach, sie vergewaltigte und aus dem Zug warf – wo Frauen vor Schmerzen stöhnten, schrien, flehten, um Gnade baten und doch sterben mussten.

Auf einmal erblickte Kuttnik in der Ferne einen hellen Punkt. Es war eine Person, ein Mann, der sich wie ein Fuchs durch die Nacht bewegte und routiniert vom hohen S-Bahn-steig des Betriebsbahnhofes Rummelsburg hinab auf die Gleise sprang. Zwar stürzte er zwischendurch, stellte sich aber schnell wieder auf die Beine. Er rannte im schnellen Lauf quer über die Schienenstrecken und gewährte sich mühelos Zugang durch die Tore der Zäune, die die Regionalgleise von Ferngleisen trennten. Er war schnell und Kuttnik hatte Mühe, ihn weiter mit dem Fernglas zu verfolgen, doch erkannte er, je näher der Mann kam, dass er eine SA- Uniform trug und gezielt den Eingang ansteuerte. Es war kein anderer als Weichenwart Golzow, der hier zwanzig Minuten verspätet zum Nachtdienst erschien.

»N' Abend, was machst'n da oben?«, rief Golzow bei seiner Ankunft dem unbekannten Kollegen auf der Leiter zu. Kuttnik antwortete zuerst nicht, sondern stieg mit seiner behäbigen Art die knarzenden Sprossen hinab, um sich persönlich vorzustellen.

»Ick globe, wia kennen uns noch nich'. Willi Kuttnik. Kannst mich Kutti nennen. Ick bin der neue Elektriker.«

»Ich bin Paul. Bin hier im Stellwerksdienst Weichenwärter.«

Nach ein paar weiteren scherzhaften Floskeln streckte Kuttnik ihm die Hand hin, die dieser nicht erwidern wollte. Kuttnik erkannte schnell, dass es sich nicht um eine Unhöflichkeit von ihm handelte, sondern dass Golzows Hände schmutzig und blutig waren.

»Kann dir leider nich' die Hand geben. Gerade gestürzt, Abkürzung über die Schienen. Sturmabend. Spät dran halt.«

Kuttnik musterte ihn von der Seite und sah, dass auch das Hemd und die Hosenbeine seiner SA-Tracht abgewetzt, schmutzig und voller Blutflecken waren. Scheinbar hatte er sich beim Sturz auf die Schienen Verletzungen an den Händen zugefügt und das Blut an Hosentaschen und Hosenschlitz abgewischt.

»Brauchste vielleicht 'n Pflaster, Kolleje?«, fragte ihn Kuttnik.

»Nee, lass mal! Meine Hertha kriegt das wieder raus. Soda hilft da, sagt sie. Da können die Frauen wirklich mal was besser.«

Golzow zog sich das Hemd über den Kopf, ohne es aufzuknöpfen, stellte sich mit freiem Oberkörper vor das Waschbecken und drehte den Wasserhahn auf. Im Rauschen und Dampfen des Wassers griff er zur kleinen hölzernen Nagelbürste und zum großen Stück Kernseife, um sich Hände und

Arme gründlich wie ein Chirurg nach der Operation einzuseifen.

Kuttnik kramte fadenscheinig im Werkzeugkoffer herum und suchte in seinen Gedanken nach einem Thema, um die Unterhaltung weiter am Laufen zu halten, da fiel ihm plötzlich das ledernde Halfter mit dem Messer an Golzows Gürtel auf.

»Sag mal! Wozu braucht ihr eigentlich so'n Spielzeug bei der SA?«

»Ach, weißt du, mit so einem Spielzeug kann man viele praktische Dinge tun, Kollege. Man kann Wurst schneiden, man kann auch Brot schneiden und man kann Bierflaschen öffnen.« Dann drehte er den Wasserhahn fest zu und trocknete sich ab. Kuttniks Gesicht verriet nichts von dem, was er gerade über das Gesagte dachte. Was er jedoch plötzlich erblickte, irritierte ihn enorm. Berichtete der Weichenwart doch gerade eben noch, dass er gestürzt war, entdeckte er an dessen sauberen Händen und Armen weder Verletzungen noch Kratzer. Er blickte zur Sicherheit noch einmal in den Ausguss des Waschbeckens, um sich davon zu überzeugen, wie sich dort langsam das blutschmutzige Seifenwasser im Strudel drehte und abfloss.

»Ach«, warf Golzow ihm im Gehen noch hinterher. »Und dann gibt es bestimmt noch die eine oder andere Gelegenheit, bei denen der Gebrauch außerhalb der Küche geschieht. Aber da brauchst du dir keine Sorgen machen, Kollege. Bei mir sind das höchstens drei Gelegenheiten im Jahr, maximal.«

Görnitz machte sich hier und dort Notizen auf seinen Papieren, sammelte alle zusammen und heftete sie zurück in den Aktenordner.

»Gut, ich denke, das sollte reichen. Dürfte ich, bevor ich gehe, mir noch eines Ihrer herrlichen Leberwurstschnittchen stibitzen?«

»Aber natürlich, greifen Sie zu.«

Görnitz schmatzte erst still mit geschlossenem Mund, dann laut, während er wieder zu reden begann.

»Frau Schiller, bevor ich gehe, eine Frage: Wissen Sie eigentlich, welchen Spitznamen man mir im Amt verpasst hat?«

»Verzeihung, aber so etwas interessiert mich bei der Arbeit nicht.«

»Aber wissen Sie es?«

»Nein, tut mir leid.«

»Schiller! Sagen Sie es ihr. Sagen Sie Ihrer Mutti, wie man mich nennt!«

Ihr Sohn Harald half ihr, auch wenn sie in dieser Situation von ihm keinerlei Unterstützung mehr erwarten konnte.

»Man nennt ihn *Den Kammerjäger*, Mutter.«

»Korrekt, Schiller! Kammerjäger. Ich jage Ungeziefer, Schädlinge oder werden wir doch direkter: Ich jage Widersacher, Staatsfeinde und Kakerlaken. Wollte man nämlich bestimmen, welche tierischen Attribute dem Juden eigen sind, dann wären es tatsächlich die der Kakerlake. Kakerlaken gehören zu den ältesten Tierarten auf der Erde und finden immer einen Weg. Durch jede Kloake und jede noch so kleine Ritze. Sie sind sehr bewegliche und hartnäckige Tiere. All die Jahre krochen und krabbelten sie zufrieden durch die Chefetagen deutscher Kaufhäuser, durch die Kinos, die Finanzwelt und das Pressewesen und nisteten sich in jedem Bereich unseres Lebens ein. Auch viele Ärzte waren unter ihnen. Sie verursachten immense Schäden und gehörten zu den unangenehmsten Plagegeistern im Deutschen Reich. Ab und zu findet man irgendwo noch Restbestände von ihnen, weil sie die Gutmütigkeit, zum Beispiel von älteren deutschen Sekretärinnen, missbrauchen. Meist in ihren Wohnungen, hinter ihren Wänden, unter und sogar in ihren Betten.«

Für Eva Schiller hätte hier schon Schluss sein können, doch Görnitz ließ nicht von ihr ab.

»Bedenken Sie nur, Frau Schiller, in was für einer Welt so eine Kakerlake lebt. In was für einer feindseligen Welt.«

»Ich weiß nicht, worauf Sie hinauswollen?«

»Frau Schiller, wenn in diesem Augenblick eine Kakerlake hinter der Wand hervorkrabbeln würde, dann würden Sie doch zum Teppichklopfer greifen und versuchen sie zu vernichten?«

»Ich denke schon.«

»Und hat je eine Kakerlake Ihnen in Ihrem Leben etwas angetan, Frau Schiller?«

»Kakerlaken vermehren sich schnell und verbreiten Krankheiten, die das Immunsystem zerstören, wie ich hörte.«

»Ganz genau, Frau Schiller. Sie vermehren sich und zerstören das System. Ganz genau. Aber keine Kakerlake käme auf die Idee, Ihnen zu schaden. Sind Sie in Ihrem Leben auch nur an einem einzigen Tag wegen einer Kakerlake krank gewesen? Ich versichere Ihnen, dass jede von einer Kakerlake übertragene Krankheit ebenso gut von einem Marienkäfer übertragen werden könnte. Und ich nehme nicht an, dass Sie gegen Marienkäfer etwas hätten oder, Frau Schiller?«

»Nein.«

»Obwohl beides Insekten sind, richtig? Und mal abgesehen davon, dass der eine als Glücksbringer gilt und süße Punkte hat und die andere einen ekligen, schwarzen Körper: Sie mögen keine Kakerlaken, Frau Schiller, oder? Ohne genau zu wissen, warum. Sie wissen nur, dass Sie sich vor ihnen ekeln.«

»Ich weiß immer noch nicht, worauf Sie hinauswollen?«

»Verehrte Frau Schiller, lassen Sie mich Ihnen eine Frage stellen: Was ist in diesen Zeiten des Krieges Ihre erste Pflicht? Ist es in dieser wichtigen Zeit nicht Ihre Pflicht, Ihr eigenes Leben zu retten?«

Görnitz ließ diese Frage lange im Raum stehen. Eva Schiller schwieg.

»Das war eine Frage, Frau Schiller! Was sehen Sie in diesen Zeiten als deutsche Sekretärin eines wichtigen Amtes als Ihre erste Pflicht an?«

»In erster Linie, mein Leben zu beschützen und meine Arbeit zu behalten.«

»Ganz richtig – und meine Pflicht gebietet es mir, dass wir nun Ihre Wohnung gründlich durchsuchen, bevor ich offiziell Ihren Namen und den von Dr. Blumberg von meiner Liste streichen kann. Und seien Sie versichert, sollte es hier Unregelmäßigkeiten geben, werden wir sie finden. Es sei denn, Sie haben mir etwas zu sagen, das eine große Durchsuchung erübrigt. Ich sollte vielleicht noch hinzufügen, dass jede Information, die mir die Ausübung meiner Pflichten erleichtert, nicht etwa Strafe nach sich zieht, ganz im Gegenteil: Sie wird belohnt. In Ihrem Fall, dass Sie Ihre langweilige Stellung bei der Weiblichen Kriminalpolizei behalten und wir Sie in keiner Weise mehr belästigen werden. Morgen geht's dann wieder zur Arbeit und die Sache bleibt unter uns.«

»Mutter, mach kein Theater«, zischte ihr Sohn. »Sag was! Es hat keinen Sinn. Ich weiß es. Er weiß es. Alle wissen es!«

Hass versteinerte die Gesichter der beiden Männer.

»Sie gewähren Feinden des deutschen Staates Schutz, ist das richtig?!«

»Ja.«

»Ich verstehe Sie so schlecht! Sie halten hinter dieser Wand, hinter dieser Tapete, Dr. Simon Blumberg versteckt, richtig?«

Dr. Hedwig Ebauer saß im weißen Nachthemd auf dem Bett ihres Schlafzimmers und las alles noch einmal, was sie geschrieben hatte.

Ihr Lieben!
Mir fällt es schwer, meine Gefühle über die Wichtig-
keit dessen, was mir klar geworden ist, auszudrü-

cken. Ich wollte Menschen helfen, doch habe ich
wenig Beeindruckendes getan. Ich hatte Angst vor
dem Urteil anderer. Angst schwächt und lähmt.
Wenn man sie zulässt, wächst sie mehr und mehr,
bis nichts mehr von einem übrig ist, außer einer
leeren Hülle. Kann denn Liebe Sünde sein? Ist sie
nicht der schönste Funke im Leben? So habe ich
doch allen Grund, mich meinem Schicksal hin-
zugeben und euch Adieu zu sagen. Gleich bin ich
wieder bei meinem Schatz.
Von allen Sünden, die der Sünderin vorgehalten
werden, ist der Tod die geringste Anschuldigung.
Lebt ihr alle wohl. Hedwig

Zweimal faltete sie das edle Büttenpapier und steckte es entschlossen in das Kuvert, das sie auf dem Nachttisch platzierte. Unten im Haus drehte sich die Schallplatte und spielte das
letzte Stück. Ein junger Dirigent namens Herbert von Kara-
jan dirigierte das Orchester, das er später für den Rest seines
Lebens dirigieren sollte, die Berliner Philharmoniker. *Lacrimosa*, was so viel wie *tränenvoll* bedeutet. Es war ein Requiem, eine Totenmesse, Mozarts letztes Stück. Ein ergreifender
Eindruck, den das Genie der Welt an seinem Ende hinterließ.
Der letzte Eindruck, den Hedwig Ebauer zurücklassen wollte, sollte ein bescheidener sein, ohne großes Requiem. Wie
eine Schlafende wollte sie zufrieden im Bett zurückbleiben.
Das war wichtig, wenn man ihren toten Körper hier nachher
finden würde. Deshalb hatte sie sich vom grotesken Schick,
der schrägen Schminke und dem langen Abendkleid befreit
und wirkte in ihrer weißen Nachtwäsche wie eine Frau, die
nur noch eins wollte, nämlich für den Himmel bereit sein.
Sie hatte alle Vorkehrungen getroffen, die man als erfahrene
Ärztin treffen konnte. Sie wusste genau um die Dosierung
und Kombinationen der Medikamente, mit denen man den
Übergang in den Tod erreichte.

Lacrimosa dies illa. Qua resurget ex favilla. Judicandus homo reus.
Tränenvoller Tag, an dem aus der Asche ein Schuldiger aufersteht, um verurteilt zu werden.

Der Tod war für sie immer eine Versuchung gewesen – jetzt schien sie ihr ganz nah zu sein. Zuerst brauchte man Codein. Ein paar Tropfen wirkten bereits, jedoch war man erst bei 40 ml auf der sicheren Seite. Es machte schnell abhängig, doch spielte das jetzt keine Rolle mehr. Gerade die Halluzinationen und Gedächtnisstörungen waren für den gleitenden Übergang perfekt. Doch war es für einen geregelten Suizid zu unsicher. Erst in Kombination mit einem guten Hypnotikum machte alles wirklich Sinn.

Huic ergo parce, Deus.
Lass deine Engel schweben, Gott.

Hedwig Ebauer glaubte an die Empfehlungen der Allgemeinmedizin. Die schlug Bromide oder Kaliumchlorid vor. Der leichteste, leiseste und absolut sicherste Weg, sich von der Welt zu verabschieden. Ihr Atem wurde flacher, ihre Muskeln wurden schlaffer und ihre Augen reagierten nur noch schwach, bis sie sich schlossen.

Die letzten Sekunden vergingen und sie war fast da. Nichts war größer, nichts war stärker und erhabener, als dieser letzte Moment.

Pie Jesu Domine, Dona eis requiem.
Jesus, Herr du mild und weich, Lass sie ruhn in deinem Reich.

Amen

Die Vorsehung hat der Frau die Sorgen
um diese ihre ureigenste Welt zugewiesen, aus der sich dann erst die Welt

des Mannes bilden und aufbauen kann. Diese beiden Welten stehen sich daher nie entgegen. Sie ergänzen sich gegenseitig, sie gehören fest zusammmen, wie eine Ehe auch nur aus einem Mann und Frau bestehen kann.

Adolf Hitler

IV Verfolgung

12

Zwei Tage später folgte die nächste große Besprechung im Sitzungssaal des Kriminalamtes mit bekannter Besetzung: Lüdke als Vorsitzender und circa ein Dutzend rauchender Köpfe. Kuttnik saß am Protokoll, Görnitz seinem Diener Schiller gegenüber, Adler neben Hartmann und Zach wieder neben Kuttnik. Nur Polizeichef Arthur Nebe fehlte diesmal und ließ sich aus Termingründen entschuldigen.

Lüdke wollte es immer noch nicht fassen. Angesäuert stach er kräftig die Reißzwecken in die Winkel des vom Erkennungsdienst angefertigten Schwarzweißfotos.

»Die dritte Tote, das gleiche Schema. Renate Bangel, 45 Jahre alt, Kriegswitwe, Tresenkraft in der Gastwirtschaft *Zum Schultheiss*. Gartenkolonie Gutland Zwo. Misshandelt, vergewaltigt, getötet.« Er schwieg andächtig, um das Dargestellte bewusst wirken zu lassen. Was das Foto abbildete, war unsäglich würdelos: Im Schneeregen lehnte die Tote mit starren Augen, die ihr noch niemand geschlossen hatte, an einem verrosteten Maschendrahtzaun am Wegesrand der Kolonie. Ihr Kopf war zur Seite gesackt, ihre Zunge hing ihr aus dem Mund, der Rock war hochgezogen bis zu den Strumpfhaltern, der Schlüpfer hing in ihren Kniekehlen.

»Ich würde da nachts nicht mehr rumlaufen, ohne meine Knarre in die Hand zu nehmen«, sprach Lüdke.

Doch sollte es noch schlimmer kommen. Ohne Ankündigung fixierte Lüdke ein zweites Foto. Es war eine Detailaufnahme aus der Rechtsmedizin. Ein Brustbild der Bangel, das sofort Entrüstung auslöste. Sogar die erfahrensten Kollegen wandten sich mit schmerzverzerrtem Gesicht ab. Lüdke brach sein Schweigen.

»Die Lage der Bangel lässt nicht auf einen Kampf schließen. Die Spurensicherung versuchte, Fußabdrücke um sie herum zu finden und mit Gips abzunehmen, doch kam man durch den Schneeregen zu keinem Ergebnis. Sie muss von der Attacke völlig überrascht worden sein. Ich erspare uns, darüber zu spekulieren, ob der Täter sie im Blutrausch bei lebendigem Leibe quälte oder sich erst danach an ihren Brüsten austobte.«

Was man sah, glich einer Inquisition. Der Peiniger hatte ihr in einem Zug die Kehle durchtrennt und ihr die Brustwarzen samt Warzenhof mit chirurgischer Genauigkeit amputiert. Ein widerwärtiger Anblick, doch war es wieder Görnitz, der dem Schrecken keinen Raum gab. Mit seiner bissigen Art fuhr er Lüdke in die Parade.

»Och, Lüdke! Mir kommen gleich die Tränen! Wir sind doch hier bei der *Kripo* und haben uns an Bilder wie diese doch gewöhnt, oder nicht? Was Sie uns hier vorführen, ist tragisch, sehr tragisch sogar. Doch leider zeigen Sie uns nur einen Ausschnitt der Wahrheit. Ich zeige Ihnen mal die Ganze.«

Görnitz langte in eine Akte, die vor ihm lag und hing ebenfalls eine Fotografie an die Korkwand. Zu erkennen waren schummrige Umrisse, vieles war verschwommen, doch erkannte man hier einen Toten: Ein Mann mit Hut und feinem Mantel, der auf dem Bürgersteig einer dunklen Wohnstraße lag. Sein Kopf lehnte seitlich auf seinem Arm und sein Gesicht war deutlich zu erkennen. Es war das Gesicht von Herrmann Bohr. Diätar, Peters Romeo und U-Boot im Widerstand.

Zach, der das Gesicht sofort erkannte, stockte der Atem. Er konnte es fast nicht glauben, dass es wirklich Bohr war und hatte so seine Zweifel, ob es sich hier um Wahrheit, Zufall oder schmieriges Bauerntheater, frei nach der Regie von Görnitz, handelte, der selbstverständlich gleich alle über die prekären Umstände des Fotos unterrichtete.

»Entzückend, oder? Wir sehen hier Herrmann Bohr, einen

treuen V-Mann. Staatsbediensteter unseres Hauptamtes in der Prinz-Albrecht-Straße. Was wir hier ebenfalls sehen, Herrschaften, ist Opfer Nummer vier in unserer Angriffsreihe der Staatsfeinde. Aufgespürt in selbiger Nacht von wachen Mitarbeitern der Geheimen Staatspolizei. Identifiziert in Karlshorst vor der Eckkneipe in der Treskowallee, Ecke Dorotheastraße. Heimtückisch ermordet durch mehrere Pistolenschüsse in den Rücken. Ich werde dazu eine Akte für den Reichsführer SS anlegen. Ein eindeutig gegen unser Reich gerichteter Vorgang.«

Lüdkes Nerven lagen ohnehin schon blank, doch machte es ihn regelrecht wütend, dass Görnitz den undurchschaubaren Fall wieder und wieder als politischen Angriff auf Staat und Führer hinstellen wollte – mit allen Tricks, koste es, was es wolle. Er wurde laut, schlug auf den Tisch und sprach aus, was viele insgeheim dachten.

»Was soll das denn hier! Das reicht mir endlich! Wieso weiß ich als Leiter des Verfahrens von dem hier nichts? Wir sind doch hier kein Gemischtwarenladen der Gestapo, wo man einfach mal 'ne Leiche auf die Straße legt, um mit dem politischen Finger auf den Fall zu zeigen. Erstens: Wir hatten etliche weibliche Gewaltopfer in den letzten Monaten. Drei Frauen starben auf übelste Weise. Tatwerkzeuge: Messer, steife Brechstange und steifer Penis; bisher aber keine Männer und keine Pistole. Zweitens: Das Motiv ist klar und die Verdachtsmomente werden immer deutlicher. Und drittens: Wir suchen einen Frauenmörder! Will das endlich in Ihren Kopf, Görnitz!«

»Oh, Lüdke!«, konterte der sofort und versuchte, ihn zu übertönen. »Sind Sie wirklich so naiv und unterschätzen das? Begreifen Sie es doch endlich! Da massakriert nicht ein Einziger ein paar bedeutungslose Weiber, das Ganze hat System! Ein innerer, staatszersetzender Angriff von einer Gruppe Halbmenschen!«

Lüdke platzte die Hutschnur.

»Wir sind hier bei der *Kripo* und ermitteln professionell an einer Summe von Gewaltverbrechen an Frauen der Umgebung. Bei uns leitet ein Erkennungsdienst kriminaltechnische Ermittlungen. Er sichtet, sichert und dokumentiert haarfein Indizien. Ob Fotos, Fußabdrücke der Spurensicherung oder Obduktion der Opfer durch die Gerichtsmedizin. Wir nehmen diese Indizien ernst, werten sie aus und gehen diesen nach. Habe ich mich klar ausgedrückt!« Lüdke war hochrot und ließ sich nach seinem Wutanfall auf den Stuhl fallen. Er nahm den Zigarrenstummel aus dem Aschenbecher, zog daran und stieß den Rauch wie eine Lokomotive aus.

»Lüdke! Seien wir doch ehrlich zueinander«, sprach Görnitz. »So mal von Mann zu Mann. Aus ihrem groß angekündigten Experiment *Quadriga* scheint ja eher eine schlappe Luftnummer geworden zu sein. Seit Tagen suchen Sie den Fuchs von Karlshorst, und es ist nichts dabei herausgekommen, außer dass immer mehr Menschen sterben. Allesamt bedeutsame Mitglieder unseres Volkskörpers: Eine Rüstungsarbeiterin, eine Krankenschwester, ein Staatsbeamter sowie eine Hausärztin ...«

»... Frau Dr. Ebauer hat Suizid begangen«, unterbrach ihn Lüdke. »Das ist etwas ganz anderes und hat wenig mit dem Mörder zu tun, sondern ist eine tragische Randerscheinung. Kollegin Adler und Klaussner können bezeugen, dass die Frau verzweifelt war. Sie wollte nicht weiterleben und sah keinen Ausweg aus ihrer Situation.«

»Randerscheinungen. Schön, wie auch immer«, sprach Görnitz. »Doch ist es nicht sonderbar, Lüdke? Ausgerechnet dort und ausgerechnet im direkten Zusammenhang mit dem Mord an ihrer Untermieterin oder soll ich eher sagen: Ihrer Bettnachbarin?«

»Wat'n für 'ne Bettnachbarin?«, tuschelte Kuttnik leise in die Runde.

»Gut, dass Sie das fragen, Kamerad Kuttnik!«, reagierte

Görnitz auf seinen Zwischenruf. »Mir stellen sich nämlich tausend Fragen. Und die entscheidendste ist: Was haben Sie als gemischte Suppentruppe hier eigentlich bisher erreicht?«

Es war nun Zach, der sich traute, den Kleinkrieg der Instanzen zu entschärfen und vom derzeitigen Stand der Ermittlungen zu berichten. Doch fiel er Chef Lüdke eigentlich damit noch mehr in den Rücken und machte es schlimmer. Er sprach von den vielen Verdachtsmomenten, die aus seiner Sicht ganz klar für Christian Cornelius als Täter sprachen und berichtete von Viktoria Cornelius, die ihm in ihrer Wohnung von dem moralischen Verfall ihres Ehemannes erzählt hatte.

»Meiner Ansicht nach spricht alles für diesen Cornelius«, sagte er irgendwann. »Er ist halt ein Eigenbrötler, der in der Laubenkolonie wohnt und dort ein recht sonderbares Außenseiterleben mit junger Geliebter führt. Ich glaube, dass sein Handeln politisch motiviert ist. Man weiß ja nicht, was die da aushecken.«

»Sehen Sie, Lüdke! Sehen Sie!«, zischte es aus Görnitz heraus. »Da haben Sie es. Und das kommt aus dem Mund Ihres angeblich besten Mannes! Ausgezeichnet, Zach! Danke! Das reicht! Hängen wir den Typen!«

»Gestatten Sie ein paar Ergänzungen dazu, meine Herren?!«, drängelte sich eine Frauenstimme dazwischen, die man im Sitzungssaal zum ersten Mal so kraftvoll hörte. Auf diese Weise gelang es Luise Adler, dass sich alle zu ihr drehten und hörten, was sie zu sagen hatte.

Es war heute Nacht am Bahnhof Berlin-Wannsee Gleis 17. Da hatte sich Simon Blumberg noch vor dem breitschultrigen Patrouillendienst aufgebäumt und etwas zu sagen gewagt. Das war, als er mit den vielen anderen von der Sammellagerstelle hier ankam. Da weigerte er sich mit Händen und Füßen, in diesen Viehwaggon zu steigen, doch die Wachen kannten kein Erbarmen. Ihre Schläge prasselten auf ihn ein, sodass er irgendwann nicht mehr wusste, ob er auf dem Kopf oder auf den Füßen stand. Er fühlte etwas Nasses auf dem Gesicht. Es waren Tränen, aber nicht vor Schmerzen, sondern vor ohnmächtiger Wut. Sie schlugen ihm mehrmals ins Gesicht und prügelten ihn in diesen stinkenden Waggon eines unendlich langen Güterzuges. Hier saß er nun auf den schmutzigen Holzlatten, war seit Sonnenaufgang unterwegs und war irgendwo in Richtung Nirgendwo. Um überleben zu können, muss man durch die Hölle gehen, dachte er. Und in der Hölle ist es hart, es stinkt und man wird schmutzig. Auch das kann man aushalten, wie der Mensch so vieles aushalten kann. Hier drinnen gab es nichts. Keinen Eimer, kein Wasser, nur die Eiseskälte und das Stroh, das durchmischt war mit den Fäkalien der anderen. Überall war der Gestank von Jauche, nur waren hier keine lebendigen Tiere eingepfercht, sondern Menschen. Niemand hier wollte mehr über etwas reden oder etwas sagen. Man war einfach stumm vor Angst. Das rhythmische Scheppern der Räder auf den Gleisen wollte nicht enden.

»Musst du etwa alleine verreisen? Hast du denn keine Frau?«, fragte ihn ein junges fremdes Mädchen mit großen, runden Augen, kräftigem Zopf und einer roten Strickpuppe unter dem Arm.

»Doch!«, antwortete Blumberg knapp, da er das Kind nicht ängstigen oder entmutigen wollte. »Ich schaue nur schon mal, wie es da so ist, wo wir hinfahren.«

»Vater sagt, dort, wo wir hinfahren, soll ein Baby mit einer Schlange spielen können«, sprudelte es aus ihr heraus. »Und endlich verreisen wir mal alle, sagt er. Tante Lilo und Onkel Ben sind mit dabei und auch Oma und Opa.«

»Das wird ganz sicher ein Abenteuer, Kleine!«, lächelte er sie an. Doch die Traurigkeit übermannte ihn und er hätte am liebsten vor dem Kind angefangen zu weinen.

»Weißt du, wie spät es ist?«, fragte sie ihn. Doch er konnte es ihr nicht sagen, man hatte ihm alles abgenommen: Die

Uhr, den Hut, sogar das Foto von Eva, das sie ihm schnell noch zugesteckt hatte, rissen sie ihm aus der Jacke. Er dachte bei jedem Atemzug an sie. Auch sein letztes Geld hatte man ihm in der Sammelstelle abgeknüpft, seine letzten zwanzig Mark, vier Pfennig pro gefahrenen Kilometer. Und wenn sie richtig gerechnet hatten, und da war ja auf deutsche Organe hundertprozentig Verlass, dann sollte er nun 500 km von Berlin unterwegs sein. Das war die Entfernung Berlin-München oder Berlin-Kopenhagen oder Berlin-Amsterdam. Doch ging es nach Osten und wie die anderen im Waggon hatte auch Blumberg in diesem unklaren Augenblick noch keine klare Vorstellung davon, wo es genau hingehen sollte, geschweige denn, was geschehen würde. Nur so eine Ahnung und die war beängstigend. Und wenn diese Ahnung Wirklichkeit werden sollte, dann würde fortan alles möglich sein. Dann war das, was hier begann, das Ende der Menschlichkeit.

Adler referierte am Sitzungstisch vor Kollegen und Vorgesetzten.

»Bei Frau Golzow habe ich allerdings das Gefühl, als wäre sie mit dem Mann nicht verheiratet, sondern hätte einen Pakt mit einem Geiselnehmer geschlossen. Und um ein harmonisches Familienleben zu wahren, akzeptiert sie ihre missratene Situation gegen jeden Widerstand.« Dann kam sie zum Ende. »Das sind allerdings alles nur Verdachtsmomente bezüglich Cornelius und Golzow, meine Herren, nicht mehr und nicht weniger. Ich danke Ihnen!«

Adler lehnte sich zurück und schlug die Arme übereinander. Sie hatte alles erzählt, was sie wusste und vor versammelter Mannschaft ihre bisherigen Erkenntnisse ausführlich erörtert. Sie hatte von der Recherche der Blutgruppen berichtet und detailliert geschildert, wie die Frauen, Johanna Schenk und Hertha Golzow, zu ihren Männern standen. Nur eins hatte sie bewusst weggelassen und es mit keinem Wort erwähnt – nämlich das, was sie auf dem Schreibtisch der Johanna Schenk entdeckt hatte: Dieses Datum, diesen Plan mit dem Anschlag drüben im Block, wo Görnitz über sein Königreich herrschte und von wo aus er schaltete und waltete. Sie hatte ein Dutzend Gründe, warum sie es für sich behielt. Es reichte ihr schon, wie abstoßend er nun wieder auf ihren Vortrag reagierte.

»Setzen, Eins! Bravo! Ihr neues Ding entwickelt sich ja langsam zum psychologischen Ass, Hartmann.«

»Sicher ist das noch nicht der Weisheit letzter Schluss«, sagte die Chefin und nahm sie in Schutz. »Die Kommissarin konnte aber deutlich machen, dass wir im Zuge der Aktion *Quadriga* keinen der Herren als Täter mit klaren belastbaren Indizien verhaften können. Wir müssen daher weiter ermitteln und Samstagabend verdeckt auf der Linie fahnden.«

»Sicher, Hartmann, sicher«, konterte Görnitz. »Es grenzt jedoch schon an den Gipfel der Dreistigkeit, wie sich Ihr Ding dem Dilettantismus unterwirft und sentimentale Aussagen als Gegenstand der Erkenntnisse auslegt. Zu welchen Einsichten sollen uns denn die nichtssagenden Behauptungen führen? Was soll uns die ganze Gefühlsduselei denn bringen? Ich denke nichts, gar nichts, überhaupt nichts. Ich empfehle Ihrem Ding noch einmal ein Praktikum, um sich ein realistischeres Bild von der Polizeiarbeit zu verschaffen.« Dabei sprach er nur zu Hartmann, nie zu Adler und ignorierte sie, als wäre sie gar nicht im Raum. Adler hatte lange auf den Moment gewartet, bis Görnitz sie mit seinen langen Krakenarmen in den Würgegriff nehmen würde. Jetzt war es so weit und er machte es kurz und schmerzlos, wie er es wohl immer tat. Sofort kamen ihr die Worte ihrer Mutter in den Sinn. »Wieso bleibst du denn so still, Mädchen? Wieso lässt du das mit dir machen?« Ihre Pervitinkurve war noch auf einem guten Niveau und ihr Adrenalin schoss durch die Decke, es reichte. Wie auf einem glühenden Stuhl erhob sie sich und wollte nur eins: Sie wollte nie mehr Schwäche zeigen, schon gar nicht vor solchen testosterongeschwängerten

Wachhunden, mit denen man nur eins machen konnte: Sie in ihre Schranken verweisen.

»Herr Obergruppenführer, lassen Sie das! Ich bin kein Ding!«, redete sie wie mit einem verbalen Artilleriegeschoss auf ihn ein und erzeugte beklommenes Schlucken bei den Kollegen im Saal. Ihre Stimme überschlug sich wie bei einer Hitler-Parodie. »Ich habe überhaupt keine Probleme, Kritik anzunehmen, jedoch sollte eine Voraussetzung für diese Konferenz sein, dass Ihr Gegenüber auch recht haben könnte. Sonst können wir den Fall gleich einstellen. Was nicht hilft, sind persönliche Herabwürdigungen. Ich verbitte mir auf der Stelle, dass Sie mich weiter als Ding bezeichnen! Verstehen wir uns?!«

Keine Antwort, Totenstille im Raum und alle blickten auf ihn. Zwar sah man, wie sein Auge mit der Narbe leicht zuckte, doch verharrte der Rest seiner Mimik in tiefgekühltem Dauergrinsen und geriet zur pikierten Maske. Adler setzte sich wieder, sichtlich vom Ärger entledigt, griff zum Wasserglas und presste ihren Rücken fest in die Lehne. Görnitz atmete tief durch die Nasenlöcher und bevor er etwas darauf erwidern konnte, drängelte sich Willi Kuttnik dazwischen.

»Also, jestatten Se mir da mal ooch 'n Hinweis, Obergruppenführa. Ick finde, die Kollegin is' uff der richtjen Fährte. Wenn ick noch erzähle, watt ick so wees, würde dit 'n größeret Bild erjeben.«

Hartmann und Lüdke waren die Einzigen, die Kuttniks Kalkül begriffen: Er wollte Schlimmeres von Adler abwenden. Sofort spielten sie mit und erreichten so, dass Görnitz nicht weiter zu Wort kam.

»Ach Herr Kuttnik, wie interessant!«, sagte Hartmann lauter als nötig. »Erzählen Sie doch mal!«

»Ja, berichten Sie uns!«, fügte Lüdke hinzu. »Was machen die Entwicklungen im Betriebswerk? Ich hörte, der Weichenwart Golzow verhält sich da ebenfalls ziemlich eigenartig.«

Kuttnik griff zum Notizbuch, das zwischen seinen Wurst-

178

fingern noch kleiner wirkte, als es ohnehin schon war und berichtete gewürzt mit witzigen Anekdötchen über seine Arbeit in Rummelsburg, seine rasante Beliebtheit unter den Werkskollegen und erzählte über Golzow. Er sprach über dessen SA-Zugehörigkeit, beschrieb dessen unkonventionellen Arbeitsweg durch Zäune sowie das kuriose Erlebnis der Nacht, als sich dieser im Waschraum die blutigen Hände blitzblank wusch.

»Und dit fand ick schon recht merkwürdich. Ick meene, erst wie 'ne Sau bluten und dann keene Spuren mehr? Da lief mir det eiskalt den Rücken herunter, eiskalt sag ick Ihnen.«

»Nein, wirklich?!«, fragte Hartmann begeistert. »Das schreit ja förmlich nach einer Fahndung auf der Linie, oder, Herr Kriminalrat?« Sie drehte sich zu Lüdke, der wieder das Kommando übernahm.

»Der Kriminaldauerdienst unserer Einheit startet morgen Abend. Kommissarin Adler als Lockvogel und alle Herren in Bluse und Rock von Größe 44 bis 58.« Während die meisten Männer im Saal eher mit gespielter Freude als mit echtem Tatendrang jubilierten, legte Lüdke noch eine frotzelnde Schippe drauf. »Nur keine Sorge, Kollegen. Natürlich habe ich Ihnen auch Glitzerschmuck und schöne Seidenstrümpfe besorgt. Treffpunkt, Ausgabe und Anprobe ist bei Alfred Fleischhauer vom Wehrmachtsbekleidungsamt im Stationshäuschen B im Bahnhof Ostkreuz. Weitere Instruktionen vor Ort. An dieser Stelle auch noch die wichtige Dienstanweisung, nicht nur das Gesicht, sondern auch die Arme und Beine kräftig zu rasieren. Damit erkläre ich die Sitzung für beendet! Vielen Dank!«

Die schmuckvollen Berliner Treppenhäuser in der piekfeinen Gegend von Schöneberg verströmten schon immer Atmosphäre. So auch hier in der Motzstraße 41, im Wohnhaus des aufrichtigen Bürgertums und von Viktoria Cornelius sowie ihrer Nachbarin, Waltraud Irmscher. Hier gab es sie noch: die bunten Bleifenster, die grafischen Bodenfliesen, die üppig verzierten Decken sowie die geschwungenen Geländer in jeder erdenklichen Ausgestaltung – auch wenn hier nicht alles hochwertig war, da die selten anmutenden Hölzer und der wertvolle Marmor mit Farbe und Pinsel geschickt imitiert wurden.

Waltraud Irmscher kramte vor der Haustür in der Handtasche nach ihrem Wohnungsschlüssel und war ziemlich angetrunken. Sie selbst hielt es für einen kleinen Schwips. Zwei, drei Absacker in der Angestelltenkantine des *KaDeWe*s mit zwei, drei netten Kollegen aus der Delikatessenabteilung. Besonders der mit dem dünnen Schnurrbärtchen hatte es ihr angetan und sie hatte dafür sorgen können, dass er sie Sonntag besuchen würde. Alles gegen diese unsägliche Einsamkeit und alles für ein paar schöne Stunden der Wärme und Zuneigung. Zwar war es nicht das Leben, das sie sich gewünscht hatte, aber wer konnte das in diesen Zeiten schon von seinem Leben behaupten.

»Guten Abend, Frau Irmscher«, grüßte sie Viktoria Cornelius mit einem Mal freundlich von hinten und erreichte den Treppenabsatz.

»Ach, Frau Cornelius. Guten Abend. Na? Feierabend?«, grüßte sie mit sektschwerer Zunge zurück und fand endlich ihren Schlüsselbund am Taschenboden. Trotz der freundlichen Art der Anderen gegenüber, wusste jede von beiden, dass die Sympathie lediglich gespielt war. Viktoria Cornelius verspürte eigentlich nichts als Abscheu. In ihren Augen war die Irmscher nichts weiter als ein verlottertes Frauenzimmer, ständig einen im Tee und mit regelmäßig wechselnden Männergeschichten. Waltraud Irmscher dagegen bemitleidete Viktoria Cornelius nur, war doch die Frau trotz reich bestückter Intelligenz mit ihrer Gesinnung nur eine arme Irre, gefangen im engmaschigen Käfig nationalsozialistischer Ansichten.

»Schön, dass ich Sie treffe, Frau Irmscher«, fiel sie gleich mit der Tür ins Haus. »Es ist mir ein wenig unangenehm, doch dürfte ich Sie um einen dringenden Gefallen bitten? So unter Nachbarinnen und ganz im Vertrauen? Es geht da um persönliche Dinge meines Mannes, die er neulich bei mir vergessen hatte. Auch seine Brieftasche gehört dazu. Wie ich ja weiß, fahren Sie ab und zu nach Gutland, um Ihrer Nichte Wäsche zu bringen? Wär es da für Sie möglich, wenn Sie für mich ... für ihn ...?«

»... aber warum denn nicht, Frau Cornelius«, erwiderte die Irmscher. »Nichts für ungut, das mache ich doch gerne für Herrn Cornelius. Wie heißt es so schön? Wer eine nette Nachbarin hat, der hat auch ein langes Leben.«

13

Peter Schenk war da, wo er nie sein wollte. Er war kaserniert; in Bromberg an der Brahe. Mit kurzgeschorenem Haar und Uniform saß er hier nun seine Zeit im Schreibbüro der Stammkompanie ab, einer plumpen Baracke am Rande des Kasernengeländes. Sein Überdruss am Kasernenleben hatte allerdings schon jetzt seinen Höhepunkt erreicht. Gestern, vorgestern, morgen, übermorgen, bis in alle Ewigkeiten ging es nur stundenlang rechtsum, linksum und dann hieß es wieder warten, warten, warten. Schon auf der Fahrt hierher hatte er unnötige Lebenszeit abgesessen. In der Montur brauchbaren Soldatenmaterials fuhr er acht Stunden und fünfzehn Minuten mit zwölf anderen wie in einem Gefangenentransport unter der Plane eines Mercedes 3000L Diesel. Und was er sich da von den anderen Milchgesichtern anhören musste, reichte ihm bereits: *Dummheit ist Trumpf* oder *Ein Soldat muss noch im Schlaf jemanden erschießen können* oder *Eine Armee ist immer so gut wie ihr blödester Armleuchter.* Peter Schenk wusste schon jetzt nicht mehr, was er eigentlich war, aber die Bezeichnung *Armleuchter* kam dem Ganzen schon recht nahe. Er war jetzt ein Gefreiter, der eine Uniform mit Rangabzeichen trug und hatte das Gefühl, sie brenne wie ein glühendes Folterinstrument auf seinem Körper – so abstoßend empfand er sie. Während der beschwerlichen Fahrt sah er viele zerstörte Häuser und niedergebrannte Dörfer durch die Planenschlitze des Lasters. Die schockierenden Spuren eines sinnlosen Krieges, der bereits in der ersten Sekunde viel zu lange dauerte. Menschenströme zogen im Gegenverkehr vorbei. Unendliche Trecks, in denen erschöpfte Frauen und Kinder saßen. Wo allerdings ihre Reise endete, war nicht auszumachen, kannten sie selbst wohl am wenigsten den Bestimmungsort am Ende. Peters Ende hieß nun ausgerechnet Bromberg, das ehemalige polnische Bydgoszcz.

Eigentlich war es ihr Ende und es blieb ihr nur eins: den Schmerz so zu behandeln, als wäre er nicht da. Abends zu Bett gehen, morgens aufstehen, tagein, tagaus – so lauteten Eva Schillers persönliche Durchhalteparolen nach dem schrecklichen Ereignis, als sie Simon mitnahmen und ihr wegnahmen. Nun saß sie im Amt und hämmerte wütend die Drucktypen auf irgendein unwichtiges Normformular. Wozu nach Hause gehen, wenn einen niemand mehr dort erwartete, außer Einsamkeit und bleierne Eintönigkeit? Nichts war mehr wichtig, sie war verloren in einem Zwischenreich der Erinnerungen, einem Ort, in dem sich alles wie im Film mit surrealen Szenen und Handlungssträngen bewegte. Darin war Simon zurückgekehrt und sie kam von der Arbeit, ging ins kleine Zimmer und sah, dass er auf dem Bett seine Zeitungen las. Dann sagte sie: »Da bist du ja endlich wieder, tu mir das nie mehr an, dich einfach so mitnehmen zu lassen, wo warst du denn?« Er hätte eine simple Erklärung, seine Verhaftung wäre ein großer Irrtum gewesen und alles wäre gut. Sie klammerte sich an diese Hoffnung, wider aller Vernunft. Doch stand der wirkliche Filmtitel längst fest: Ohne Simon endete die Welt, auch wenn jeder irgendwen in diesem Krieg irgendwann verlieren würde.

Chefin Hartmann war ebenfalls noch im Büro und wollte sich auf den Heimweg machen. Mit der Handtasche in der Faust stakste sie aus der Bürotür, knipste mit dem Drehlichtschalter das Licht aus und verschloss die Tür. Sie kam sich vor, als wäre sie in ein fremdes Zimmer geplatzt und wunderte sich in erster Linie über den trostlosen Eindruck ihrer Sekretärin.

»Mensch, Sie sehen mir ja gar nicht gut aus? Gehen Sie jetzt mal nach Hause! Sie haben doch längst Feierabend.«

Sie sah in Schillers Augen, die wie erloschene Vulkane waren – grau und unzugänglich, das Gesicht starr und ausgetrocknet.

»Wo brennt's denn, Frau Schiller?«

Sie sah sie an und schwieg. Hartmann las es aus ihrem Gesicht.

»Au, das sieht mir irgendwie nach Trennungsschmerz aus? Gar nicht gut!«

Eva Schiller riss die große Schreibtischschublade auf, fischte eilig ihre Handtasche heraus und suchte darin zwischen Kopfwehtabletten, Portemonnaie und Pfefferminzdrops ihr Taschentuch. Sie schluckte und schämte sich, auch weil ihre Chefin gleich beim ersten Schuss den richtigen Treffer gelandet hatte. Die wusste nichts von ihrem versteckten, geschweige denn verhafteten Simon. Und sie durfte davon auch nichts wissen. Das war Teil des perfiden Kuhhandels mit Görnitz. Und auch wenn sie diesen Pakt mit diesem braunen Teufel geschlossen hatte, war es wahrscheinlich ihr letztes Stück Hoffnung und Simons letzter Rest Lebensversicherung. Zum Glück war Grete Hartmann nicht die Person, die lange Geschichten und Details hören wollte. Sie setzte sich auf den Stuhl neben dem Schreibtisch und blieb bei ihr, sah sie es als Pflicht, sie in diesem Moment nicht mit ihren Tränen allein zu lassen, sondern Trost zu spenden.

»Ich erzähle Ihnen ein Geheimnis, Frau Schiller. Sie werden lachen. Nächste Ostern sind es genau zehn Jahre, seitdem mein Mann von mir gegangen ist und ich alleine lebe. Er wollte sich damals nur schnell Brasilzigarren an der Ecke holen und dann riss unterwegs irgendetwas in seinem Körper. Keiner konnte sagen, ob es Herzversagen oder etwas anderes war, es spielte auch keine Rolle.« Hartmann holte ihre Raucherutensilien aus der Handtasche und steckte sich eine an, während sich Schiller langsam beruhigte, sich die Nase schnäuzte und ihrer Chefin weiter zuhörte.

»Ich wusste ja nur eins: Ich wusste, dass mein Mann ein toter Mann ist. Mehr war da nicht.« Sie stieß den Rauch aus und hielt kurz inne. »Und ich habe vorher auch nichts gemerkt. Ich hätte doch Anzeichen sehen und es verhindern können? Ich hatte doch Einfluss, ich kannte doch viele Menschen, ich hätte es merken können. Zwar hätte mich kein Richter verurteilt, aber ein Freispruch macht nicht frei von Schuld und Scham. Doch sollte ich so weiterleben? Ich konnte nichts Richtiges und nichts Falsches sagen oder machen, weil alles falsch an seinem Tod war. Alles. Niemand hat doch Einfluss auf den Tod, und deshalb habe ich irgendwann entschieden, mich eben nicht wie mit einem harten Panzer gegen ihn zu stemmen. An schweren Tagen muss man zwar den Kopf höher halten, um nicht unterzugehen, aber wenn man lebendig ist, muss man Tod und Verderben die Wange hinhalten. Es ist nämlich nicht die Sonne, die Schuld ist, weil sie untergeht, sondern es ist die Erde, die sich immer weiterdreht, Schiller. Wir gehören zu den Lebenden und was bleibt uns anderes übrig, als zu hoffen, zu handeln und uns einzumischen. Wir müssen weitermachen. Mehr können wir doch auf dieser Welt nicht tun.«

Zur gleichen Zeit sah man gegenüber in Block D noch Licht im Zimmer von Obergruppenführer Görnitz. Dieser saß hinter seinem protzigen Schreibtisch, zog an seiner Kippe und redete.

»Jetzt hören Sie mir mal gut zu, Zach! Sterben ist nicht schwer – bisher haben es alle geschafft, sogar Herrmann Bohr. Nur zwei Kugeln in den Rücken aus Freund Schillers Dienstpistole und schon ein Problem weniger. Die ganze Angelegenheit rund um seine Homosexualität war zugegebenermaßen unangenehm. Bohr mischte Wahres mit Falschem und hat sich sein Gehirn bei diesen Pazifisten umkrempeln lassen. Menschen wie er sollten lieber sterben als denken.«

Zach blickte in die untertänigen Gesichter der Jasager, Klaussner und Schiller, die alles taten, um ihrem anthrazituniformierten Barbarenkönig zu schmeicheln.

»Er spielte nur stark und erhaben, große Klappe, nix dahinter«, frotzelte Klaussner. Auch der sonst wortarme Schiller verpestete mit Plattitüden die Luft.

»Bohr war Feind, kein Kamerad. Wer Verrat übt, tötet. Eher töte ich diese schwule Bazille als mein Volk.«

Wieder und wieder schüttelte Zach den Kopf und wagte es, dem gewissenlosen Unsinn zu widersprechen. Er hätte jedoch wissen müssen, dass er sich auf dünnes Eis begab.

»Ich habe dieses Gehabe hier echt satt. Es gibt doch schon genug Blutvergießen. Ich bin Polizist alter Schule und kann das unlautere Vorgehen und die ewigen Lügen hier nicht mehr ertragen.«

Görnitz schaute Zach nur mit einem verabscheuungswürdigen Blick ins Gesicht und befahl seinen beiden Lakaien, den Raum zu verlassen.

»Schiller! Klaussner! Ich glaube, Sie beide legen draußen mal 'ne Raucherpause ein. Wir müssen hier mal unter vier Augen sprechen!«

Zügig verließen sie den Raum und Görnitz zog seine Augenbraue derart hoch, dass seine Narbe am Auge immer länger wurde.

»Was fällt Ihnen eigentlich ein? Sagen Sie mal, sind Sie nicht mehr ganz bei Trost?«

»Obergruppenführer, ich denke, man sollte gemeinsam darüber nachdenken …«

»… Sie sollen hier nicht denken, Zach! Sie sollen hier liefern und meine Befehle ausführen! Fangen Sie endlich mal an, mit den Wölfen zu heulen! Ich biete Ihnen an, ob Sie es aus Einsicht oder Feigheit tun! Aber das hier können wir gleich mal abstellen! Denken Sie mal an Ihre Beförderung!«

»Ich habe keinerlei schauspielerische Begabung, Herr Obergruppenführer«, wagte Zach laut zu widersprechen. »Ich bin nicht in der Lage, Wolfsgeheul nachzumachen.«

»Das sollten Sie aber lernen!«, fiel er ihm ins Wort. »Ein Polizist politischer Prägung widerspricht nicht, sondern ist ein anpassungsfähiger Staatsdiener. Ich kann Ihnen nur raten, meine Worte ernst zu nehmen. Seien Sie nicht naiv, mein Bester! Auch Bohr wusste nicht, wohin er gehörte und tanzte auf zwei Hochzeiten. Und schauen Sie, was es dem Armen gebracht hat, überhaupt nichts. Ich hätte ihn genauso gut auf kleiner Flamme rösten können, bis er einen guten Braten abgegeben hätte, verlassen Sie sich drauf! Aber ich bin und war immer ein Mann großer Sachen. Haben wir uns verstanden, Staatsdiener Zach?! Und nun raus hier! Hauen Sie gefälligst ab und gehen Sie mir aus den Augen!«

```
Wo wäre aber die kleine Welt,wenn
niemand die größere Welt betreuen
wollte? Wie könnte die größere Welt
bestehen, wenn niemand wäre, der die
Sorgen um diese Welt zu seinem Lebens-
inhalt machen würde?

Adolf Hitler
```

V Verfälschungen

14

Jeder, der schon einmal in der Führerkabine einer S-Bahn saß, konnte spüren, welch gigantische Verantwortung da auf den Schultern eines Bahnlenkers lastet. Ganze 400 Tonnen mit hoher Geschwindigkeit voranzutreiben, den mit Menschentrauben gefüllten Koloss Richtung Bahnhof zu manövrieren und laufruhig zum Halten zu bringen, erfordert ein Höchstmaß an Präzision.

Der S-Bahner Anton Jahnke war ein Profi durch und durch. Er liebte diesen Job, da er ihm Unabhängigkeit und Verlässlichkeit versprach. Aus eigener Kraft hatte es Jahnke vom Aushilfsschaffner zum Triebwagenschaffner gebracht. Mit jedem der 412 Kilometer langen Gleise der Stadt war er vertraut und er konnte alle 114 S-Bahnhöfe Berlins im Schlaf aufsagen. Auch war er ein absoluter Meister darin, seine ET-165 am Kopf des Bahnhofs millimetergenau vor dem Schild mit dem weißen H zum Stillstand bringen. Und auch wenn hier, am S-Bahnhof Betriebsbahnhof Rummelsburg, zu seinem Ärger schon viele vorher aus dem Wagen sprangen, ließ er den Menschen im Zischen und Pusten seiner Mühle genügend Zeit zum Aussteigen und wartete geduldig auf den Abfahrauftrag zur Freigabe der Weiterfahrt. Hinter der vieltürmigen Stadtsilhouette sah man gerade die Sonne untergehen. Jahnke erschrak aber, als jemand an sein beschlagenes Seitenfenster klopfte. Er erkannte die Person in den trüben Umrissen sofort. Es war Paul Golzow, dienstbereit und in kompletter Reichsbahnmontur mit Uniform, Mantel, Schirmmütze – alles verziert mit vielen bunten Knöpfchen und Abzeichen.

»Ach, der Weichenwart!«, klappte Jahnke die Scheibe herunter. »Na? Gehste zum Nachtdienst?«

»Klar, Wochenendschicht. Spiel' heute Laternenmännchen und kontrolliere, ob überall noch die Signallampen intakt sind.«

»Haste mal wieder was über den Typen gehört, der hier die Frolleins abmurkst?«, fragte ihn Jahnke. »Man erzählt sich, dass er jetzt drei aufm Gewissen hat. Sonst hört man ja nichts. Könnte wetten, dass der hier in der Nähe wohnt und wieder auftaucht. Na ja, 'n Mörder steckt doch irgendwie immer in uns Männern. Wie sie gestern sagten, wollen sie nun auch Kriminaler auf den Bahnhöfen abstellen.«

»Ich halte es eher für was, das der englische Geheimdienst angezettelt hat. Die Heimatfront aufweichen. Aber ich werde auch mal die Augen offen halten.«

Die Bahnhofsvorsteherin vor dem Stationshäuschen pfiff in ihre Trillerpfeife und hielt die grüne Signalkelle in die Luft. Golzow gab Jahnke Handzeichen, als wolle er den Zug durch Wedeln anschieben.

»Nun gib schon Gas und mach, dass du vom Acker kommst, Großer!«

»Muss weiter, man sieht sich«, verabschiedete sich Jahnke zum Schluss salutierend aus seiner Kabine. Dann trat er ordentlich aufs Pedal, schob den rechten Schalthebel am Fenster auf SERIE und zog den Totmannschalter auf dem Führerstandpult kräftig nach oben, um die Bahn mit hohem Schnarren in Bewegung zu setzen. Bei der Anfahrt war es immer wichtig, zuerst auf eine hohe Fahrstufe aufzuschalten, um die zur Anfahrt benötigte Zugkraft zu erreichen.

Golzow ließ alles an sich vorbeirauschen. Er liebte diesen Wechsel der Tonhöhen der auftreibenden Maschine von ganz tief auf sehr hoch. Es klang immer, als ob die Bahn von deprimiert und schlecht gelaunt auf friedlich und freundlich wechselte. Ein Wechsel, den er zu gut von sich selbst kannte.

Golzow blickte erst in die Ferne auf die Schornsteine des Kraftwerks Klingenberg, danach auf die Zeiger der Bahnhofsuhr und bemerkte, dass er spät dran war. Schließlich musste er noch zum Werksgebäude, um seinen Dienstbeginn mit der Stechuhr zu registrieren. Nachts nahm er in diesem Fall immer seine berühmte Abkürzung, ging verbotener Weise über das südliche S-Bahn-Gleis. Irgendwann hatte er es mit einem Dietrich geschafft, die Tore zu öffnen, was bis heute keinem aufgefallen war. Um diese Tageszeit jedoch ging er immer brav den vorgeschriebenen Weg zur Arbeit, waren doch noch zu viele Menschen unterwegs. Der reguläre Weg verlief durch einen dunklen, heruntergekommenen Tunnel und dann über eine Fußgängerbrücke, die sich über die Gleisharfen erstreckte. Unerwartet und plötzlich überkam Golzow ein Schmerz zwischen den Beinen. Er hielt sich an der Wand fest, während die Fußgänger an ihm vorbeiliefen.

»Verdammte Scheiße!«

Sein Tripper meldete sich mit typischem Brennen in der Harnröhre. Das kam mehrmals am Tag vor. Es wurde in der Unterhose warm und feucht und er hatte das Gefühl, als ob seine Eichel anschwoll und zu platzen drohte. Davon kamen auch die Kopfschmerzen und die Wutausbrüche und das ganze Drum und Dran mit Hertha, dieser Kuh, die so unerträglich langweilig war. In schwierigen Stunden dachte er schon öfter darüber nach, sich seinen kranken, verkrüppelten Penis mit seinem Messer abzuschneiden, ihn einfach abzuhacken und dem Leid ein Ende zu setzen. Nur ein schneller Schnitt und es wäre vorbei. Es war der Ursprung allen Übels. Und er wusste ganz genau, wer ihn zum Unmenschen, zum Ungeheuer gemacht hatte, nämlich dieser Judenarzt, dieser Wichtigtuer, der ihn verdorben hatte. Und seine Nachfolgerin, diese arrogante Lesbenärztin, diese Hyäne, mit ihrer Freundin, dieser dicken Sau. Und dann Renate, dieses perverse Frettchen, die ihn auslachte, als sie ihm in die Hose griff. Er mochte sie, doch konnte er ihre Stimme nicht ertragen. Wie sie immer lachte, lachte, lachte. Alle waren schuld, alle hatten sie ihm seine Männlichkeit genommen und seinen Schwanz versaut, sodass es unten brannte und oben sein Gehirn zersetzte. Alle diese Weiber hatten ihm Schmerzen zugefügt. Er verabscheute sie, diese Geschöpfe. Sie waren sein Untergang.

Luise Adler saß nervös und fahrig am Frisiertisch ihres Zimmers in der Wohnung im Richardweg 3 in Neukölln, und begutachtete das ungeschminkte Gesicht im großen Spiegel. Eine blasse Maske mit abwärtsgebogenen Mundwinkeln und besorgtem Blick schaute sie da an. Sie hatte Angst vor der Aktion heute Nacht und schon jetzt spukten die wildesten und abscheulichsten Bilder in ihrem Kopf herum. Vor ihrem inneren Auge sah sie stets und ständig eine S-Bahntür aufgehen und einen Frauenkörper herausfliegen. Der Körper war ihr Körper. Bilder, die sich nicht verscheuchen ließen.

Während draußen die Kirchenglocken der Bethlehemkirche vom Richardplatz aus läuteten, modulierte drinnen im Radio die Ansagerin Irene Voss ausdrucksreich und biegsam ihre Stimme. »Werte Hörerinnen, werte Hörer! Wir begrüßen Sie zu unserer Sendung am Samstagabend ›Wir senden Frohsinn – wir spenden Freude‹. Sie hören nun Rudi Schuricke mit ›Für Eine Nacht Voller Seligkeit‹. Viel Vergnügen!«

Adler wusste, dass irgendwann der Moment kommen sollte, an dem das Gefühl der Angst sie wieder gängeln würde. Wieder war sie zur Sklavin ihrer eigenen Furcht geworden. Das wachsende Gefühl, abermals im falschen Leben zu stecken, wuchs. Sie konnte die dunklen Geister nicht bändigen, konnte nicht einschätzen, wann ihr die zahllosen Geröllbrocken der Selbstzweifel aus den Händen glitten, um in Richtung Abgrund zu rollen. Bisher lief doch alles gut, wie nach einer langen Krankheit. Nun zeigte das Pendel wieder extreme Ausschläge. Selbst das Pervitin wirkte nicht mehr, obwohl sie die Dosis verdreifacht hatte. Konnte sie sonst damit für Stunden kaltherzig und standfest bleiben, erwies sich das Zeug jetzt als völlig nutzlos.

Vor ihr, auf der Frisierkonsole, standen verschiedene Tiegel, Flacons und Fläschchen. »Appetitlicher Lockvogel!«, hatte Chefin Hartmann die klare Marschrichtung oder vielmehr die Schminkrichtung befohlen. Das war gar nicht so einfach, war es ganz und gar nicht ihre Richtung. Dennoch versuchte sie, was sie konnte und riss sich zusammen. Ihre Metamorphose begann.

Zuerst griff sie zum flachen Perlmuttdöschen mit dem weichen Gesichtspuder. Vorsichtig tupfte sie mit der Quaste ihr Gesicht ab und konnte so ihre ebenmäßige Haut noch schöner machen, obwohl Schönheit ja kein Verdienst war. In ihren Augen war Schönheit ein eher seltenes Phänomen. Die fiesesten Frauen der Welt waren wunderschön, wie Magda Goebbels zum Beispiel, während die vielen liebenswürdigen, wie die Schauspielerin Henny Porten, es nicht waren.

Nach dem Puder griff sie zum Rouge, das sie mit feinem Pinsel auf Schläfen und Wangenknochen verteilte, was das Gesicht kantiger machte.

Bei der ganzen Schminkerei handelte es sich ja auch nur um ein unausgesprochenes Geheimnis, ging ihr durch den Kopf. Ein Zugangscode, mit dem man sagen will, dass man nett ist, dass man wertvoll ist und nur zwei Dinge will, nämlich lieben und geliebt werden.

Selbst eine wie sie, selbst eine Luise Adler, hatte schon mehrmals leidenschaftlich geliebt, wusste aber nie, ob sie zurückgeliebt wurde. Aus Freundschaft wurde Zärtlichkeit, wurde Liebe – die Übergänge waren immer fließend. Immer vibrierte sie am Anfang und hätte am liebsten die ganze Welt umarmt. Aber ausgerechnet sie, die übervorsichtige Perfektionistin, war meist auf Männer hereingefallen, die schon verheiratetet waren oder sich geschickt in unterschiedlichen Planetensystemen aufhalten konnten. »Gib uns noch eine Chance, Luise«, flehten sie immer. »Du kannst doch nicht einfach unsere Liebe wegschmeißen. Sag mir, was ich falsch gemacht habe?« Aber sie hatte die Männer nicht verlassen, weil sie etwas falsch gemacht hatten, sie hatte sie verlassen, weil sie mit ihr nur den eigenen Selbstwert unterstreichen wollten. Und mehr als körperliche Liebe war es sowieso nicht.

Ihre Augen unterstrich sie mit einer schwarzbraunen Mascara, während sie die Augenbrauen mit der Pinzette zupfte und zum Schluss zu dünnen abgegrenzten Bögen nachzog. Die Brauen rahmten ihr Gesicht und sie legte Wert darauf, dass sie gut gezeichnet waren, weil dadurch ihr typischer Luise-Adler-Ausdruck entstand. Sogar einige Frauen verliebten sich darin.

Viele Frauen hatten damals, Anfang der dreißiger Jahre, Frauenlieben, die sie entweder nur ausprobierten oder richtig ausleben wollten. Man gab sich modern und sah das Leben als Entdeckung: entweder als junge Frau mit der besten Freundin oder während der Ehe oder danach. Das war damals noch nicht so verpönt wie heute. Auch sie hatte damals, in ihren ersten Jahren bei der *Weiblichen*, eine Zeit lang ihren Schalter umgelegt – erst aus Neugier, dann aus Faszination für das eigene Geschlecht. Die Frauen hießen Vera oder Karen und alle waren sie grandiose Narzisstinnen, fanden sich einmalig und strahlten. Schnell ließ man sich aufeinander ein, um das pralle Leben zu genießen.

Ihre Lippen wollte sie heute Abend ebenfalls möglichst prall erscheinen lassen. Dazu zog sie den zinnoberroten Lippenstift auf der Oberlippe vorsichtig entlang des Amorbogens, zog dann auf der Unterlippe mittig einen kleinen waagerechten Strich, um zum Schluss die Lippen aufeinander zu pressen und alles deckungsgleich zu verteilen. Sie wirkte nun wie ein Filmstar, der mehr oder weniger freudlos die Musik aus dem Radio mitsprach: »Für eine Nacht voller Seligkeit ...«

Früher hatte sie immer gehofft, die Liebe würde wie im UFA-Film sein. Erst würde eine wilde Verwechslungsgeschichte passieren oder der andere war erst arrogant, abweisend oder vergeben, damit daraus eine Liebesgeschichte wurde. Oder es würde tragisch enden, damit es auch wirklich echt war, aber sie merkte irgendwann, dass das mit Liebe rein gar nichts zu tun hatte.

Sie schüttelte das Fläschchen mit Nagellack, drehte es auf und streifte den Pinsel am Flaschenhals ab. Finger für Finger lackierte sie ihre Nägel, die sie immer so feilte, dass sie spitz zuliefen, aber nicht lang waren. Einen schmalen Spalt an jeder Nagelspitze sparte sie heute stets aus. Es würde dem Ganzen noch einen besonders verruchten Eindruck verpassen, dachte sie, während sie sich schließlich mit gekonnter Geste über die Finger pustete.

Christian Cornelius saß in der Laube am Tisch und wartete auf Johanna. Er war schon ein wenig besorgt, doch wusste er, dass sie ohnehin nicht die Allerpünklichste war. So tippte er weiter auf seiner Torpedo-Reiseschreibmaschine und vollendete das Gutachten:

Empfehlung von Salix-Extrakt als Pestizid

Letzte Laborprobe (in 38. KW) bestätigte, daß organisches Salix wirksam gegen den Befall von Schädlingen ist. Befunde dienen als Grundlage für behördliche Zulassung. Stoffe mit Absorption von Blausäure (z.B. Zyklon B) sind zu 100 % zu ersetzen.

gez. C. Cornelius,

Schließlich riss er den Hebel der Maschine an den Zeilenanfang, drehte am Rädchen der schnarrenden Schreibwalze und las sich alles noch einmal durch. Und während er so las, fühlte er, dass seine Schuldgefühle nicht verschwanden.

Wie auch? Er war fahrlässig in die Sache hineingezogen worden, hatte dem Regime ein gigantisches Menschenvernichtungsmittel in die Hände gegeben und so die Arbeit des Teufels unterstützt. Wie hatte er nur so naiv sein können? Wie hatte er unzählige Jahre seines Lebens mit Entwicklung verschwenden können, um am Ende zu merken, dass alles falsch war?

Er wollte es wiedergutmachen und endlich für das Überleben vieler Menschen sorgen. Zumindest war es einen Versuch wert. Vielleicht würde es gelingen, *Zyklon B* durch die schnelle Markteinführung eines völlig ungiftigen und organischen Alternativstoffes auszubremsen. Er war ja jemand bei *Degesch*, hatte doch einen Namen, war eine Koryphäe, sie hatten ihm ja viel zu verdanken. Es musste gelingen, schließlich war er damals nur aus diesem Grund hierher in die Würdelosigkeit nach Gutland geflüchtet. Unzählige schlaflose Nächte verbrachte er hier, um sich in alles zu vertiefen und zu forschen. Das Einzige, was ihn dabei das trostlose Dasein in den Nächten ertragen ließ, war seine Nachbarin, Karin Borchert. Die wusste irgendwann, dass er sie durch sein Fenster beobachtete und ihr dabei zusah, wie sie jedes Wochenende einem neuen männlichen Mitbringsel den Verschluss ihres Büstenhalters zeigte, um am Ende auf dem Mann kreisend hin und her zu reiten. Doch sollte ihre letzte Verabredung eine tödliche sein und Cornelius letzte Lösung sollte *Salix* sein, das Extrakt der Harlekinweide. Biozid statt Pestizid. Mehr bedurfte es seiner Meinung nicht, um dem Rad in die Speichen zu greifen.

»Schön bist du, Luise. Wunderschön. Einfach die schönste Frau der ganzen Welt«, sagte eine Stimme, die sie aus einem Zustand der völligen Vertiefung riss. Es war die Stimme ihres Vaters, Walter Adler, der, wie üblich im Pyjama, schon eine Weile so dastand und sie vom Flur aus beobachtete.

»Bist du heute Abend verabredet?«

»Nein, ich erzählte es dir doch, Vater. Ich muss zum Dienst«, antwortete sie mit genervter Stimme, während sie sich mit der stachligen Haarbürste grob durch die Haare strich. »Ich soll heute Nacht mit der S-Bahn rauf- und runterfahren. Aktion Lockvogel. Aber du sagst niemanden etwas, hörst du, Vater! Das ist geheim!«

Sichtlich angespannt pfefferte sie die Bürste auf den Frisiertisch, wodurch sich die anderen Utensilien zur Seite schoben. Ihr Vater kam näher, stellte sich hinter sie und schaute sie im Spiegel an. Er legte die Hand väterlich auf ihre Schulter, und weil er dies noch nie getan hatte, hatte es große Bedeutung für sie. Gerade jetzt, als beide die Vergangenheit wiedereinholte.

»Du zitterst ja, Mädchen.«

Er blickte ihr ins Gesicht, das verriet, dass die schmerzhaften Erinnerungen in ihr wühlten. Sie verharrten beide eine Weile vor dem Spiegel und starrten vor sich hin. Und obwohl der Tod ihrer Mutter jetzt wie ein gigantischer Elefant im Raum stand, sprachen sie auch jetzt nicht darüber – weil sie nie darüber sprachen, weil sie die Büchse der Pandora nicht zu öffnen wagten und die seelischen Wunden immer noch schmerzten. Tag für Tag, Nacht für Nacht, in jeder Milli-, Mikro- und Nanosekunde des Lebens. Nicht allein der Tod ihrer Mutter war ein Unfall, die Spezies Mensch an sich war ein Unfall, weil sie in der Lage war, ihresgleichen umzubringen. Doch wie viele Leben berührte ein Tod? Gerade jetzt in Zeiten von Krieg und Verachtung? Die Welt war eine Kugel aus Feuer und Gas geworden. Sie war ein Friedhof mit Millionen Grabkreuzen, auf dessen Wegen unendliche Schlangen schwarzgekleideter Menschen liefen. Auf allen Seiten wurde Blut vergossen – Tod, Vernichtung und Skrupellosigkeit waren allgegenwärtig. Kinder wuchsen ohne Mutter oder Vater auf – Ehepartner, Brüder, Schwestern und Freunde waren betroffen. Jeder gewaltsame Tod eines Menschen riss gleich ein Dutzend Lebende mit in die Hölle. Sie hätte jetzt am liebsten geheult, doch schluckte sie die Tränen herunter, auch aus Sorge, sich ihr geschminktes Kunstwerk im Gesicht wieder zu ruinieren.

»Lass mal, Vater, wird schon gut gehen«, sagte sie und berührte seine Hand, die noch auf ihrer Schulter lag. »Unkraut vergeht nicht.«

»Du trägst doch eine Waffe bei der Polizei, oder, Luise?«, fragte ihr Vater nach. Doch sie hatte keine. Bei der *Weiblichen* führten ja die Frauen keine Waffe bei sich. Sie hatte nur eine Waffe und die war ihre Angst.

»Ich gebe dir meine beste Waffe«, sprach er und griff in die Seitentasche seines Pyjamas, um die kleine zarte Pipettenflasche aus braunem Glas auf die Platte des Frisiertisches zu stellen. Ihr Inhalt war *Diaphin*, auch *Diacetylmorphin* genannt. Es war das Zeug, das er selbst immer nahm, um Angst und negative Gefühle loszuwerden.

»Das ist jetzt wirklich nicht dein Ernst, Vater!«, sagte sie und schüttelte den Kopf.

»Es ist eine Frage der Menge, Luise. Nur zwei Tropfen, falls die Angst zu stark ist.«

»Das ist Gift, Vater, nichts anderes!«

»Was ist schon Gift? Die Dosis macht's doch. Du müsstest schon das ganze Ding auf einmal schlucken, und wer schafft das schon. Sogar Hermann Göring nimmt es, weil er viele gute Gründe dafür hat, sich zu betäuben.«

Sie wurden unterbrochen. Es läutete.

»Was denn, um diese Zeit?«, fragte sich Walter Adler verwundert und schlurfte ausnahmsweise selbst zur Tür, während sie sitzen blieb und wie ein Kaninchen vor der Schlange auf die Ampulle starrte. Sie zögerte erst, schnappte sich dann aber das zerbrechliche Fläschchen mit einem Handgriff vom Tisch.

»Luise! Da ist eine junge Dame, die dich abholen möchte«, rief ihr Vater durch den Korridor. »Sie sagt, sie sei deine Kollegin und heißt Zach.«

Cornelius griff zur kalten Pfeife und steckte sie sich in den Mund. Gleich darauf rollte er sein fertiges Schriftstück aus der Maschine und stopfte es in einen abgenutzten Umschlag. Noch heute Abend musste es im Briefkasten liegen, sagte er sich. Es gab keine Zeit zu verlieren. Wenn ihn das Leben etwas gelehrt hatte, dann eins: Der kluge Mensch wird seinen Kampf nicht auf verlorenem Posten führen, wenn er sich sein Scheitern eingesteht, seinen Blick hebt und nach vorne richtet. Das Leben musste weitergehen – obwohl ihm das Leben schon lange zu weit ging, viel zu weit. Deshalb hatte er sich damals auch wie ein blutleerer Automat gefühlt und diese Ärztin in Karlshorst aufgesucht, die ihm Blutarmut attestierte. Sie war nie die Richtige für seine Probleme. Eine einfache Hausärztin, kühl und unfreundlich, die keine besseren Ideen hatte, als ihm Pillen zu verschreiben und ihm zu raten, von der kalten Laube wieder nach Schöneberg an den warmen Kachelofen zurückzukehren. Aber wie sollte er das anstellen? Er war doch in der Zwickmühle und konnte sein Leben nicht wieder zu etwas Laufendem, Lebendigem umstellen, geschweige denn sich für eine Frau entscheiden. Er wusste ja nicht, welches Leben er wollte. Er wusste auch nicht, welche Frau er liebte. Ein Leben mit Johanna war keine sichere Zukunft. Der Altersunterschied zwischen beiden hatte irgendwann Grenzen. Er mochte es zwar, sie anzusehen und sie zu berühren, und auch wenn sie blutjung war, zählte sie zu den intelligentesten Menschen, die er kannte. Doch Liebe war das nicht. Er liebte sie nicht. Und was war, wenn sie älter wurde und er ein Greis? Dann stände sie mitten im Leben und er müsste solange gefüttert und gepflegt werden, bis sie irgendwann eine junge Witwe wäre. Und Viktoria? Seine Frau aus seinem echten Leben? Mit ihren viel zu hohen Erwartungen, die sie nicht herunterschrauben konnte? Erwartungen an sich, an ihn und an die arische Herrenrasse? Sie war eine Allesfresserin und wollte alles auf einmal: als Frau eine Karriere im Schulterschluss mit Faschisten und zugleich einen Ehemann, der zu Hause brav im Sessel saß und mit ihr Socken sortierte. Cornelius fand beide Vorstellungen über den Rest seines Lebens perspektivlos. Er wusste, dass er beide Frauen nicht so gut behandelte, wie sie es verdient hätten und wollte nur noch seinen ratternden Kopf ausschalten, zum Briefkasten gehen und nicht länger nachdenken. Ihm war jetzt nach ein paar Flaschen Bier zumute, doch die Kneipe hatte wegen Trauerfall geschlossen und er hatte sowieso keinen Pfennig, war sein Geld ja noch bei Viktoria. Ansonsten hätte er anschreiben lassen – die Reni war ja ein echtes Vollweib und nicht auf den Mund gefallen. Die Frau hatte was Ordinäres an sich, deshalb war sie auch so kaltblütig verstümmelt und monströs zugerichtet worden. Tragisch, was da mit ihr passiert ist, wirklich tragisch, sinnierte Cornelius und zündete sich seine Pfeife an.

Luise Adler saß mittlerweile als Lockvogel ausstaffiert auf dem Beifahrersitz einer schwarzglänzenden Audi-920-Limousine des Dienstwagenbestandes der Reichspolizei. Auf dem Weg durch die Stadt wirkte sie deutlich entspannter und lächelte sogar, was sie einigen wenigen Tropfen des Zaubertranks ihres Vaters zu verdanken hatte. Diaphin – eigentlich war die Wirkung deutlich angenehmer als beim gewittrigen Pervitin. Es trat deutlich langsamer über die Zunge ins Gehirn, die Sorgen und Ängste wurden friedlich, der Wagen schnurrte leise wie eine Raubkatze und auf den gemütlichen Sitzpolstern kam sie sich vor, als säße sie in einem flauschigen Kinositz des *Titania-Palastes*. Eine berauschende Freiheit. Selig und mit wohliger Wärme im Bauch schaute sie aus dem Seitenfenster und musste nicht mehr wissen, außer dass es voranging. Wie schön doch Berlin war, auch wenn sich die Stadt zum Schlechten verändert hatte. Und obwohl die Gaslaternen laut Verdunkelungsverordnung schon ausgeschaltet waren, nahm sie den flatternden NS-Fahnenschmuck an den Fassaden als wimmelnde Lichtschleier war, die etwas vom Luna-Park hatten, in den ihre Eltern früher mit ihr gegangen waren, als sie noch ein Kind war. Einfach fantastisch, ein unbeschreiblicher Rummel. Mit berauschtem Dauergrinsen wandte sie sich wieder zur Fahrerin und musste auf der Stelle loskichern, hatte sie fast vergessen, dass da am Steuer ja in Wirklichkeit keine Frau saß, sondern Kollege Zach – mit riesigen falschen Wimpern, großen roten Schmolllippen und blondgelockter Perücke. Das war ausnahmsweise keine Sinnestäuschung.

»Ich weiß ja nicht, was es da zu lachen gibt, werte Freundin Adler«, beschwerte sich Zach hinter dem Lenkrad wimpernklimpernd mit hochgestellter Stimme und in der perfekten Maskerade einer attraktiven Dame. »Sie können sich ja nicht vorstellen, wie weh das tut, sich die große Beule zwischen den Beinen abzuklemmen.« Absichtlich sprach er in seiner Rolle pikiert, meinte es jedoch in Wirklichkeit scherzhaft. Adler kicherte abermals und ließ sich auf den Spaß ein.

»Wertes Fräulein, darf ich Ihnen mein Kompliment aussprechen? Sie sehen einfach ganz hinreißend aus. Besonders Ihr Kleid unterstützt die kurvige, feminine Silhouette.«

Nun kicherten beide und für beide hatte dieses gemeinsame Lachen etwas Befreiendes, Lösendes. Es schien, als verständen sie einander und wären zum ersten Mal auf gleicher Wellenlänge. Als sie mit quietschenden Reifen die Ringbahnbrücke überfuhren, wurde Zach stiller und sprach wieder mit ernster Männerstimme.

»Seien Sie unbesorgt. Alles wird gut gehen. Ich werde in der Nähe bleiben heute Nacht, das verspreche ich.« Er schaltete in den nächsthöheren Gang und zog plötzlich eine Ringschatulle aus der Manteltasche, die er ihr unkommentiert in die Hand drückte. Mit großen Augen schaute sie verwundert auf das kleine Kästchen und glaubte, die wenigen Tropfen von Vaters Morphin hätten sie mittlerweile in einen tieferen Rausch versetzt. Wollte Zach ihr jetzt Schmuck schenken oder was sollte das Ganze? Schnell öffnete sie die Schatulle und nahm den metallischen Inhalt heraus, der auch tatsächlich etwas von einem Ring hatte, wobei nur der obere Teil danach aussah, während der untere Teil die Form eines gewöhnlichen Vierkantschlüssels hatte.

»Kleines Geschenk zum Einstand«, erklärte Zach. »Ein Dornschlüssel mit Innenvierkant, neun Millimeter. Damit öffnet man in der S-Bahn alle Türen zwischen den Wagen, um die gesamte Bahn durchlaufen zu können. Kann vielleicht nicht schaden.«

Sie inspizierte das stabile Teil aus Gusseisen genauer.

»Und da meinen Sie etwa, dass ich heute nur einen stabilen Mann in Frauenkleidern als Aufpasser sowie einen stabilen Vierkantschlüssel brauche, um das alles zu überleben?«

»Seien Sie doch nicht hämisch! Als Kollegen sollten wir lernen, besser aufeinander zu hören und aufzupassen!«, entgegnete er. »Es bleibt uns doch nichts anderes übrig. Wir brauchen einander. Sie mich genauso wie ich Sie.«

Seine Worte schienen ziemlich ehrlich aus seinem roten Kussmund zu purzeln.

»Sie mich? Einen Moment lang dachte ich, Sie haben sich zum Werkzeug von Görnitz machen lassen und sind zu seiner Männerhorde gewechselt. Wie kommen Sie denn nun ausgerechnet auf so was? Ich bin ja nun wirklich noch nicht tot.«

Zach begann sich zu erklären, was bei einem geschminkten Mann mit unechten Brüsten etwas Rührseliges hatte.

»Ich bin ehrlich, ich finde, Sie machen Ihre Arbeit großartig. Mich begeistert Ihr heller Kopf, weil ich selbst keinen besitze, hatte ich nie. Ich saß bisher lieber in der Kneipe und soff mir alles, was kompliziert werden könnte, schleunigst wieder weg. Ich habe mir auch vorgenommen, damit wieder aufzuhören, brauch mal wieder einen klaren Kopf. Dafür habe ich so was wie Spürsinn und Instinkt. Ich bin halt ein Großstadtköter, und bloß weil mir Görnitz in der Sitzung neulich recht gab, heißt das ja noch lange nicht, dass ich mich auf seine Seite schlage. Die Verlogenheit dieses Typen geht mir genauso auf die Nerven wie Ihnen.«

Derartige Worte aus Zachs Kussmund verblüfften Adler.

»Das klingt ja so entschlossen, dass es von einer Frau kommen könnte, Herr Kollege.«

»Kommt es ja auch«, flachste Zach mit falscher Bescheidenheit und klimperte erneut mit seinen großen, schwarzen Wimpern.

15

Mit einem wahnsinnig lauten Schreien durch die geöffnete Tür erschrak der Wachmann die Insassen in der Baracke.

»Los! Raus hier! Abendappell!«

Häftling Blumberg schreckte auf seiner Pritsche aus klobigem Holz hoch. Für alle kaum noch als Wesen Mensch zu bezeichnenden Gefangenen des Lagers hieß es nun wieder: Vor den Blöcken antreten, im Laufschritt zum Appellplatz marschieren, abzählen und wieder all die sadistischen Spiele mitspielen. »Rechtsum, im Laufschritt marsch! Kehrt! Hinlegen! Aufstehen! Laufschritt, marsch! Halt! Sag mal, Freundchen, kannst du nicht mehr oder willst du nicht mehr? Ach, du willst abhauen? Pass bloß auf, dass du dir nicht eine einfängst oder ich dich gleich abknalle!«

Es waren jeden Abend die gleichen Drohgebärden und Schlagpositionen. Blumberg spielte jedes abartige Spiel mit, um am Leben zu bleiben. Sein Körper war schlaff, seine Haut wirkte fahl und seine Augen lagen in tiefen schwarzen Höhlen. Die runde Brille hatte er nicht mehr. Sie hatten sie ihm abgenommen und auf einen großen Haufen anderer Brillen geworfen, bevor sie ihm das spärliche Resthaar wie ein Tier mit der Schermaschine abrasierten. Auch gaben sie ihm kein Handtuch, keine Seife und kein Toilettenpapier, noch nicht einmal Brot gaben sie ihm. Mit zehn Gefangenen musste er sich einen Teller wässrige Suppe teilen. »Du hast doch Finger!«, sagte der SS-Aufseher immer zynisch. Mittlerweile litt Blumberg an chronischem Zittern, teils vor Hunger, teils vor Kälte und ganz besonders vor Angst. Als Jude trug er auf seiner blau-grau gestreiften Jacke den gelben Stern, während andere in andere Winkelkategorien eingeteilt waren: rote Winkel die Politischen, grüne für die Berufsverbrecher, schwarze für die Asozialen. Symbole, die auch unter den Häftlingen Hass schüren sollten.

Blumberg war schließlich mit den anderen am Appellplatz angekommen und stellte sich, erschöpft wie er war, in die Reihe.

»Abzählen!«, schrie der SS-Hauptscharführer in schwarzem Uniformmantel, gestiefelten Beinen und nach hinten gerückter Schirmmütze. Dabei lief er die Reihen langsam ab, inspizierte jeden Häftling penibel mit den Händen auf dem Rücken und stoppte ausgerechnet bei Blumberg.

»Hey Jude! Vortreten! Weshalb bist du hier? Aber laut, damit wir es alle hören!«, brüllte er und spuckte ihn fast an.

»Wegen Rassenschande«, antwortete Blumberg auswendig gelernt und gefügig wie ein gedemütigter Köter.

»Ich höre dich so schlecht! Hab ich was an den Ohren? Weswegen?!«

»Wegen Rassenschande«, wiederholte er und wurde nicht lauter, sondern immer leiser, weil er sich maßlos schämte.

Der Despot schubste ihn ins Glied zurück.

»Du Saujude!«, schrie er und seine Ader an seiner Schläfe schwoll an. »Geschändet hast du sie und willst es wieder tun. Wir werden dir hier aber zeigen, was es heißt, ein deutsches Weib missbraucht zu haben!«

Der Scharführer wollte es heute nur bei Worten belassen und ging mit zynisch-bedenklicher Miene weiter durch die Reihen.

Niemand konnte sicher sein, was ihm heute noch an Brutalität und Gemeinheit einfallen würde. Vielleicht würde der Zählappell mal wieder ins Stocken geraten und wieder einer dieser Schwächlinge daran scheitern, übergangslos die nächste Zahl zu sagen. Dann könnte er sie wie Tiere wieder bei Minustemperaturen Strafe stehen lassen. Oder er könnte einen vor aller Augen wieder ohrfeigen lassen und ihm die Zähne ausschlagen? Oder ihm ins rechte, dann ins linke Bein schießen? Oder ihm ins Genick schießen? Oder er könnte auch etwas ganz anderes machen? Vielleicht könnte er heute

Abend das stinkende Pack noch in die Duschen schicken? Oder nur die Juden? Vielleicht würde er sich auch erbarmen und heute alle am Leben lassen?

Wer an diesem Abend das Dienst- und Wartehäuschen am Ende des Bahnsteigs im S-Bahnhof Berlin-Ostkreuz genauer ins Visier genommen hätte, der hätte seinen Augen nicht getraut. Jeder Mann, der dort unauffällig zur Vordertür hineinging, kam zur Hintertür wieder als Frau heraus – ausstaffiert mit Mantel, Hut und Handtasche. Jedoch entstanden die zurechtgemachten Schönheiten, die da herausstöckelten, nicht nach dem Zufallsprinzip, sondern wurden im Inneren der Backsteinbaracke im Akkord erschaffen. Der Name ihres Schöpfers, als solcher sah er sich zumindest, war Alfred Fleischhauer. Heute im schlichten Friseurkittel und nicht im Glitzerschick seines alten Kitty-Egos, Alfredo Bouchèr.

»Liebling, tu mir jetzt einen Gefallen …!«, näselte er genervt mit großem Lippenstift bewaffnet, als der junge Zivilbeamte mit Schaumstoffbusen und Pelzmütze nicht stillhalten konnte.

Mit gestrecktem Bauch besetzte Lüdke die Ausgangstür von innen und kümmerte sich um die Endabnahme der transformierten Herren.

»Mensch, Alfredo! Mach keine Wissenschaft draus!«, rief er ihm zu. »Wir müssen fertig werden!«

»Also, so kann ich nicht arbeiten!«, echauffierte sich der Maître de Plaisir mit mimosenhafter Stimme. »Der sieht doch aus wie Minna. Soll es nun gut werden oder soll ich hier Durchschnitt produzieren? Nun, Schönheit ist doch kein Zufall!« Dabei benahm sich Fleischhauer wie eine eingeschnappte Diva, zuckte empört mit der Schulter und fuchtelte derart wild mit dem Lippenstift herum, als versuche er, eine Spirale in die Luft zu malen. »Ich habe alle Premieren im Admiralspalast geschminkt, ich habe alle Meistersinger von Nürnberg unter Erich Kleiber und den Fidelio unter Otto Klemperer in der Krolloper geschminkt. Ich war sogar mit der Dietrich auf Tournee und habe ihr die Seele schön geschminkt. Wir wurden dicke Freundinnen. Ja und frag dich mal warum, Wilhelm?« Er blickte bigott und andächtig wie beim Gebet zur Decke. »Weil Marlenes und meine Welt die Welt der Bühne ist.«

Miesepeterig schmiss er den Stift beiseite und erlöste den jungen Polizisten aus seinen Fängen.

»Dann gehste halt als Primel, Schätzchen! Wiedersehen!«

Der klare Befehl für heute Abend war, die Aktion asynchron beginnen zu lassen, das heißt es durfte keinen zentralen Start geben, der dazu geführt hätte, dass eine Traube maskuliner Damen auf einmal loszog. Vielmehr sollten alle Kollegen, die von Stilgenie Fleischhauer zurechtgemacht wurden, unauffällig ausschwärmen und sich in Abständen auf die einlaufenden S-Bahnzüge verteilen. Ungeachtet dessen stand ein kleiner Pulk aufgetakelter Mannsweiber rauchend und für einen letzten Plausch noch vor dem Bahnhofshäuschen. Unter ihnen waren der breite Kuttnik und auch Klaussner. Während Kuttnik mit einem kitschigen Damenhut aus Velourfilz und dem mockabraunen Popelinmantel etwas von einer dicken Kaffeekränzchentante aus dem Kranzler hatte, gewann man bei Klaussners zarter Statur und dem Kleinmädchengesicht den Eindruck, als sei er sonst im falschen Körper: die Haut geschliffen wie Porzellan, der Mund schmal, die Nase flach und die Augen mit dem kalten, scharfen Blick einer Greta Garbo.

»Also kieckt ma Kinder! Wir zwee beede!«, riss er den steifen Klaussner zwanglos wie in Faschingslaune in den freundschaftlichen Würgegriff. »Würden wa nich' als zauberhafte Schwestern durchjehn?«

»Nee, Kutti, eher als Pat und Patachon beim Tuntenball«, scherzte ein Kollege schlagfertig, der mit Rothaarperücke und dicker Perlenkette wie ein gereifter Zarah-Leander-Imitator keine bessere Figur abgab. Die meisten amüsierten sich in dieser ausgelassenen Runde, bis auf Klaussner, der sich distanziert zurückhielt, die Hände in den Taschen beließ und das Ganze eher schweigend beobachtete.

»Also, wenn ick mir selber so über de Beene streichle«, blödelte Kuttnik den letzten Kalauer des Abends, »kommen mir schon so'n paar Jefühle. Echt *sexy*, wie der Franzose sagen würde.« In der Ferne erblickte Kuttnik dann zwei Frauen, die ihm bekannt vorkamen. »Nun kieckt mal, wer da kommt!« Es waren Zach im Damendress sowie die zurechtgemachte Adler, die sich unauffällig der Runde näherten.

»'n Abend die Kolleginnen!«, stammelte Zach.

»Na, Adlerchen? Wat machen die Nerven?«, wandte sich Kuttnik nur ihr zu und wirkte in seiner Aufmachung ungewollt tantenhaft.

»Keene Angst, passen ja alle uff. Kannste Jift druff nehmen.«

Adler schätzte sich glücklich, dass Kuttnik auf ihr Wohl bedacht war und musste seinen Hinweis bezüglich *Gift nehmen* gleich beim Wort nehmen. Schnell griff sie in die Manteltasche und holte das Fläschchen ihres Vaters hervor.

»Allet jut, Mädel? Is' dir etwa schlecht?«, fragte er und blickte aufs Fläschchen.

»Nein, alles gut, danke, nur etwas für die Nerven, Herr Kuttnik. So was wie Baldrian. Kann sicher nicht schaden«, sagte sie und schraubte die Pipette eilig aus der Flasche, um sich noch einmal die Zunge mit dem Serum zu benetzen, schließlich ein zweites, ein drittes und sogar ein viertes Mal. Es war nun das Zehnfache der verordneten Tagesdosis ihres Vaters. Es ging nicht anders, ihr Angstniveau hatte den Gipfel erreicht, denn es war die Angst vor der Angst, die sie beherrschte. Ihr Brustkorb wurde immer enger und ihre Nerven lagen immer blanker. Nur wenige Sekunden später spürte sie, wie ihre Angst, die Traurigkeit und Erschöpfung mit der lösenden, gemütvollen Umarmung des Diaphins verschmolzen. Es war ein kurzer Augenblick, der nur darauf wartete, dass sie nie mehr im Leben auf diese Droge verzichten sollte.

»Was stehen Sie denn alle hier noch rum, Herrschaften?!«, rief Chef Lüdke mit Stumpen im Mund aus der genieteten Stahltür. »Wir haben keine Zeit zu verlieren! Das Bahnschutzkommando und die örtliche SA-Standarte warten an den Bahneingängen. Alle fünf Kilometer stehen Wachposten am Bahndamm und dreißig geschminkte Lockvögel fahren in jedem Zug der Strecke.« Zum Schluss erinnerte Lüdke an die Befehle. »Klaussner und Zach! Sie bleiben wie vereinbart in der Nähe von Adler. Wenn der Zug einfährt, trennen sie sich und verteilen sich auf unterschiedliche Wagen. Sie fahren von Ostkreuz die ganze Linie bis zum Kopfbahnhof nach Erkner, verlassen den Zug, steigen wieder in den entgegengesetzten und fahren zurück. Immer so weiter. Also, viel Glück und Hals- und Beinbruch! Lassen wir den Abend beginnen. Es wird Zeit, dass *Quadriga* sich den Mörder endlich schnappt.«

Dieser Abend im Lager sollte für Simon Blumberg zu einer Nacht der Todesangst werden. Und das obwohl er erst Hoffnung schöpfte und glaubte, er würde sich wieder zum Schlafen in seine Baracke begeben dürfen. Unter der strengen Aufsicht zweier Wachmänner wurden er und eine kleine Gruppe Männer jedoch auf Befehl des Scharführers zuerst vom Zählplätz entfernt. In Reih und Glied marschierten sie aber nicht wieder an der Häftlingswäscherei vorbei, vielmehr war es genau die entgegengesetzte Richtung und sie steuerten gezielt auf ein Gebäude zu, das zwischen dem rauchenden Schornstein des Krematoriums und den Sanitäranlagen lag. Hier roch es nach verbranntem Haar und verbrannten Nägeln.

»Los! Weitergehen! Richtung Sanitär!«

Sanitär? Das Wort kannte Blumberg gut, schließlich war er ja Arzt. Es kam vom lateinischen *sānitās*, was so viel wie

Gesundheit und *Hygiene* bedeutete. Hier sollte allerdings das Gegenteil von Gesundheit stattfinden und Hygiene in ihrer absoluten Konsequenz. Mit rasendem Puls stand er vor der verrosteten Tür des Sanitärbereichs, die sich plötzlich wie von Geisterhand öffnete. Keiner der Häftlinge konnte ahnen, was jetzt passieren würde, und so wurden sie in das feucht-muffige Milieu eines Umkleideraums getrieben.

»Los! Ausziehen! Alles!«

Blumberg und die anderen taten auf der Stelle, was man ihnen befohlen hatte. Es war der Moment, in dem sich die nackten ausgemergelten Körper als dünne, mit blasser Haut überzogene Skelette offenbarten, welche mit gesenktem Kopf vor den SS-Dienstgraden standen. Ein unfassbar erbärmlicher Anblick und die größte Erniedrigung, die man einem Menschen antun konnte.

SS-Ärzte kamen dazu, die weiße Kittel trugen. »Los! Mund auf!« Mit einem Holzspatel kontrollierten sie ihre Rachen und drückten ihnen die Zungen herunter, um festzustellen, ob sie Goldzähne trugen. Bei Blumberg war dies bei einem Backenzahn der Fall, deshalb malten sie ihm mit einem Pinsel ein großes Kreuz auf den nackten Rücken. Über den Sinn und Zweck dieser Kennzeichnung nachzusinnen, fiel Blumberg schwer, er konnte und wollte nicht mehr denken, sondern nur noch loslassen und alle Gedanken freilassen – auch die grauenvollen. Ihm kamen Sätze von Mark Twain in den Sinn, die er vorher nie verstanden hatte: *Ich habe keine Angst vor dem Tod. Ich war Milliarden und Abermilliarden Jahre vor meiner Geburt tot gewesen und hatte nicht die geringste Unannehmlichkeit erlitten.* Als sie weiter in die letzte, mit der Brauseanlage versehene Kammer geführt wurden, fand Blumberg auf dem graugekachelten Boden etwas, was hier ganz und gar nicht hineinpasste. Er erkannte es, weil er es neulich schon einmal gesehen hatte. Verlassen und einsam lag es auf den Fliesen: eine simple, in Handarbeit gefertigte Strickpuppe aus roter Wolle. Es war dieselbe Strickpuppe, die das Mädchen neulich im Zug gehalten hatte. Er hob sie vom Boden auf und wog sie in seinem Arm, wie eine liebende Mutter ihren Säugling. Ihr Anblick tröstete ihn innerlich, ja es war fast friedlich, doch was hatte sie hier verloren? Wie konnte das Mädchen sie hier nur vergessen? Sein Gehirn konnte es nicht mehr zusammen bringen und sich nur noch an das kurze Gespräch im Zug erinnern – das letzte nette Gespräch mit dem letzten netten Menschen:

»*Musst du etwa alleine verreisen? Hast du denn keine Frau?*«
»*Doch, ich schaue nur mal, ob es mir dort gefällt.*«
»*Weißt du denn nicht, wie spät es ist?*«

Nein, er wusste es immer noch nicht. Er wusste es einfach nicht und er wusste es auch Milliarden und Abermilliarden Jahre vor seiner Geburt nicht.

Kommissarin Adler saß in einem finsteren S-Bahnwagen und schaute sich um. Erst jetzt fiel ihr auf, wie unübersichtlich diese Abteile eigentlich waren. Überall war nur das Allernötigste an Licht. Vier Türen gab es und seitlich von jeder Tür ragten kinnhohe Holzwände hervor. Sogar wenn man stand, hatte man nicht den kompletten Wagen mit seinen fünfzehn Metern im Blick. Mehrmals war sie heute Abend bereits die gesamte Linie abgefahren und befand sich wieder auf der Strecke stadtauswärts. Nicht viele Menschen waren bis dato zugestiegen und schon gar keine Verdächtigen. Niemand sprach, niemand hustete, es war, als hätte die Zeit aufgehört zu existieren. Ab und an sah Adler nach hinten durch die Scheibe der Verbindungstür, um sich zu vergewissern, dass sie die Kollegen im hinteren Wagen noch im Auge behielten. Beide klapperten jedoch vor Müdigkeit schon mit den Augen und waren kurz vor dem Einnicken, so eintönig war das ganze Unterfangen. Ihr blieb nur, sich auf die ratternden Fahrgeräusche zu konzentrieren und in erhöhter Bereitschaft auszuharren. Der Wahrscheinlichkeit nach müsste es eigentlich unmöglich sein, dass ein Mörder ausgerechnet jetzt zustieg und zur Tat schritt, doch was brachten ihr Stochastik und Mathematik schon in dieser absurden Situation? Was, wenn sich der Täter einfach unbemerkt an sie heranschleichen und zuschlagen würde? Anstelle einer Antwort überkamen sie immer heftigere Schübe des Schwindels. Sie wusste zwar noch nicht, wie sie diesen Zustand bewerten sollte, merkte aber, wie sie das eigene Blut rauschen hörte und wie sich ihr Magen zu drehen begann. Um das Unwohlsein zu mildern, bemühte sie sich, den Blick unten zu halten, aber der Boden schien auf einmal zum Leben zu erwachen und war weich wie Radiergummi. Überall begannen sich Ozeanwellen in der Linienführung eines Vincent van Goghs auszubreiten, was für ein verstörender Anblick. Auch hörte sie unheimliche Geräusche, ein Konglomerat aus Schmerzensschreien. Sie war schweißüberströmt, atmete schneller und konnte nicht ruhig sitzen bleiben. Schließlich erhob sie sich, lief durch den Mittelgang, um eilig mehrere Fenster hinunterzuziehen, und schaute nach vorn in die Weite des leeren S-Bahnwagens, der ihr plötzlich wie ein unendlicher Tunnel schien. Wie Dolche stachen mit Staub durchwobene Lichtbündel in das Innere und durchschnitten die Finsternis des Abteils.

»Hallo? Ist hier noch jemand?«, rief sie, hörte ihre Stimme im Echo und bewegte sich traumwandlerisch auf wackeligen Beinen durch den fahrenden Zug. Niemand antwortete ihr, bis sie deutlich ein lüsternes Stöhnen vernahm. Sie ging voran und erspähte das lasterhafte Geräusch im Stehbereich. Ein surreales Bild offenbarte sich da. Ein SA-Mann und eine junge Frau standen hinter der Trennwand in eindeutig frivoler Haltung. Beide hielten sich an der Haltestange fest – rhythmisch bewegte der Mann sich hinter dem kreisenden Gesäß seiner Gespielin, die den Oberkörper nach vorne geneigt und die Bluse geöffnet hatte. Mit erregter Stimme nahm diese Kontakt zu Adler auf.

»Haben Sie denn keine Einladung für heute Abend?«

Adler reagierte nicht, blieb stumm und war angewidert vom Anblick des Ganzen. Sie weigerte sich, darauf zu antworten, und zog wortlos vorbei. Es konnte nicht real sein, es waren nur sinnlose Abfallprodukte ihrer betäubten Wahrnehmung. Daher schritt sie weiter durch das Delirium der Bilder, Töne und Stimmen.

»Man kommt hier nicht ohne Einladung rein, Adler!«, erschrak sie ein nackter SS-Görnitz auf dem gegenüberliegenden Sitz, breitbeinig, nur mit Schirmmütze und Hakenkreuzbinde bekleidet. Die Eindrücke wurden immer verschlungener, immer absurder. »Wie sind Sie also hier reingekommen, so ohne Einladung, Adler? Gestehen Sie endlich!«, forderte er und zog an einer schweren, eisernen Kette, an deren Ende eine halbnackte Platinblonde auf allen Vieren auf dem Boden saß. Unterwürfig, wie ein großer Hund, kniete sie vor ihm, als ob sie auf die Befehle »Sitz!« und »Platz!« warten würde. Sie wollte sich losreißen, doch ihr Herr und Gebieter geißelte sie mit der Kette.

»Bleib hier, du Ding! Die hat eh nichts zu sagen, diese Adler! Überhaupt gar nichts! Die Herrenrasse wird überleben und die Untermenschen werden vernichtet! Heil Hitler!«

Adler lief weiter und aus den Lüftungsschlitzen begannen die hochtreibenden Klänge eines Streicherensembles wie aus einem knisternden Radioempfänger zu tönen: Sie hörte Richard Wagners Walküre. Es war, als würde sie über einen Laufsteg wandeln, bis auf einmal ein gesichtsloser Bahnbeamter sie stoppte und mit höflicher Stimme fragte: »Hat das gnädige Fräulein vielleicht noch einen letzten Wunsch?«

»Natürlich!«, antwortete sie und fand sich äußerst eloquent. »Ich verbitte mir aber, dass Sie mich Fräulein nennen! Ich bin schließlich kein Fräulein und schon gar kein Ding, ich bin eine wichtige Kommissarin bei der *Weiblichen*, Monsieur!«

Der Bahnbedienstete deutete mit den weißen Handschuhen eines englischen Butlers zum nächsten Stehbereich –

dort, wo sie deutlich die helle Silhouette einer Frauengestalt erfasste. Die Streicher wechselten in ein dramatischeres Tempo und steigerten die Spannung, indem sie mit immer wilderer Leidenschaft Richard Wagner auf den Saiten zittern ließen. Adler torkelte weiter, riss die Arme hoch und dirigierte wild zur Musik. Ihre Neugierde wechselte in den Zustand angenehmer Euphorie, als sie die helle Frauengestalt mit schlohweißem Haar erkannte.

»Mutter? Du hier? Hast du etwa eine Einladung?«

Plötzlich zogen kräftige Männerhände an den Schultern der Frauengestalt und schmissen sie wie einen Sack auf die Sitzbank. Mit einer langen Metallstange begann ein Mann in Uniform, brutal auf den Schädel der Frau einzuhämmern. Adler war wie gelähmt, schritt nicht ein, sondern stand nur angewurzelt da und sah zu, wie die Frau um ihr Leben kämpfte. Und während die beiden vor ihr rangelten, gelangten sie zur Bahntür, die der Mann mit seiner freien Hand aufriss. Der Druck des Fahrtwindes schoss allen ins Gesicht, und es gab keinen Zweifel: Das Monster wollte die Frau hinausstoßen.

Dieser Vergasungsvorgang im Sanitärbereich war keine wilde Halluzination, sondern Tatsache und der Endpunkt eines schrecklichen Albtraums. Was Menschen hier angetan wurde, war mit dem normalen Verstand kaum zu fassen.

Ein Lagerapotheker des Konzentrationslagers überbrachte die große verschlossene Dose Giftgas mit den Handschuhen wie ein wertvolles Artefakt. Auf der Banderole stand der Name: *Zyklon B* – Insektizid auf Grundlage von Blausäure, entwickelt und perfektioniert von Christian Cornelius im Auftrag der Deutschen Gesellschaft für Schädlingsbekämpfung, vertrieben von Otto Tesch.

Bei der geringen Zahl an Häftlingen hier reichte eine Dose der Erfindung, die so tödlich war, dass die Lagerbediensteten sich Gasmasken aufsetzten und damit den Eindruck erweckten, als wären sie die schwarzen Fratzen seelenloser Dämonen.

Mit einem eisernen Haken wurde die rußige Klappe des Abgasschachtes außerhalb der Gaszelle geöffnet und der Inhalt der Dose, die giftgetränkten Kiesel, in ein vorgewärmtes Gaseinfüllgerät geschüttet. Nach Verschrauben seines Deckels wurde ein Ventilator eingeschaltet, der das Gas durch ein Zuleitungsrohr in die Gaskammer drückte. Innen blickten der spindeldürre Simon Blumberg und die anderen nackten Sträflinge an die Decke, als die dünnen weißen Rauchlinien aus den rostigen Lochblechen austraten. Schließlich folgte ein lauter Schrei in der Kammer, der nur aus einem einzigen Wort bestand: »Gas!« Der Tötungsvorgang dauerte präzise und punktgenau drei Minuten.

In Minute Eins schrie Simon Blumberg um sein Leben, dann legte er die Hände an den Hals und rang nach Atem. In Minute Zwei krümmte er sich und schlug gegen die Gaskammertür, bis er sich auf dem Boden wälzte und schließlich in Minute Drei erstickte. In seinem Arm klemmte eine rote Strickpuppe aus Wolle, an der er sich bis zum Schluss festhielt. Als es zu Ende war, überzeugte sich eine schwarze Gasmaskenfratze mit mattem Blick durch ein Guckloch, ob das tödliche Unterfangen Erfolg gehabt hatte. Das hatte es: Alle dreizehn lagen verstreut auf den Fliesen der Todesdusche und regten sich nicht mehr. Mit hochfahrendem Summen schaltete sich ein Ventilator ein, der das Gas durch den Kamin nach draußen sog. Bevor man die Leichen verbrannte, wurden allen mit einem Farbkreuz versehenen Leichen die Goldzähne von SS-Lagerärzten mit dafür vorgesehenen Zangen mit brechendem Geräusch ausgerupft.

Letztes Ziel muss unverrückbar die
Entfernung der Juden überhaupt sein.

Adolf Hitler

16

»Das darf doch nicht wahr sein! Wie konnte das nur passieren?«, schrie jemand.

Adler wurde von der lauten Stimme wach. Unsanft riss sie sie aus den skurrilen Fantasien ins Hier und Jetzt. Ihre Schädelknochen knirschten, als ob sie in einem Nussknacker steckten und sie konnte keine klaren Gedanken fassen. Ihre Halluzinationen waren wieder zum Erliegen gekommen und sie merkte erst jetzt, dass die Bahn mitten auf dem Teilstück der Strecke ruckartig zum Stillstand gebracht worden war. Die Realität hatte für Adler nur wenige gute Nachrichten: Sie befand sich zwar immer noch am Fensterplatz, es gab keine Blondine in Ketten und keinen Richard Wagner, und nichts von dem, was ihr morphindurchfluteter Kopf da zusammengebraut hatte, war real. Allerdings kündigte sich in diesem stinkenden Mix aus verglühtem Eisenstaub, Blut und Männerschweiß bereits an, was wirklich passiert war.

Klaussner und Zach stürmten in den Wagen und rannten zu einer leblosen Frau, die vorne in ihrem dickflüssigen Blut lag. Ihre Augen waren geschlossen, ihre Lippen entblößten ihre Zähne. Ein sehr kräftiger Mensch schien ihr mit einem sehr harten Gegenstand das Schläfenbein zertrümmert zu haben.

Adler kam hinzu und entdeckte, dass um die leblose Menschenpuppe herum Dinge verstreut lagen, darunter Wäsche, eine große lederne Brieftasche sowie ein gemusterter Herrenschal.

»Wir brauchen einen Arzt! Die Frau lebt noch!«, rief Zach hektisch, nachdem er noch Puls am Körper feststellen konnte.

»Klaussner! Was warten Sie? Holen Sie Hilfe!«

Während Klaussner sich in seinem Greta-Garbo-Kostüm auf den Weg machte, um Hilfe zu holen, riss sich Zach seine

Perücke genervt vom Kopf und warf Adler einen verächtlichen Blick zu.

»Was war denn mit Ihnen auf einmal los?«, sprach er mit vorwurfsvollem Ton. »Standen ja da wie 'ne Salzsäule?«

Obwohl Adler das schlechte Gewissen plagte, reagierte sie im Gegensatz zu ihrem Zustand hellwach.

»Wie denn, bei der Dunkelheit. Sie haben doch auch nichts gesehen, oder? Ging doch alles rasend schnell.«

»Da, an der Schulter liegt ihre Brieftasche. Schauen Sie nach, wer die Frau ist!«

Adler nahm das Etui vom Boden und wühlte eilig darin nach Ausweispapieren, die sie sofort fand. Ihr stockte der Atem.

»Das ist unmöglich! Das glaube ich nicht! Das kann einfach nicht sein!«

Schnell überreichte sie das Dokument Zach, der ebenfalls mit Staunen den Namen und die Person auf dem dazugehörigen Bild im Ausweis erkannte. Kein Zweifel, es war eindeutig: das Foto von Christian Cornelius.

»Jetzt haben Sie Ihren Mörder!«, sprach Zach abfällig. »Den muss er hier wohl bei seiner Attacke verloren haben. Wusste ich's doch! Jetzt haben wir ihn, jetzt ist er dran! Von wegen sensibler Typ und so. Hier, sein Schal, den er …«

»Hallo? Jemand im Wagen?«, hörten sie draußen in der Ferne ein Rufen, wie aus dem Nichts. Adler lugte aus der S-Bahntür und wurde vom Gleisbett aus von einer Taschenlampe angestrahlt. Es waren Klaussner und ein Schutzpolizist, die einen schmächtigen Mann in Bahnuniform in Handschellen hielten.

»Wir haben ihn hier vorne an den Signal-Lampen aufgegabelt. Er sagt, er heißt Paul Golzow und ist Weichenwärter bei der Reichsbahn.«

Es war gegen Mitternacht im feuchten Kellergewölbe des Reichskriminalamtes – einer Folterkammer mit nichts als einem Tisch, einem Stuhl und einer funzeligen Glühbirne, die an der Decke hing und trübes Licht verbreitete.

»Los, jetzt gesteh, du Schwein!«, schrie der blonde uniformierte Adjutantenschrank Schiller, nachdem er den am Stuhl gefesselten Häftling mit mehreren Fußtritten und Faustschlägen malträtiert hatte. Christian Cornelius hatte aber keine Chance zu antworten, da sein Peiniger wieder die Faust ballte, um ihm einen weiteren heftigen Schlag zu versetzen.

»Der feine Herr möchte also nicht reden?«, kommentierte Görnitz es mit seinem fratzenhaften Grinsen. »Gut, Schiller, dann greifen Sie zum Eimer!«

Schiller kippte Cornelius auf Befehl einen Schwall eiskaltes Wasser ins Gesicht.

»Vielleicht hilft das, um ein Geständnis aus ihm herauszuquetschen«, fletschte Görnitz die Zähne.

»Was wollen Sie mir anhängen? Es ist doch nicht meine Schuld, dass die Polizei den S-Bahnmörder nicht fasst. Was soll das Ganze? Warum werde ich hier vernommen?«, widersprach er noch standhaft, zitterte aber schon hier mit der Stimme.

»Nun mal nicht so frech, Junge! Wir stellen hier die Fragen!«, donnerte Görnitz. »Also, wo waren Sie heute Abend und aus welchem Grund?«

»Wie oft soll ich es Ihnen noch sagen? Ich war nur beim Briefkasten und wollte zurück zur Laube. Fragen Sie meine Freundin! Sie kann es bezeugen!«

»Die soll mal schön bei ihrer armen Tante im Krankenhaus in Köpenick bleiben, die da liegt, weil *Sie* sie heute kaltblütig umlegen wollten!«, schrie Görnitz so laut, dass der Nachhall die Luft des Kellergewölbes förmlich zum Schwingen brachte. »Sie leugnen also, dass Sie heute Abend mit der S-Bahn unterwegs waren, ja? Dann werde ich Ihnen mal auf die Sprünge helfen!« Görnitz kreiste um den Stuhl herum. »Sie hatten Kontakt zu allen getöteten Personen oder hielten

219

sich in der Nähe der Opfer auf. Ihre Namen: Karin Borchert, Ihre kleine Nachbarin aus Gutland, Marianne Finck, dann Renate Bangel, Schankwirtin aus der Kneipe am Ende Ihrer Kolonie, Herrmann Bohr, der mit dem Bruder Ihrer jungen Freundin eine homosexuelle Beziehung pflegte und nun traf es Waltraud Irmscher, ausgerechnet Ihre langjährige Nachbarin an Ihrem Erstwohnsitz in Schöneberg und rein zufällig auch die Tante Ihrer jungen Freundin. Von den anderen Gewaltopfern in den Monaten zuvor ganz zu schweigen! Wir machen dir jetzt den Prozess, Freundchen!«

Cornelius wurde panisch.

»Das sind alles Zufälle. Ich kann sie mir selbst nicht erklären«, wimmerte er auf dem Stuhl wie ein nasser Hund. »Bitte glauben Sie mir, es ist alles ganz anders, als Sie denken.«

Plötzlich begann eine tiefere Stimme weit hinten im Dunkeln des Kellers zu sprechen. Es war Kriminalrat Lüdke, der mit Mantel, Zigarre und Hut nun ins Licht trat, jedoch die ganze Zeit schon in der Nähe der verrosteten Eisentür gestanden hatte.

»Können Sie mir erklären, warum wir Ihre Blutgruppe bei den Vergewaltigungen ermittelt haben und wir ausgerechnet Ihre Papiere und Ihren Schal am Tatort finden konnten? Und können Sie mir sagen, warum Sie ein Messer bei sich tragen und warum wir vorhin ausgerechnet Fußabdrücke mit Ihrer Größe und mit gleicher dicker Gummisohle im Gleisbett finden konnten?«

Lüdke zog das Taschenmesser sowie den getrockneten Gipsabdruck aus seinem Mantel und pfefferte alles heftig auf den Tisch. »Hier! Schuhgröße 43! Marke Fußwohl! Passt alles eins zu eins!«

Cornelius rechtfertigte sich in mehreren Punkten.

»Das mit den Schuhen kann ich Ihnen nicht erklären, genauso wenig wie das mit dem Blut. Mein Messer ist Werkzeug, keine Waffe. Außerdem bin ich Pflanzenforscher und trage es aus Gewohnheit mit mir. Bohr kannte ich nur vom

Sehen und das mit Johannas Tante ist ein unglücklicher Zufall ...«

»... den Sie sich wohl ebenfalls nicht erklären können«,
giftete Görnitz lautstark dazwischen.

»Doch! Sie kommt ab und zu nach Gutland in die Laube,
beschenkt uns mit Konserven und versorgt uns mit frischer
Wäsche, weil Johanna jetzt mehr bei mir ist als bei ihr.«

»Aha, am Samstag, am späten Abend, mit der S-Bahn
oder wie?«, beurteilte Lüdke das Ganze als löchrig und un-
glaubwürdig. »Während der Verdunkelung, oder was?«

»Sie lebt allein und trinkt oft viel, meistens viel zu viel.
Ihr Mann ist im Krieg, ich weiß nicht, was in sie gefahren
ist, aber vielleicht wollte sie jemanden sehen, mit jemandem
sprechen, ich weiß es doch nicht!«

»So, so!«, klang Görnitz alles andere als überzeugt. »Und
deshalb trug sie auch Ihre Ausweispapiere mit sich und Ihren
Schal. Wollen Sie uns hier etwa alle auf den Arm nehmen?«

»Nein, ich hatte sie neulich bei meiner Frau Viktoria vergessen, am letzten Sonntag. Sie backt immer so guten Kuchen. Wir treffen uns dann immer zum Kaffee und reden
und ... Sicher hat Viktoria ihr die Dinge mitgegeben. Wenn
meine Frau hierherkommt, wird Sie Ihnen das sicher alles
bestätigen und alles löst sich in Luft auf!«

»Halten Sie gefälligst Ihre dumme Schnauze, ich muss
gleich kotzen bei allem, was da aus Ihrer dämlichen Fresse
kommt!«, schrie Görnitz und äffte Cornelius nach. »Wollte
mit jemandem reden , ... backte guten Kuchen ... kochte
Kaffee ... Nachbarin gegeben. So ein Scheißdreck! Die Mär-
chenstunde ist zu Ende, Freundchen!« Görnitz' Geduldts-
faden wurde immer dünner. Er riss Schiller den Eimer aus
der Hand, um Cornelius so heftig und ausdauernd damit
zu malträtieren, dass man annehmen musste, er würde die
Schläge nicht überleben.

»Was sollen die Gewaltspielchen, Görnitz!«, sagte Lüdke,
um ihn zu stoppen, doch der ignorierte ihn, bis Cornelius

221

das Gleichgewicht verlor und mit dem Stuhl auf den harten Kellerboden stürzte. Er schrie bestialisch, höllische Schmerzen durchfuhren ihn und augenblicklich bildeten sich bläuliche Schwellungen an Kinn und Schläfe. Schiller packte den Stuhl, brachte den Mann in eine aufrechte Position und holte erneut mit der Faust aus.

»Pfeifen Sie zum Donnerwetter Ihren Hund zurück!«, befahl Lüdke in schroffem Ton.

»Is' gut, Schiller, lassen Se mal!«, befahl Görnitz und war völlig außer Atem.

»Binden Sie mich los!«, flehte der von seinen Misshandlungen entstellte Cornelius.

»Das reicht jetzt!«, brüllte Lüdke. »Ich hab ja nichts gegen eine verschärfte Vernehmung mit handgreiflichen Argumenten, aber das hier geht zu weit.«

»Lüdke, Sie alter Romantiker! Haben Sie etwa Mitleid mit dieser Bestie? Wir hatten ihn doch so weit! Er war kurz davor, auszupacken!«

Lüdke hatte kein Verständnis für die überbordende Gewalt, vielmehr hatte er kristallklare Argumente, die mehr von kriminalistischem Scharfsinn als von Vergeltung getrieben wurden.

»Wir müssen prinzipiell zwischen bösen Taten unterscheiden und ob ein Mensch böse ist, Görnitz!«

»Ach und was ist der da? Sänger der Heilsarmee? Was macht das für einen Unterschied?«

»Böse ist, was jemand tut, nicht was jemand ist«, sprach Lüdke, schwenkte die Zigarre und zog knisternd dran. »Wir müssen hier zuerst dem Verbrechen auf die Spur kommen, bevor wir dem Verbrecher den Prozess machen! Und bei Ihnen, mein werter Herr, werden wir die Aussagen nun auf das Genaueste prüfen!«, wandte sich Lüdke zu Cornelius. »Sie stehen unter Verdacht des Totschlags zur Befriedigung des Geschlechtstriebes in mehreren Fällen und bleiben vorerst in Untersuchungshaft!«

Auf der gegenüberliegenden Seite des Dienstgebäudes gab es ein enges, heruntergekommenes Zimmer mit kleinen Fenstern, es war das Verhörzimmer. Ganz vorne am langen Tisch saß Weichenwart Golzow in Reichsbahnuniform. Die Mütze mit dem glänzenden Reichsadler und Ehrenkranz lag vor ihm. Daneben ein weiteres Duplikat eines getrockneten Gipsabdruckes der Schuhsohle mit Profil in Größe 43, Sorte Fußwohl. Kurioserweise passte sie eins zu eins zu Golzows Sohle, hatte gleiches Profil und gleiche Größe.

In der Ecke des kahlen Zimmers ratterte eine Schreibmaschine, bedient von Kriminalsekretär Hans Klaussner – ohne Perücke, aber immer noch im Frauenfummel. Kriminalassistent Zach lehnte wieder in Originalzustand und Anzugweste an der Wand, während Hartmann und Adler das Verhör leiteten.

»Ihr Name?«

»Paul Golzow.«

Ein lautes Tippen im Zweifingersuchsystem.

»Geboren am?«

Erneut unregelmäßiges Tippen.

```
»9. September 1906
Geburtsort: Muntau, Kreis Sensburg in
Ostpreußen
Wohnhaft: Dorotheastraße 24, Ber-
lin-Karlshorst
Familienstand: verh. mit Hertha Golzow,
geb. Franke
Beruf: Hilfsweichenwärter


Der Verdächtige streitet ab, sich zur
Tatzeit im S-Bahnwagen befunden zu
haben. Aufgaben während Tatzeit:
- Signalprüfung u. Wartung der
DR-Lichtsignale/Strecke
```

```
- Dazwischen mehrere Betriebsfahrten,
- Fußspuren, Gr.43, orthop. Arbeits-
  schuhe verteilt auf Strecke. Abgleich
  wird von Kriminaltechnik untersucht.«
```

Die Klingel der Maschine tönte am Zeilenende und Klaussner schob den Schlitten in einem Zug nach rechts.

So sehr sich Adler auch bemühte, sie konnte kein Vertrau-
en zu Golzow aufbauen. Wie ein nasser Fisch flutschte er ihr
immer wieder durch die Finger und nahm sie weder als Au-
torität wahr, geschweige denn nahm er sie ernst. Auch seine
schleimig-arrogante Art verärgerte sie zunehmend, war sie
nach der Bluttat ohnehin schon nervlich strapaziert.

»Herr Golzow, nehmen Sie es mir bitte nicht übel, dass
ich noch etwas ansprechen muss, was aus Rummelsburg gemeldet wurde. Sie sollen in letzter Zeit häufiger zu spät zum
Dienst gekommen sein und sich verbotenerweise durch verschlossene Sperrzäune, nahe S-Bahnhof und Betriebsanlage,
Zugang über Gleise verschafft haben. Sie sollen sich dabei
verletzt haben?«

»Wer sagt das denn?«, konterte er und hielt seine schmutzigen, unverletzten Hände hoch. »Spioniert mir jemand nach
oder wie? Ich bin bei der regionalen Ortsstaffel der SA, da
wäscht eine Hand die andere, deshalb sind die hier blitze-
blank, Frau … Frau …« Er bemühte sich nicht einmal, ihren
leichten und prägnanten Namen auszusprechen. »Rufschä-
digende Gerüchte sind das, nichts weiter!«

Adler wurde energischer und schaltete in den Ton einer
wütenden Lehrerin, die ihren Pennäler zur Rede stellte.

»Das tut nichts zur Sache, Golzow! Antworten Sie auf
meine Frage! Haben Sie sich auf diese Art mehrmals unerlaubt auf den Weg gemacht, ja oder nein?«

Mit gespielter Schwerfälligkeit quälte er sich eine Antwort
durch die Lippen und stellte auf stur. Es war nicht mehr auszuhalten.

»Na was denn, die Gitter sind verschlossen. Viel Zeit kann man sowieso nicht rausholen!«

»Auch nicht als einer, der sich überall auf der Strecke auskennt und dessen Fußspuren überall wie Löcher im Schweizer Käse verteilt sind? Also einer, der sich Zugang durch Türen und Tore verschaffen kann, um Weichen und Signallampen zu prüfen ...?« Adler steigerte sich immer mehr hinein. »... Am Abend und in der Nacht? Mit einer Brechstange und im Besitz eines scharfen Messers? Mit Reichsarbeitsschuhen in Schuhgröße 43? Mit Bahnuniform? Mit Schirmmütze? Und mit Blutgruppe 0 im kranken Gonokokkenpenis?«

»Muss ich mir hier so was von einer Frau bieten lassen?«, beschwerte er sich und blickte zu Zach.

»Das ist mir jetzt völlig egal«, pfiff Adler ihn an. »Alles hat Grenzen. Mord ist eine davon!«

»Adler, ist gut!«, beruhigte Hartmann. »Das reicht! Wir steigen mal alle wieder auf die Bremse!«

Zur Abwechslung versuchte es jetzt Hartmann, den Mann in ihrer süßholzgeraspelten Art und mit abschreckenden Paragraphen zum Reden zu bringen.

»Werter Herr Golzow! Wenn Sie immer so schweigen, müssen wir prinzipiell davon ausgehen, dass Sie uns etwas verheimlichen. Per Reichsstrafgesetzbuch hätten wir da den bezaubernden § 211 für Sie im Angebot. Wer vorsätzlich einen Menschen tötet, wird, wenn er die Tötung mit Überlegung ausgeführt hat, wegen Mordes mit dem Tode bestraft. Eigentlich ganz zauberhaft. Möchten Sie uns nun weiter berichten, ja?«, lächelte sie süffisant. Doch der Verhörte hielt sich nur an seinen Ellenbogen fest und schwieg.

»Mensch, antworten Sie gefälligst!«, platzte es aus Adler heraus. »Haben Sie Zugang, ja oder nein? Herrgott noch mal, wie stur kann man denn sein, muss man dem wirklich alles aus der Nase ziehen!«

»Kommen Sie, Golzow!«, kam ihm Zach nun kumpelhaft und ruhig von der Seite. »Wenn man so einen Job wie Sie macht, dann muss man doch die Strecke begehen, dann hat man doch Zugang, und gegen eine Abkürzung spricht ja nun wirklich nichts.« Zach hatte Erfahrung mit solchen Situationen und wusste, dass sich bei Verhören alles stundenlang im Kreis drehen konnte. Bei ihm brach Golzow auch sofort sein Schweigen, plauderte munter drauf los und leugnete noch nicht einmal, dass er ab und zu mal querfeldein über das Schienengebiet während des Dienstes liefe, um seinem Sohn einen Gute-Nacht-Kuss zu geben. Während Klaussner diese Aussagen in die Maschine hämmerte, warf Zach Adler einen entsprechenden Blick zu, der ihr sagen sollte: Siehste, alles ganz harmlos bei dem! Der ist nicht der Mörder, sondern bürgerlich, kompetent und zuvorkommend. Adler hatte genug vom ganzen Geplänkel, es ging darum, einen Mörder zur Strecke zu bringen und sie musste eigene Fehler des Abends wiedergutmachen. Das mit dem Morphin war keine gute Idee gewesen.

»Sie haben vorhin abgestritten, den Dienst für eine gewisse Zeit unbemerkt zu verlassen. Nun sagen Sie plötzlich, Sie laufen querfeldein über das Schienengebiet von der Arbeit zur Dorotheastraße und umgekehrt. Wenn man weiß, dass jemand lügt, warum sollte man ihm andere Dinge glauben, die er sagt? Warum lügen Sie, Golzow?« Sie bohrte weiter und wollte ihn mit einem Bluff in die Ecke treiben. »Ich habe Informationen, dass Sie am vergangenen Mittwochabend von der *Schultheiss*-Kneipe in Begleitung der Tresenkraft, Renate Bangel, durch das Laubengelände liefen. Eine Zeugin soll Sie beide aus ihrer Laube im Querweg gesehen haben. Und ein anderer Zeuge im Betriebswerk wiederum sagt, Sie hätten an diesem Abend Ihr Messer dabeigehabt und hatten Blutflecken an Hemd und Hose.«

Golzow stellte wieder auf stur und Adler verlor langsam die Contenance.

»Mann, jetzt hören Sie endlich mit dem Theater auf und tun nicht so, Sie wissen doch, was Sie mit der Frau gemacht haben! Wie mit dem Seziermesser haben Sie sie misshan-delt.«

Golzow ließ das alles kalt. Er fiel auf den Trick mit den Zeugen bei der Arbeit nicht herein, sondern lavierte sich glatt wie ein Aal zurück ans Ufer der Unschuld.

»Welche Zeugen? Der doofe Fettwanst auf der Leiter? Der Hilfsheini, der bei uns die Lampen wechselt? Meine Klei-dung ist immer sauber und ordentlich, denn das gehört sich so für einen deutschen Mann. Das kann meine Hertha be-zeugen, die die Hemden wäscht. Die wird Ihnen die Wahr-heit sagen. Und wozu denn durch die Lauben? Ein riesiger Umweg. Würde doch viel länger dauern. Und die Reni? Tja, die Reni war ein nettes Ding. Aber die kannte ich nur aus der Kneipe und machte meine Späße mit ihr. Das können zwölf Kameraden der Sturmkampfgruppe Süd-Ost bezeugen.«

»Sie lügen doch wieder!«, sagte Adler unnachgiebig. Doch er war wie eine Fliege, die man in der hohlen Hand fängt und die einem doch noch entkommt.

»Ich lüge nicht! Ein SA-Mann lügt doch nicht! Habe ich etwa Grund zum Lügen, Herr Oberhauptkommissar, was sagen Sie?«, fragte er und umging alles Weibliche im Raum. Dabei verzog er sein Gesicht wie ein schleimiger Wurm. »Hab doch keinen Grund? Jeder Volksgenosse sollte tun, was der Wahrheit und der Polizei weiterhilft!«

Hartmann reagierte gewohnt schlagfertig und machte dem ganzen Theater ein Ende.

»Tja, Männer denken sicher über Wahrheit anders als Menschen, aber ich mag es, wenn Sie Interesse zeigen und es auch so meinen, werter Herr. Wir werden das nun reifen lassen, da wir derzeit nichts gegen Sie in der Hand haben, jedenfalls nichts, was einen oder mehrere Morde beweisen würde. Von daher bitte ich Sie, sich für weitere Fragen oder einer möglichen Gegenüberstellung mit der heute Geschä-digten bereitzuhalten. Diese folgt, sobald sie wiederherge-stellt und vernehmungsfähig ist. Adler! Sie fahren gleich zu

Wochenbeginn ins Krankenhaus Köpenick und informieren sich über ihren Zustand. Nun, Herr Golzow! Das wär's bis dahin! Ich wünsche Ihnen eine gute Nacht und einen schönen ersten Advent. Kommen Sie gut nach Hause!«

```
Die Welt des Mannes ist groß, vergli-
chen mit der der Frau. Der Mann gehört
seiner Pflicht, und nur ab und zu
schweift ein Gedanke zur Frau hinüber.
Die Welt der Frau ist der Mann. An
anderes denkt sie nur ab und zu. Das
ist ein großer Unterschied.

Adolf Hitler
```

VI Verwirrungen

17

Wochenbeginn und Frühstücksausgabe im Kreis- und Not-fallkrankenhaus Köpenick, einem riesigen Herrenhaus im Neobarockstil. Bei seiner Eröffnung 1924 lobte man es als *das schönste Hospital der Weimarer Republik*. Neben Operations-räumen, Hörsaal und Leichenhaus standen hier über hun-dert Betten in großen Sälen zur Verfügung. In einem davon kämpfte gerade Waltraud Irmscher ihren qualvollen Über-lebenskampf. Mit mehreren Schädelfrakturen und Hirn-blutungen lag sie im Tiefschlaf. Vergewaltigt war sie nicht geworden, jedoch waren Geist und Seele dieser lebenslus-tigen Frau in Luft aufgelöst. Die Ärzte hatten wenig Hoff-nung. Falls sie dies überleben sollte, würde sie nie wieder sprechen, geschweige denn laufen können, zu schwer die körperlichen Schäden.

Luise Adler war an diesem Montagmorgen noch genauso geladen, wie sie es in der Tatnacht gewesen war. Es war ein schreckliches Wochenende gewesen und sie befand sich auf dem Tiefpunkt, als sie auf dem mit Betten vollgestellten Flur der Station warten musste. Ihre Kopfschmerzen brachten sie noch um und den ganzen Morgen über hatte sie das Gefühl, sie müsse sich übergeben. Der in der Luft liegende Gestank nach Äther, Arznei und ATA tat sein Übriges. Es fiel ihr nicht leicht, sich nach all den Strapazen des Wochenendes wie-der aufzuraffen. Sie war niedergeschlagen und alles in ihr wollte aufgeben. Durch ihre Unvorsichtigkeit war eine Frau zu Schaden gekommen und lag nun im Sterben. Alles, was sie wusste, war, dass sie nicht in der Lage war, Verbrechen abzuwenden, eher befeuerte sie es noch mit ihren Ängsten. Zu gerne hätte sie Hartmann und den ganzen Kraftmeiern und Wichtigtuern bewiesen, dass auch eine wie sie zum Ziel kommt. Doch Görnitz hatte recht, sie war nur ein einfaches Ding und konnte überhaupt gar nichts.

Als sie diesem glatzköpfigen Oberarzt, diesem Prof. Dr. Hildebrandt, zuhören musste, riss sie sich zusammen und starrte mit trägem Blick auf sein kleines Hitlerbärtchen, das wie ein zitterndes Quadrat über seinen Lippen tanzte.

»Aber bitte nur kurz, nich'! Mit Rücksicht auf die Patientin, nich'!«, unterwies sie der Halbgott in Weiß und strich sich über den großen, kahlen Schädel.

»Natürlich, keine Sorge, selbstverständlich, Herr Professor!«

Bedächtig öffnete sie die große Tür des Krankensaals und schritt über das knarzende Parkett zum letzten Bett am Fenster. Dort stand bereits eine junge Frau, die sie zuletzt in den dunklen Räumen eines Kindergartens gesehen hatte. Es war Johanna Schenk, die am Fußende des Krankenbettes die Decke glättete und sich mit eisigem Zorn keinen Millimeter wegbewegte. Sie stand da wie eine Ehrensoldatin an einer Mahnwache, die nicht wusste, was passieren würde: Starb ihre Tante oder starb sie nicht?

Auf dem Weg zum Bett blitzten bei Adler die Erinnerungsfetzen vor dem innerlichen Auge auf. Sie erinnerte sich an Johannas Trotz im Gesicht, an den sanften, fürsorglichen Umgang mit dem Kind im Stuhlkreis, die lustigen Verse vom Friederich im Struwwelpeter und selbstverständlich auch an die fatale Regieanweisung auf dem Schreibtisch: *Sonntag, 15. Dezember 1940, Sprengstoffanschlag in Block D.*

»Guten Morgen, Frau Schenk! Das tut mir aufrichtig leid mit Ihrer Tante.«

Schweigend standen sie nebeneinander.

»Guten Morgen, wie ich hörte, waren Sie Samstagabend ganz in ihrer Nähe, bevor es passierte?«, sprach sie kalt.

»Die Kriminalpolizei hatte am Abend abschnittsweise verdeckt ermittelt, das ist richtig, ja, doch wir konnten nicht überall sein!«, log Adler sie an.

»Wie geht es Christian?«

»Es sieht nicht gut für ihn aus. Er sitzt in Untersuchungshaft und die Indizien summieren sich.«

»Ich schwöre hoch und heilig! Das hier war er nicht! Dafür lege ich persönlich meine Hand ins Feuer!«

»Wir werden nichts ausschließen und nichts unbeachtet lassen. Und wir werden allem gründlich nachgehen!«

Johanna schluckte, verschränkte die Arme und begann auf einmal, leise und ernst, einige Worte von Joseph Goebbels nachzusprechen, die sie im Radio aufgeschnappt hatte.

»Ihr werdet sie nicht wiedererkennen, unsere Kraft, unsere Waffen, unsere Männer! Sie werden sich rächen, euch erschlagen und zertrampeln!« Sie blickte auf ihre Tante, die mit Kopfverband flach atmete. Blass war sie, gerade was das Dreieck im Bereich des Mundes und der Nase betraf.

»Was für große Worte der Reichspropaganda«, reagierte Adler auf das schräge Goebbels-Zitat. »Scheinbar sind inzwischen alle infiziert von diesem toxischen Hochmut. Und solange der nicht verschwindet, werden Krieg, Tod und Gewalt sich bis zum Ende der Menschheit fortsetzen. Glauben Sie mir, ich habe Jahre damit verbracht, um das zu begreifen.«

»Ich kann das nicht verstehen!«, sagte Johanna und schüttelte den Kopf. »Wieso macht jemand so etwas?«

»Eigentlich steckt hinter jeder solcher Taten, wenn man so will, eine Erzählung, eine Botschaft. Die Frage ist nur, was erzählt wird. Hier erzählt jemand, der selbst zum Opfer geworden ist. Sein Selbstwert ist fragil und zerstörerisch seine Wut.«

»Was wollen Sie mir damit sagen? Dass das jemand meiner Tante angetan hat, weil er selbst ein Opfer ist? Und dass sie deswegen besser hätte zu Hause bleiben sollen?«

Adler schaute nachdenklich.

»In der Kriminalistik nennt man so was *Pars-pro-Toto*. Ein Teil steht für das Ganze. Im Rausch der Vergeltung töten

Menschen andere Menschen, die in symbolischer Vertretung für eine Gruppe stehen. Die Gewalttat wird zum Befreiungsschlag. Vergessen wir nicht, Frau Schenk, auch ein Bombenattentat in einem Amt gehört ebenfalls zu einer *Pars-pro-Toto*-Tat. Eine Tat, die ein Mensch vielleicht aus Rache tun muss, weil er selbst schon ein Opfer geworden ist?«

Johanna Schenk schnappte nach Luft und reagierte perplex über Adlers detaillierten Wissensstand, doch ließ sie sich nicht einschüchtern.

»Die Sache wird ohnehin abgeblasen!«, log auch sie jetzt. »Diese Idioten treiben unser Land in die Katastrophe, irgendjemand muss doch irgendwo dagegenhalten!«

»Sollte man wirklich zerstören, was man hasst und damit noch mehr Menschenleben opfern?«, entgegnete Adler. »Oder sollte man nicht eher das beschützen, was man liebt und seine Kräfte in den Dienst realistischer Ziele stellen? Ich würde jetzt gerne Ihre Tante ansprechen, wenn Sie mir erlauben. Vielleicht schaffen wir es, dass sie sich mitteilt. Jede noch so kleine Information kann uns helfen.« Sie schritt zum Kopfende des Bettes, streichelte vorsichtig die Schulter der Schlafenden und sprach sie an. »Frau Irmscher! Frau Irmscher! Können Sie mich hören, Frau Irmscher?« Irgendwie schien sie sie wahrzunehmen und stieß immer wieder Laute durch die Lippen. Sie hielt die klebrigen Augen geschlossen, weil ihr die Kraft fehlte, sie zu öffnen. »Ich bin Luise Adler. Sie liegen im Krankenhaus, in Köpenick. Sie wurden verletzt, Frau Irmscher. Gestern Abend, in der S-Bahn. Können Sie sich an etwas erinnern, Frau Irmscher?«

»Adler, Adlermit, Adlermitze«, stammelte sie.

»Ja, Frau Irmscher, genau, Adler, mein Name. Können Sie sich an etwas erinnern oder haben Sie jemanden erkannt?«

Johanna zuckte mit den Schultern. Auch sie verstand nicht den Sinn dessen, was ihre Tante da stammelte. Plötzlich schnappte die Patientin nach Luft und röchelte. Es fiel ihr schwer, richtig zu husten oder schlucken. Jeder konnte vorausahnen, was folgte, aber niemand konnte wissen, dass es an diesem Vormittag, in dieser Minute und in den nächsten Sekunden geschehen würde.

»Frau Irmscher? Frau Irmscher!«, wurde Adler lauter.

»Ich hole den Arzt!«, sprach Johanna mit Angst in der Stimme, eilte schnell auf den Flur und ließ Adler allein zurück.

»Frau Irmscher!«, rief Adler verzweifelt. »Nein, zum Donnerwetter noch mal, Frau Irmscher!« Sie war fast den Tränen nah, rüttelte an ihr und schüttelte sie.

Doch es war zu spät, der letzte Atemzug von Waltraud Irmscher, geborene Kohlhans, wurde ein sehr langer, den sie letztlich mit aller Deutlichkeit aushauchte. Sie ließ los, das enge Korsett der schweren Umstände lockerte sich und um Adler herum wurde es still, ganz still.

»Wie oft denn noch, hören Sie! Cor-ne-lius!«

Als Lüdke mit der Empfangsstelle des *Rassenhygienischen Forschungsamtes* in der Klopstockstraße telefonierte, wäre er am liebsten durch den Telefonhörer gesprungen oder hätte gleich den ganzen Apparat an die Tür geworfen. Jedoch öffnete sich gerade die Tür und Zach betrat sein Büro – zwar mit müdem Blick, aber nüchtern, klar im Kopf und mit zwei dampfenden Kaffeetassen in den Händen. Seit langer Zeit fühlte er sich heute wieder im Reinen mit sich und der Welt. Sein Chef wies ihm freundlich einen Stuhl zu und schnappte nach Luft. Immer noch musste er mit dieser begriffsstutzigen Sekretärin am anderen Ende der Leitung kämpfen.

»Cornelius, ich möchte Vik-tor-ia Cornelius sprechen! Nein! Mit C wie Caesar! Nicht mit K wie Kaufmann! Sagen Sie mal, hören Sie mir eigentlich zu?«

Nach längerem Dauergeplapper in der Hörermuschel erhellte sich Lüdkes Stimme. »Na gut, na gut! Dann richten Sie ihr schleunigst aus, sie soll sich bei der *Kripo* am Werderschen melden, ja? Durchwahl Achtdreivier. Dringend!

Es geht um ihren Mann! Ja, genau, Lüdke war der Name. Kriminalrat Lüdke. Was? Vielen Dank. Ebenso, ebenso. Ja, gleichfalls, Wiederhören!«

Er knallte den Hörer auf die Gabel.

»So eine Schlafmütze! Aber jetzt zu Ihnen, Zach!«

Um halbwegs wach zu werden, hatte Zach bereits mehrere kräftige Schlucke aus seiner Tasse getrunken.

»Was gibt's denn Chef? Sie wollten mich sprechen?«

»Sagen Sie mal, was war denn da Samstagabend los?«, fragte Lüdke und griff nach seiner Tasse. »Wie konnte uns das denn so dermaßen durch die Finger gleiten?«

Für Zach kam die Frage nicht unerwartet. Er wusste, dass Lüdke sie ihm irgendwann stellen würde und hatte bereits eine Antwort parat.

»Chef, das war einfach unmöglich. Man sah die Hand vor Augen nicht.«

»Und was war mit Klaussner?«, fragte Lüdke. »Irgendetwas stimmt doch mit dem nicht. Das merke ich doch.«

»Klaussner war irgendwann eingepennt«, blinzelte Zach über den Rand seiner Kaffeetasse. »Er wurde, schon als wir starteten, müde und schlief wie ein Baby in Weiberklamotten. Ob Absicht, Fahrlässigkeit oder ein Komplott mit Görnitz dahintersteckt, kann ich aber nicht beurteilen. Dennoch sollte man den Jungen weiter im Blick haben und ihn von weiteren Details fernhalten. Der sitzt mehr drüben als hier.«

»Und Adler?«, hakte Lüdke nach. »Die war doch direkt in der Nähe und hätte Ihnen doch Zeichen geben können.«

Zach hätte sich jetzt für eine von zwei Antworten entscheiden können. Die eine hätte Adler in ein schlechtes Licht gerückt, deshalb entschied er sich für die zweite.

»Niemand konnte ahnen, was da passieren würde. Kollegin Adler hat sehr gut reagiert, Chef. Sie hat alles getan, was in ihrer Macht stand. Vergessen wir nicht, dass sie sich sonst in Gefahr begeben hätte. Und es sollte ja nicht der Plan sein, dass wir ihr Leben aufs Spiel setzen.«

Luise Adler hatte keine Scheu, mit ihrem Anliegen direkt zu ihr zu gehen. Schon längere Zeit saß sie bei Hartmann und ließ den Blick über den Boden wandern. Nach der chaotischen Nacht, der maßlosen Wut über sich selbst und dem Ableben von Waltraud Irmscher, hatte Adler den Entschluss gefasst, all ihre Verfehlungen einzugestehen und daraus Konsequenzen zu ziehen.

```
Sehr geehrte Frau Kriminaldirektorin,

hiermit quittiere ich ordentlich meinen
Dienst als Kommissarin mit heutigem
Datum. Ich danke für die Unterstützung,
die Sie mir entgegenbrachten, doch bin
ich durch persönliche Schwächen nicht
in der Lage, den hohen Ansprüchen und
Erwartungen des Dienstes zu genügen.
Ich bitte um Bestätigung dieses Schrei-
ben.

Hochachtungsvoll,
Luise Adler
```

Wieder und wieder überflog Hartmann das Schreiben, doch stellten sie die Zeilen auch nach mehrmaligem Lesen nicht zufrieden.

»Persönliche Schwächen? Da bleibt mir ja die Spucke weg!«

Adler geriet ins Schwimmen, auch weil Hartmann ihr deutlich machte, was sie von dem Ganzen hielt.

»Antrag abgelehnt! Mit Gewalt lässt sich bei mir kein Bulle melken. Sie haben sich nichts vorzuwerfen, nichts unterlassen und alles Menschenmögliche getan.«

»Ich habe gar nichts getan und nichts erreicht, außer dass ich Kollegen gefährde und Menschenleben auf dem Gewissen habe. Die Tote saß in meinem Wagen. Ich hätte was tun müssen. Aber meine Angst zerfrisst meinen Verstand und nagt an meinem Hirn, deshalb gebe ich auf. Das hat hier alles keinen Sinn! Ich bin die Falsche!«

Hartmann hatte schon länger keine Zigarette mehr gehabt, daher steckte sie sich hektisch eine an und zog so kräftig, als hätte sie Monate nicht geraucht. Jedoch war es bereits die achte heute und es war noch nicht einmal Mittag. Sie griff wieder zum Schreiben und zerriss es zum großen Erstaunen Adlers.

»Sie wollen hier mit dem Kopf durch die Wand und wissen gar nicht, was hinter der Wand steckt. Glauben Sie wirklich, Sie können erst mit sich ins Reinen kommen, wenn Sie gar keine Angst mehr haben? Angst gehört dazu, das muss Ihnen klar sein!«

»Ich weiß nur, dass mich der Mut verlassen hat und ...«

»... Sie selbst sich verurteilen, weil Ihnen Ihre Ängste ein Schnippchen geschlagen haben? Adler, was soll das? Mutig zu sein, heißt, der Angst nicht das Feld zu überlassen, aber es bedeutet nicht die Abwesenheit von Angst. Es ist die Voraussetzung, um mutig zu handeln. Gut, Sie hatten keinen Erfolg und glauben, alles sei schiefgegangen, aber Sie sind sicher nicht für den Tod von Frau Irmscher verantwortlich. Erfolg heißt nicht, dass man gleich ans Ziel kommt, sondern dass man in Momenten wie diesen nicht aufgibt. Und wenn Sie heute aufgeben, werden Sie niemals wissen, wie nah Sie schon am Ziel waren. Wir haben zwei Männer und ein wüstes Sammelsurium an Indizien, jedoch ist die letzte Messe noch nicht gelesen, das können Sie mir glauben.«

Hartmann drückte ihre Zigarette aus, sodass der Rauch aus dem Aschenbecher kroch und verging.

»So, und bevor Sie jetzt gehen, gebe ich Ihnen mal ein probateres Mittel gegen Angst. Es ist hier drüben, kommen Sie einmal zur Vitrine rüber!«

Sie schritten zu den drei hochglanzpolierten Handwaffen. Links die *Walther*, die typische Wehrmachtspistole mit langem Lauf, in der Mitte die *Sauer*, eine Kurzwaffe, wie aus dem Agentenfilm, und ganz rechts die kleine *Mauser HSc*, Kaliber: 7,65 x 17 mm, 8-Schuss-Stangenmagazin und Rückstoßlader. Ein Einhänder, der als echtes Leichtgewicht in jede Damenhandtasche passte und perfekt in der Hand lag.

»Schönes Modell – klein aber handlich«, geriet Hartmann ins Schwärmen. »Mich fasziniert sowieso immer die Vollkommenheit dieser Schmuckstücke. Eisen, Stahl und Holz, alles perfekt zu einer Einheit verbunden. Das Eisen weich oder gehärtet, die Oberflächen brüniert, graviert, ziseliert oder punziert. Und nicht zu vergessen diese wundervolle Maserung am Griff. Eine technische, aber in jeder Hinsicht auch kunsthandwerkliche Meisterleistung, so eine Knarre, oder Adler?«

»Ich verstehe nicht ganz, worauf Sie hinaus möchten, Frau Kriminaldirektorin?«

»Na, finden Sie nicht, dass es ein faszinierender Gegenstand ist? Sie löst zwar ungeheuerliches Leid und Vernichtung aus, aber verkörpert auch eine betörende Macht und mindert Ängste beim Besitzer. Oder soll ich besser sagen, bei der Besitzerin, Frau Kommissarin?«

»Waffen gelten bei der *Weiblichen* als sogenannte Aggressionsbeschleuniger«, sagte Adler. »Sie sind nur männlichen Polizeikräften vorbehalten.«

Hartmann öffnete vorsichtig den Deckel der hölzernen Kiste der *Mauser*, und versicherte sich, dass noch eine Schachtel Munition darin lag. Schnell schloss sie den Deckel, um das edle Stück vorsichtig darauf abzulegen.

»Ja, papperlapapp, das weiß ich doch alles! Schließlich habe ich den ganzen Blödsinn ja vor Jahren selbst verfasst. Es war aber damals nicht die Zeit, Frauen eine Knarre in die Hand zu drücken. Und wie sollte man das auch um alles in der Welt den Männern beibringen? Die können sich doch nur mit so 'nem Ding mächtig fühlen und müssen als Krieger ausziehen, um mit einem erlegten Mammut zu ihren Frauen

ans Feuer zurückzukehren. Dabei sind Mammuts längst aus-
gestorben und die Frauen sitzen auch nicht mehr am Feuer
und warten da auf sie. Die sitzen heute als Kommissarin in
der verdunkelten S-Bahn und jagen Mörder. Deshalb kann
der Besitz einer Waffe zur Selbstverteidigung auch für eine
Frau eine gute Lebensversicherung und eine wichtige Ab-
schreckung für Verbrechen sein. Wir verstehen uns doch,
oder, Adler?«

»Laube, Schal, Brieftasche, Fußabdruck, Blut – alles scheint
bei Cornelius zu passen!«, resümierte Lüdke vor Zach. »Ich
warte nur noch auf die Ergebnisse der Spurensicherung und
auf ein umfassendes Geständnis. Vielleicht gibt es aber auch
nichts, was er gestehen kann?«

»Nun, der Fußabdruck hier passt sowohl zu Cornelius als
auch zu Golzow«, sprach Zach. »Aber Cornelius ist auf keinen Fall ein Unschuldslamm. Ich bin davon überzeugt, dass
wir mit ihm den Mörder in der Tasche haben.«

»Na, da bin ich mir langsam nicht mehr sicher«, entgegnete der Chef. »Nirgendwo Fingerabdrücke, und wie Sie sagen, hat auch der Weichenwart neben dieser speziellen Blutgruppe Schuhgröße 43 und Reichseinheitsstiefel mit grobem
Profil. Und mit Cornelius' stumpfem Messer kann man nicht
mal'n Bleistift anspitzen, geschweige denn Brustwarzen ab-
trennen oder Kehlen durchschneiden.«

»Und was machen wir jetzt mit dem Abdruck hier?«

»Die Spurensicherung nimmt die Abdrücke der Männer
noch weiter ins Visier. Adler wollte sich drum kümmern.
Nehmen Sie den hier erst mal mit, bis wir wissen, wem er
wirklich gehört. Macht sich auch gut als Briefbeschwerer.
Das wär's dann auch erst einmal!«, sprach Lüdke.

Zach erhob sich vom Stuhl und bei dem Versuch, wie ein
Jongleur mit Tasse und Abdruck die Klinke mit dem Ellenbogen herunterzudrücken, kam Lüdke ihm zur Hilfe und
wollte noch eine ganz persönliche Botschaft loswerden.

»Ach, noch was! Irgendwie scheint mir wohl der alte Zach wieder zurückgekehrt zu sein«, lobte er ihn. »Sie gefallen mir in letzter Zeit wieder, wirken wacher und aufgeweckter. Wir sollten in nächster Zeit mal außerhalb des Dienstes auf Ihre baldige Beförderung zum Kommissar mit ein paar kühlen Gläsern anstoßen. Kenne da ein gutes Etablissement in der Giesebrechtstraße, nennt sich *Salon Kitty*.«

Zach überraschten die äußerst guten Nachrichten, hätte er hier und heute ganz und gar nicht damit gerechnet. Aber auch er hatte eine Überraschung im Ärmel.

»Sehr gerne Chef! Ich trinke zwar keinen Alkohol mehr, aber bei einem Glas Sinalco oder Sodawasser – sehr gerne.«

»Ach, das nenne ich mal echte Veränderung, Zach! *Mit Sinalco uns der Sieg, wie im Frieden so im Krieg* oder so ähnlich.«

»Tja, manchmal muss man sich wohl verirren, um sich wiederzufinden, Chef. Es freut mich aber zu hören, dass Sie endlich einer Beförderung zustimmen.«

»Wieso endlich?«, sagte Lüdke und schaute ihn fragend an. »An mir sollte es doch nicht liegen. Seit Monaten liegt Ihr Antrag bei Görnitz.«

Nachdem Adler das Büro ihrer Chefin verlassen hatte, stand Letztere schon wieder im Vorzimmer ihrer Sekretärin und gab ihr eine lange Reihe an Anweisungen für die Kalenderwoche.

»Aber nun machen Sie erst mal Mittagspause, Frau Schiller! Nicht alles auf einmal!«

»Ich würde dann kurz noch mal los, wenn Sie gestatten? Die Kantine hat bereits geöffnet.«

»Gehen Sie mal, gehen Sie mal! Königsberger Klopse gehören jetzt nicht gerade zu meiner Leibspeise. Ich halte hier die Stellung.«

Während Eva Schiller schnell noch ein Paar Unterlagen zusammenraffte, um sich schließlich auf den Weg zu machen, ging Hartmann durch die geöffnete Tür zurück in ihr

Büro und sah durch das Fenster über den großen Innenhof des Polizeigebäudes. Selbstverständlich griff sie sofort zum Rauchwerkzeug und sinnierte einen kurzen Moment über das vergangene Gespräch mit Adler. Mit prüfendem Blick blickte sie hinüber zur Vitrine, in der immer noch die *Walther* und die *Sauer* auf ihren schmuckvollen Schatullen lagen. Ganz rechts fehlte jedoch die kleine *Mauser HSc*. Hartmann hatte Adler überzeugen können, dass die Pistole nicht nur sehr gut in ihre Hand, sondern letztendlich auch perfekt in ihre Handtasche passen würde. Im direkten Tausch mit der Munition konnten zwei winzige Gefäße aus Glas als Pfand in der Schatulle hinterlegt werden: Das braune und noch halbvolle Pipettenfläschchen mit Diacetylmorphin sowie ein noch volles Röhrchen Pervitin. Hartmann lächelte und sprach aus, was sie dachte.

»Außergewöhnliche Situationen erfordern außergewöhnliche Lösungen. Wenn wir die Guten nicht mit allen Mitteln kämpfen lassen, werden die Schlechten für immer siegen.«

18

Im Restaurant am Werderschen Markt schmeckte es immer besser als in der Kantine. Beim geräuschvollen Klappern des Geschirrs konnte Zach heute gerade mal einen kleinen Tisch ergattern, der für zwei Personen aber ausreichen sollte. Er legte sein Zigarettenetui und die Zeitung auf den Tisch sowie den Gipsabdruck, den er wie ein lästiges Accessoire in der Sakkotasche trug.

»Komme sofort, der Herr! Bin gleich bei Ihnen!«, rief ein Ober und eilte mit Riesenschritten und Restgeschirr vorbei.

»Was darf es denn erst mal zu trinken sein?«, fragte ein Zweiter, der aus dem Nichts erschienen war und blickte erwartungsvoll drein.

Klar im Kopf und eher beduselt vom ganzen Hin und Her, gab Zach artig seine alkoholfreie Bestellung auf.

»Mahlzeit! Sind Sie bitte so nett und bringen mir eine große Sinalco!«

»Sehr gerne, große Sinalco. Sofort, der Herr«, empfing der Ober die Bestellung. »Ich empfehle heute das Tagesgericht. Schmorgurken in Dillsoße und Kartoffelbrei.«

»Oh, da warte ich lieber noch auf meine Begleitung. Aber für sie können Sie mir schon mal ein kleines Bier bringen!«

»Sehr wohl.«

Nachdem der Ober sich lautlos entfernte, tat Zach das, was er in so einem Moment immer tat: das Warten mit Trivialem füllen, sich eine anstecken und die widersprüchlichen Überschriften des VÖLKISCHEN BEOBACHTERS auf der Titelseite studieren: *Deutsche U-Boote vor England verschollen*, darunter *Deutsche U-Boote versenken 34 englische Schiffe*, links davon *Marine bereitet Seekrieg gegen Großbritannien vor* und rechts davon *Kriegssachschädenverordnung tritt in Kraft*.

»Schönes, ruhiges Plätzchen!«, sprach ihn Adler gut gelaunt von der Seite an.

Zach erhob sich sofort, als er Adler erblickte, weil Kava-
liere das so machten. Sie begrüßten sich kollegial mit Hand-
schlag und Adler merkte sofort, dass Zach sich heute überschwänglich charmant geben wollte.

»Aber nehmen wir doch Platz, Kollegin? Darf ich erfahren, was uns heute so fröhlich stimmt?«

»Ich habe jetzt genau so was wie Sie. Und zwar in meiner
Handtasche!«, sagte sie euphorisch.

»Ach? Zeigen Sie mal! Wie kommen Sie denn dazu?«

»Hab ich aus dem Polizeirevier.«

»Nein, wirklich?!«

Adler griff in ihre Handtasche und zog zwei klobige Teile
aus der Tasche, die sie rechts und links von Zachs mitge-
brachtem Gipsabdruck anordnete.

»Aha, das sind die ...?«

»Genau, das sind sie. Die Ergebnisse des Kriminaltechnischen Instituts. Proben der Originalabdrücke, die sowohl
Paul Golzow, hier links, als auch bei Christian Cornelius,
hier rechts, nach deren Festnahme am Samstag im Revier
abgenommen wurden.«

»Abgenommen?«

Adler zeigte in die Mitte auf Zachs Exemplar.

»Der hier ist der erste Abdruck, den die Spurensicherung
nach Erreichen des Tatorts vor Ort im nahen Bahngelände
entdeckt und abgenommen hatte. Und zwar mit Modellier-
gips, einer schnell angerührten Masse. Die beiden anderen
dagegen ...«, sie zeigte auf ihre mitgebrachten Exemplare,
»... sind am Abend während der erkennungsdienstlichen
Erfassung entstanden, nachdem unsere beiden Beschuldig-
ten fotografisch erfasst, gewogen und gemessen wurden und
sich mit ihrem ganzen Gewicht auf eine feste Abdruckmasse
stellen mussten. Durch Ausgießung ihrer Abdrücke hat die
Forensik nun eine exakte Reproduktion ihrer individuellen
Sohle erstellt. Genial, oder?«

Adler lehnte sich einen kurzen Moment zurück und

schwieg, da sie mit Zachs Verblüffung gerechnet hatte. Der drückte jedoch nur seine Zigarette aus, starrte konfus auf die drei identisch anmutenden Exemplare und ließ jede Gipssohle durch seine prüfenden Hände gleiten. Einen Unterschied konnte er allerdings nicht ausmachen, die Dinger glichen sich wie eineiige Drillinge.

»Na? Klingelt's schon?« Sie löste schließlich das Rätsel. »Schuhspuren sind immer auch Situationsspuren. Jeder glaubt, sie geben nur Auskunft über den Schuh und nicht über den Träger, jedoch sehen wir hier nicht nur gleiche Sohlen mit gleichem Profil gleicher Arbeitsschuhe, sondern wir sehen viel mehr.«

»So? Tun wir das?«, erwiderte Zach überfordert, während Adler weitersprach.

»Anhand einer Schuheindruckspur lässt sich deutlich erkennen, wie tief der Eindruck ist. Dadurch erhalten wir einen Anhaltspunkt über das Gewicht des Spurenverursachers.« Sie nahm den mittleren und zeigte auf die Stärke der Längsseite. »Der hier ist der Abdruck vom Tatort. Schuhgröße 43 und 18 Millimeter dick.« Sie griff zum nächsten, der deutlich dicker war, und verglich beide miteinander. »Dieser hier ist der Abdruck von Cornelius, ebenfalls Größe 43, gleiches Profil. Er hat eine größere Eindrucktiefe und ist 25 Millimeter dick. Cornelius ist 1,89 groß und hat ein Körpergewicht von 90 Kilo.«

Zach verstand nun endlich das Prinzip.

»Und der andere, der von Golzow, ist dünner, weil der kleiner und leichter ist und seine Sohle durch sein Körpergewicht sich weniger tief in den Boden drückt?«

Adler nickte bestätigend und hatte weitere Daten parat.

»Richtig! Golzow wiegt bei seinen knapp 1,65 genau 70 Kilogramm. Und nun raten Sie mal, wie dick sein Fußabdruck ist? Exakt 18 Millimeter und keinen Millimeter mehr. Zwar ist Golzow damit noch nicht als Täter überführt, weil er auf dem Streckengelände immer zu tun hat. Es beweist jedoch die Unschuld von Cornelius und schließt eindeutig aus, dass er von dort die Flucht ergriff haben soll.«

Exakt 304 km weiter östlich in der Kavallerie-Kaserne Bromberg. Kürzlich war es hier zu gewaltsamen Übergriffen polnischer Widerstandskämpfer auf eine deutsche Minderheit gekommen. Für die deutschen Eindringlinge ein willkommener Vorwand für Vergeltung und Tod. Um sich postwendend für die Aktionen bei den Polen zu rächen und weitere Widerstandsaktivitäten im Keim zu ersticken, erschossen NS-Einheiten mit Unterstützung der Wehrmacht sage und schreibe 300 polnische Bürger – allesamt Vertreter der lokalen wirtschaftlichen, politischen und geistigen Elite. Ein Tiefpunkt und Anschlag auf die Menschlichkeit. Doch sollten es noch nicht genug sein, die Rechnung war noch offen.

BEFEHL

Eingeleitete Aktion in Bromberg ist erfolgreich abzuschließen. Alle von der polnischen Seite als Deutschen-hasser und Hetzer Hervorgetretenen weiter aufspüren und im Laufe der Woche durch Massenerschießung auf dem Kaser-nengelände liquidieren.

Lödken, Kreisleiter Gestapo Bromberg

Peters Stimmung war auf dem Tiefpunkt. Er wusste nicht, ob er lachen oder weinen sollte, als er hier mit zwei Kameraden und Schaufel in der Hand die Erde nahe der Kasernenmauer aushob. *Einen Panzer- und Schützengraben ausheben* war der Befehl – ohne Sinn und Zweck und mit knapp 50 Metern auch militärisch zu nichts zunutze, sagte er sich, als er das spitze Spatenblatt mit dem Fuß in die Erde rammte. Es gab genug Gräben dieser Art auf dem Gelände. Allerdings sollte die Errichtung einer kurzen Verteidigungsstelle im Abschnitt angeblich rein exemplarischer Natur sein, wie es heute Morgen der Unteroffizier mit den drei silbernen Sternen auf der Schulterklappe anordnete. Und Befehl sei nun mal Befehl. Und auch wenn Soldatsein in erster Linie für Aktion stand, verursachte diese stumpfe Befehlsempfängerei bei Peter vor allem Wut und Gegenwehr. Etwas weigerte sich in ihm, er wollte einfach nicht einer von ihnen sein. Und egal, mit wem er hier sprach: jeder, vom Unterfeldwebel bis zum Generalmajor, alle stellten die Polen als schmutzige Barbaren dar, die die sauberen, kulturell höherstehenden Deutschen zu infizieren drohten. Peter fand das alles nur widerlich und überlegte, was Herrmann zu dem Ganzen hier sagen würde. Sicher hätte der gute Argumente gehabt, die gegen den Wahnsinn sprächen. Allmählich verblassten die schönen Erinnerungen an Herrmann und es war schade, dass man so auseinandergegangen war. Herrmann hatte NEUANFANG warnen und sie vor Verhaftung und Tod bewahren wollen. Er war den hohen Tieren so nah gewesen und hatte gewusst, dass bald etwas passieren würde. Die Antwort auf Gewalt konnte nicht Gegengewalt sein. Und hätten sie Herrmann am Abend aufhalten und milde stimmen können, hätte sich das Ganze sicher auch zum Guten gewendet, da war er sich sicher. Doch so? So war er verschwunden und man konnte sich noch nicht einmal richtig verabschieden.

Peter stach den Spaten in den Boden und pausierte einen kurzen Moment auf dem T-Griff des Stielendes.

»Rekrut Peter Schenk? Befindet sich hier der Rekrut Peter Schenk?«, rief ein Grenadier ohne Ärmelaufnäher von Weitem und kam immer näher.

»Ja, hier! Ich bin Peter Schenk!«, rief Peter aus der massengrabartigen Tiefe. »Was gibt es denn?«

»Heil Hitler! Dringendes Telegramm! Soeben aus Berlin!«, informierte er ihn und streckte ihm die Hand mit einem gefalteten Vordruck entgegen.

Peter klappte eilig die dünne Papierseite auf und las mit
Schrecken, was darauf stand:

Nach Fliegerangriffen Privatgespräche am
Fernsprecher unterlassen

Deutsche Reichspost Telegramm

Wortgebühren:4,20 RM Sonstige Gebühren:0,35 RM
Übermittelt:30/11/40 1235Uhr Verzögerung: XX

Peter, lieber Bruder! Sehr traurige
Nachricht: Tante Traudi heute unerwar-
tet verstorben.
Vater kümmert sich um Beerdigung.
Onkel Gerd ist benachrichtigt.
Beisetzung Montag, 09.12.40, 10.00 Uhr,
Matthäus-Friedhof.
Bitte versuche zu kommen.
Für heute die besten Grüße
Johanna

P.S. Neue Adresse: J. Schenk,
Kleingartenverein Gutland II, Parz. C2,
Berlin O-31

Es galt, keine Zeit zu verlieren. Viktoria Cornelius hatte sich
direkt vom Schreibtisch im Rassenamt aus auf den Weg gemacht und war höchstpersönlich im Polizeipräsidium erschienen. *Ich verspreche, ihm die Treue zu halten und in guten
wie in schlechten Momenten bis ans Ende meiner Tage zu lieben und zu ehren,* hatte sie irgendwann einmal gelobt. Das
Gelöbnis war aber nicht die Eidesformel auf den Führer,
sondern gehörte zum Akt ihrer Eheschließung im Standes-
und Sterbeamt Tempelhof. Und so berechnend und mani-
pulativ wie Viktoria Cornelius seit eh und je gestrickt war,
ging es ihr auch jetzt weniger um Liebe und Treue, sondern

um die eigenen Rettung, die eigene Ehre und darum, endlich die Gelegenheit beim Schopfe zu packen, ihren Mann
für immer für sich zurückzugewinnen. Adler und Zach,
Lüdke und Hartmann sowie Görnitz waren dazu hier ver-
sammelt. Wie im Lehrerzimmer saßen alle in der lichtarmen
Vernehmungszelle IV und mussten sich anhören, was sie zu
berichten hatte. Jedoch ging es nicht um die Versetzung eines Schülers, sondern um Weiterleben oder Hinrichtung des
noch einzigen Hauptverdächtigen.

Cornelius saß an der Stirnseite des Tisches, abgeschieden,
wie ein Aussätziger. Er wirkte kleiner als sonst: von Dunkel-
arrest und Einzelhaft zermürbt und deutlich gezeichnet von
den Blessuren seiner Folter schwieg er nur die ganze Zeit.
Und irgendwann fingen Görnitz und Viktoria an, angeregt
über ihn zu reden, als sei er ein Unmündiger.

»Ihr Gatte scheint mir ja ein buchstäbliches Opfer seiner
selbst zu sein«, konnte Görnitz es nicht lassen, ihn vor allen
zu entwürdigen. »Verstrickt in den Sünden seines Schicksals. Typischer Fall von akademischem Strolch.«

»Ich gebe Ihnen da zu einhundert Prozent recht, Herr
Obergruppenführer. Aber Sie müssen verstehen, dass mein
Mann ein wahrer Hanns Guck-in-die-Luft ist. Ständig irrt
etwas in seinem Kopf herum und steht ihm im Wege. Er ist
halt Wissenschaftler, ein Intellektueller. Selbst wenn man
ihm den Weg aufzeigt, weiß man nie, ob er als Nächstes in
der Laube oder im Gefängnis landet.«

»Na, wenn er Sie nicht gehabt hätte, Frau Cornelius, wäre
er beinahe unter der Guillotine gelandet«, witzelte Görnitz
scheinfreundlich.

Hartmann wurde das leere Gerede der Geschwister im
Geiste langsam zu viel.

»Sie gestatten, wenn wir Ihre angeregte Plauderei nun für
einen Überblick der vorliegenden Sachverhalte opfern? Adler, machen Sie mal weiter und fassen zusammen!«, befahl
sie.

Adler hatte Viktorias Aussagen schnell in Kritzelschrift notiert und begann zuerst, die Vorderseite durchzusehen.

»Frau Cornelius! Sie beeiden also, dass Sie Ihr Mann am Sonntag, den 24. November 1940 gegen 16.00 Uhr in Ihrer Wohnung in der Motzstraße 41 besucht hatte.«

»Richtig, so ist es.«

»Die Gründe seines Besuches waren unter anderem seine Schulden von zwanzig Reichsmark, die er an diesem Nachmittag bei Ihnen beglich?«

»Richtig, ganz richtig. Und ich wiederhole – das Geld war in seiner Brieftasche, die er später liegen ließ, genauso wie seinen Schal.«

»Während seines Besuches haben Sie gemeinsam Kaffee getrunken und sich unterhalten. Zwischenzeitlich gingen Sie beide ins Schlafzimmer und verbrachten dort Zeit miteinander. Auf die weiteren Details, die Sie uns ausführlich schildern konnten, möchte ich nicht mehr weiter eingehen.«

Viktoria blickte in die Runde.

»Ihre Diskretion in allen Ehren«, bedankte sie sich kühl, doch stolz, dass es noch einmal erwähnt wurde.

Adler drehte ihre vollgekritzelte Seite um und las weiter.

»Am vergangenen Freitagabend baten Sie Ihre Nachbarin, Waltraud Irmscher, auf dem Hausflur vor ihrer Wohnung, die vergessenen Utensilien im Zuge einer nächsten Fahrt nach Gutland mitzunehmen, damit sie diese Ihrem Mann überreicht. Damit klärt sich auch der Grund, warum Ausweis und Schal des Verdächtigen am vergangenen Samstag im Besitz der Verstorbenen waren.«

»Genauso ist es. Ein tragisches Schicksal, aber damit ist der Fall für meinen Gatten doch geklärt, oder?«

Der Vollständigkeit halber war es für Adler an dieser Stelle wichtig, auch von den Fußabdrücken zu berichten. Sie legte dar, dass diese Erkenntnisse ebenfalls gegen Cornelius als Täter sprachen.

Am Ende wurde Lüdke amtlich.

»Nach diesem wasserfesten Alibi und den dadurch gewonnenen Erkenntnissen im Fall, sehe ich keine Notwendigkeit, Sie hier weiter in Gewahrsam zu behalten, Herr Cornelius.«

»Heißt das, ich kann gehen? Ich bin frei?«, fragte er und fuhr hoch.

»Ja, du bist frei, Christian«, sagte Viktoria und strahlte ihn an. »Du bist frei und kehrst zurück zu mir in dein altes Leben. Ich möchte Ihnen allen von Herzen danken.«

»Nehmen Sie den jetzt mit und päppeln ihn wieder hoch!«, empfahl Hartmann keck.

»Sie haben ja so recht. Er muss endlich zu Kräften kommen«, stimmte sie ihm zu und schaute alle einzeln an. »Dafür muss jetzt gesorgt werden. Komm, Christian! Komm dahin, wohin du hingehörst, nach Hause! Zu mir!« Sie verließ mit ihrem zurückeroberten Gatten an der Hand den Raum und hinterließ eine schweigende Runde ernst dreinschauender Gesichter.

»Läuft ja fantastisch«, sprach Lüdke. »Wir betreiben den größten Aufwand und in wenigen Tagen schrumpft die Zahl der Verdächtigen auf null.«

»Eins haben wir zumindest erreicht«, witzelte Zach. »Herr Cornelius darf heute wieder in seine warme Stube auf seinen schönen Sessel und wird mit den köstlichen Abendbrotstullen seiner Gattin gefüttert. Wenn das nicht Liebe ist?«

»Wenn das Liebe sein soll, wird es Zeit, an ihr zu zweifeln?«, folgte ein typischer Kommentar der Gattung Hartmann.

Görnitz blieb derweil ernst und spritzte wie zu erwarten sein Gift in die Runde.

»Sehen Sie es nun endlich ein, wie viel es bringt, sich mit Küchenpsychologie an so was heranzumachen? Ohne die müsste ich mir nicht Ihr dämliches *Quadriga* antun. Wie lange wollen Sie Ihr Katz- und Mausspiel eigentlich noch fortsetzen, Lüdke? Etwa bis zur Rente?«

Lüdke tat zwar gelassen, als er mit dem Streichholz den kalten Zigarrenstummel reaktivierte, doch blies er den Rauch wie ein wütender Drache seinen Feuerstrahl durch die Nase.

»Ich will jetzt endlich an die Öffentlichkeit, Görnitz!«, sprach er durch dicke Rauchwolken. »Mit Aushängen im Stadtteil und Schlagzeilen in der Presse, koste es, was es wolle, und wenn mir der Führer persönlich dafür den Kopf abreißt oder ich das Land verlassen muss. Wer weiß was? Wer hat was gesehen? Wer kennt den Mörder? Hinweise nimmt jede Polizeidienststelle entgegen. Wir müssen endlich das Volk in Kenntnis setzen. Noch ist es nicht zu spät und es muss endlich gelingen, diesen Typen zu finden. Wenn wir unsere Maßnahmen jetzt beenden, wird er wieder zuschlagen, möglicherweise schon wieder am Wochenende. Der merkt doch sofort, dass er freie Hand hat.« Er schlug auf die Tischplatte. »Noch vor Weihnachten will ich diesen Typen im Sack haben. Mit ganz großem Besteck und allem, was wir haben: Mit örtlicher SA-Standarte, mit Hundertschaft, mit Wachen auf der Strecke, noch mehr Frauenkleidern, noch mehr Kokolores, einem kristallklaren Zach und einer wachen Adler. Verstanden?! *Quadriga* geht weiter! Ende der Durchsage!«

19

Freitag, den 6. Dezember 1940

𝔙ölkischer 𝔅eobachter

Berliner Ausgabe

Berlin, Freitag, den 6. Dezember 1940

Brutale Überfälle in S-Bahnzügen

Berlin. Rummelsburg/Karlshorst. Wieder-holt soll ein Mann auf der S-Bahnlinie Ostkreuz-Erkner und im nahen Gebiet der Lauben unter Anwendung grober Gewalt in der Hauptsache Frauen misshandelt oder sogar getötet haben. Der Täter soll mit einem Mantel sowie mit einer Art Schirmmütze bekleidet sein. Alle Volks-genossen mit zweckdienlichen Hinweisen werden gebeten, sich sofort mit dem Reichskriminalpolizeiamt am Werderschen Markt 1 oder mit anderen polizeilichen Dienststellen in Verbindung zu setzen.

»So ein perverses Schwein, also wirklich!« Die vollbusige Daggi Bürger schüttelte nur erschüttert den Kopf, nach-dem sie den Text auf der Titelseite des VÖLKISCHEN BE-OBACHTERS gelesen hatte. Schwer atmend stand sie hinter dem Tresen im *Teuffels-Eck*. Eine Gaststube, die ihrem Na-men heute alle Ehre machen sollte, obwohl die bescheidenen Abmessungen nicht einmal Platz für Schlägereien zuließen. Und während hinten, in der halbdunklen Ecke des Kneipenraums, ein paar alte Veteranen ihre Skatkarten dreschten, schnurrte sich Evelyn Künneke per knisternder Schallplatte durch den Gassenhauer *Sing, Nachtigall, sing.*

»18?«, »Jo!«, »20?«, »Jo!«, »22?«, »Jo!«, »Weg! He, Daggi! Machste uns drei Frische, bitte!«, schallte es aus dem Hintergrund.

Oscar Zach, der vierte und letzte Gast im Kneipenraum, saß wie so oft vorne am Tresen – wie immer an seinem Stammplatz und wie immer allein. Mit den Lippenbewegungen eines Karpfens versuchte er, vor seinem leeren Glas kunstvoll Kreise zu rauchen, was ihm aber misslang.

»Machst du mir auch noch 'n frisches Sodawasser, Daggi?«

»Wie viel warn dit jetze, Oscar?«

»Eins. Ein Glas, bitte.«

»Nee, Oscarchen, ick meene, wie viel Frauen?«

»Lass mich kurz überlegen! Fünf nur vergewaltigt und gefoltert, zwei vergewaltigt, getötet und auf Schottergleise geworfen, eine vergewaltigt und abgemurkst und eine in der Bahn mit der Brechstange zur Strecke gebracht. Die wurde aber nicht vergewaltigt, sondern wurde nur totgeschlagen, und man hat ihr den Schädel zertrümmert.«

Von den schaurigen Erzählungen angewidert, schüttelte Daggi nur den Kopf.

»Dit is' allet einfach nur gruselig. Also entweder gleich Kopp ab oder Schwanz ab. Oder allet beedet, aber dann eens nach'm andern. Und sowat passiert immer allet vor Weihnachten, weeste?«

»Wie wär's jetzt mit 'ner neuen Soda, Daggi-Schatz?«

»Sach ma, musste dir heute keen Mut antrinken? Ick warte schon uff den Heiratsantrag heute, meen Kleener!«

»Na, dazu brauche ich doch keinen Alkohol, Liebling. Bist auch ohne Bier und Schnaps die Allerschönste im 1001-jährigen Reich«, flirtete er sie an, obgleich sie resistent gegen seine Flirtversuche war.

»Ja, ja, hinter den sieben Bergen, bei den sieben Zwergen, übler Schamör. Find ick übrijens jut. Mit Alkohol löst man nämlich keene Probleme. Mit Blubberwasser aber och nich', meen Kleener. Ick mach gleich!«

In diesem Moment stiefelten zwei unbekannte Männer mit deutschem Gruß, braunen Uniformjacken und schwarzen Reiterhosen ins Lokal. Mit Schirmmütze auf dem Kopf und Offiziersstock unterm Arm, stellten sich die Reiter ohne Pferd großtuerisch an den leeren Tresen und nahmen Zach regelrecht in die Mangel.

»Der Herr gestattet mal, ja!«, sprachen sie synchron wie Brüder und rückten noch dichter an ihn heran. Zach war sichtlich irritiert, gab es doch reihenweise freie Plätze im Lokal. Scheinbar suchten die Typen hier etwas, dass sie schnell fanden, nämlich Streit.

»Bedienung! Wir kriegen hier mal gleich drei Gläser und 'ne Pulle Norder Doppelkorn, ja? Der Herr hier is' eingeladen«, sprach der eine.

Zach wusste noch nicht, was sie wollten, wusste aber nur zu gut, dass man in solchen Momenten höflich blieb, damit es nicht eskalierte.

»Guten Abend die Herren, das ist wirklich sehr freundlich, kommt mir aber ungelegen. Ich trinke keinen Alkohol, daher lehne ich dankend ab.«

Die beiden Spießgesellen stellten auf Durchzug und der eine zählte Daggi ordentlich an.

»Sag mal, sitzt du auf den Ohren, dicke Kuh?«

Prompt folgte die Reaktion hinten vom Skattisch.

»Hallo, hallo! Hier mal 'n bisschen freundlicher zur Dame, Kollejen!«

»Schnauze Opa, sonst knallt's gleich!«

»Also, Sie könnten wirklich etwas freundlicher sein«, reagierte Zach noch höflich und ahnte immer noch nicht, was das Ganze sollte. Er begriff nicht, dass die Typen ihm ans Leder gehen wollten, wogegen Daggi sofort merkte, dass sie ordentlich auf Krawall gebürstet waren. Aber ein Handgemenge konnte sie hier nun überhaupt nicht gebrauchen, daher beugte sie sich dem Befehl, zog eilig eine volle Flasche Schnaps aus dem Regal, stellte aber vorsichtshalber statt der drei nur zwei Schnapsgläser dazu.

»Hör mal, wir sind hier zu dritt! Kannste nich' mal zählen, du fettes Stück Scheiße?«, blaffte er erneut und hob mit einem quietschenden Dreh den Korken aus der Flasche.

»Auf was trinken wir, Kollege?«, sprach er zu Zach und füllte zunächst die kleinen Gläser. »Auf was wir t r i n k e n?«, wurde er laut und hatte dabei buchstäblich Schaum vor dem Mund.

»Wie gesagt, ich trinke nicht«, wiederholte Zach und traute seinen Augen nicht, als er sah, wie ihm sein selbst ernannter Trinkbruder mit gluckerndem Geräusch den kompletten Rest Schnaps aus der Flasche bis zum Rand des leeren Wasserglases füllte.

»Ich glaube, wir sollten auf die Freundschaft trinken!«, sagte er und hielt ihm das große Glas bedrohlich vors Gesicht. Zach wollte sich abwenden, doch da packte ihn der andere Typ von hinten an den Haaren, bog seinen Kopf nach hinten und nahm seinen Arm in einen kräftigen Polizeigriff.

»Los! Trink, du Arschloch! Auf die Freundschaft!«

»Sofort raus hier!«, rief Daggi, fuchtelte mit den Armen und versuchte vergeblich, vom Hausrecht Gebrauch zu machen. Ihr beachtlicher Busen wogte förmlich vor Aufregung. »Zischt hier jetzt ab, sonst rufe ich die Polizei!«

»Schnauze, Dicki! Das hier wird 'n Männergespräch unter Freunden!«

»Es ist mir völlig gleichgültig, ob ihr Analphabeten mit mir auf die Freundschaft trinken wollt!«, murmelte Zach und verlor langsam die Selbstbeherrschung. »Lass mich gefälligst los, du Penner! Du brichst mir den Arm!«

Nach einer kurzen Pause, die beide offensichtlich brauchten, um das Gesagte zu verstehen, zog der eine noch fester an Kopf und Arm, während der andere ihn zwang, das volle Glas auszutrinken.

»Los! Runter damit! Kleinen Schluck für Mutti, großen Schluck für Obergruppenführer Görnitz. Los, trink, Verräterschwein!«

Zach wehrte sich und wusste nun, was hier gespielt wurde. Die Typen wurden eindeutig von Görnitz geschickt, der sich hiermit für mangelnde Loyalität und freie Meinung revanchieren wollte.

»Wenn Sie nicht sofort loslassen, rufe ich die Polizei«, schrie Daggi aufgebracht.

»Halt endlich die Klappe, du fette Sau, sonst geht hier gleich dein Laden zu Bruch.«

Sie schwieg auf der Stelle. Während die Skatbrüder hinten auch nichts mehr zu sagen wagten und stumm und tatenlos dabei zusahen, wie einer der Peiniger Zach zwang, die scharfe Flüssigkeit auf ex hinunterzuwürgen, spürte der nur, wie ihm das Ganze gleich wieder hochkam. Doch blieb ihm nichts weiter übrig, als zu schlucken, sonst wäre er erstickt, denn das scharfe Gesöff durchflutete nicht nur seinen Rachen, sondern landete auch in seinen Nasenlöchern und floss ihm in die Luftröhre. Überall brannte es in ihm wie Feuer.

Als das Glas schließlich komplett geleert war und sie Zach losließen, fiel der nur wie ein Toter zu Boden. Er schluckte, er stöhnte, er röchelte und das alles gleichzeitig in der gekrümmten Haltung eines Vergifteten. Schließlich würgte er alles samt seiner ersten Wasserbestellung wieder heraus, sodass die schwüle Luft im winzigen Lokal säuerlich nach Erbrochenem roch. Sie blickten zu ihm herunter und die Angriffslust sprang ihnen förmlich aus den Augen.

Würde ihn jetzt das gleiche Schicksal ereilen wie Herrmann Bohr? Und sollten das jetzt die letzten Sekunden seines Lebens werden?

Blaugestreifter Bademantel und braunkarierte Hauspantoffeln – so stand Cornelius im Hausflur auf der Etage seiner Wohnung, als er gerade unten vom Hof kam und den
Henkel des verbeulten Emaille-Eimers in der Hand hielt.
Viktoria hatte ihn gebeten, den Müll herunter zu bringen.
Vielmehr hatte sie es ihm verordnet. »Morgen kommt die
Müllabfuhr«, sagte sie, und »Bewegung und frische Luft tun
dir gut«, sagte sie. »Besonders nach den ganzen Strapazen
der vergangenen Tage«, sagte sie. Ohnehin sagte sie »nach
den ganzen Strapazen« mehrmals am Tag und betonte es
meist, als wären es nur ihre Strapazen und nicht seine. Aber
war es nicht er, der nach all dem Abstand brauchte? Von der
Laube, von *Degesch* und von *NEUANFANG*? Er wollte nichts
weiter als seine Ruhe. Durchatmen und es nicht wieder dem
Schicksal überlassen, die Karten neu zu mischen. Dass der
Moment irgendwann kommen mochte, an dem er Johanna
wiedersehen würde, wusste er, auch wenn er noch nicht bereit war, ihr unter die Augen zu treten. Dass es aber schon
heute und schon jetzt sein sollte, darauf war er nicht vorbereitet. Er wusste nicht, wie er es sagen sollte, was er ihr sagen
wollte, nämlich, dass ihre Zeit vorüber sei.

Bei Nachbarin Irmscher stand die Tür einen Spalt offen,
davor eine gepackte Obstkiste. Cornelius roch Johannas
Duft, der von drinnen aus der Wohnung raus auf den Flur
zog. Immer dachte er, es war der Duft ihres Haares, ihres
Körpers, ja ihres ganzen Wesens. Der Duft, mit dem er immer Jugendlichkeit, Revolution und Zukunft verband. Mittlerweile wusste er, dass es nur eine Überhöhung seiner Fan-
tasie und in Wirklichkeit der künstliche Babypudergeruch
schnöder *Warta*-Seife war.

Er klopfte zaghaft und schob vorsichtig die Tür auf.
»Hallo? Ist hier jemand? Johanna? Bist du da?«
Johanna war im hinteren Zimmer beschäftigt und schritt
eilig über die quietschenden Dielen nach vorn zur Tür. Sie
war sichtlich überrascht.

»Christian? Du? Hier?«

»Ja, ich bin's. Wie sagt man? Totgesagte leben länger«, sagte er und lächelte reserviert. »Du ziehst aus?«

»Ob ich ausziehe? Christian! Mich hätten keine zehn Pferde dazu gebracht, nur eine Nacht hier zu verbringen. Ich bin nach dem Abend in die Laube gezogen und habe aufgeräumt, umgeräumt und gewartet, bis du freikommst. Aber du scheinst ja wohlauf und gut versorgt zu sein, wie ich sehe?«

Missfällig verschränkte sie die Arme, musterte den ordentlich gekämmten Mann in seinen spießigen Hauspantoffeln und dem Frotteemantel. Auch blickte sie auf den Mülleimer und sah ihn mit einem Blick an, der viele Fragen stellte. Cornelius allerdings rang um Worte, schaute nur mit gesenktem Haupt auf den Boden und vermied es, sie anzusehen.

»Ich weiß nicht, wie ich es dir erklären soll. Der Tod deiner Tante ...«

»Du musst mir doch nichts erklären, das steht doch völlig außer Frage, Christian. Die Beerdigung ist am Montag, mein Vater hat alles organisiert. Du bist doch da an meiner Seite? Peter kommt eventuell aus Bromberg zurück.«

»Da muss ich erst mal Viktoria fragen«, entschuldigte er sich. »Sie hatte für mich bei der Polizei ausgesagt und alle überzeugt, sogar den Obergruppennazi dort.«

Er gab sich einen Ruck.

»Hör zu, ich bleibe erst mal hier ... bei ihr ... in der Wohnung .... Wir haben uns wieder versöhnt, keine Ehe ist ja perfekt. Wir haben unsere Trennung aufgearbeitet und geben uns eine zweite Chance.«

Johanna konnte nicht glauben, was sie da hörte und hatte das Gefühl, hier stünde jemand Fremdes vor ihr, aber nicht der Mann, der einmal groß von *Verlebendigung statt Vernichtung* gesprochen und sich vorgenommen hatte, ihr Held zu sein und mit ihr die Welt zu retten. Vorbei war es mit seiner

Ritterlichkeit, dahin war die geistige Schärfe ihres reifen Geliebten.

»Eine zweite Chance? So kannst du doch nicht mit mir umgehen! Was wird aus deinen großen Worten? Und was wird aus uns, aus der Laube, aus NEUANFANG und unseren Taten? Wo sind deine Ideale geblieben?«

»Ich habe während der Einzelhaft lange nachgedacht. Wir sollten uns beide nicht mehr den Illusionen hingeben. Nichts kann so bleiben wie bisher. Wir sollten es akzeptieren und uns damit abfinden, dass wir auf dem Holzweg waren.«

»Ich verstehe nicht, was falsch gelaufen ist?«, entgegnete Johanna und nun war sie es, die auf den Boden starrte. »Wie soll es denn jetzt weitergehen? Wie soll ich denn damit umgehen?« Vor lauter Enttäuschung war sie fast den Tränen nahe.

»Menschen verändern sich nun mal«, sprach er direkt. »Du hast mich nie richtig verstanden, nie erkannt, was in mir vorgeht. Wir werden es nie schaffen, unsere innere Leere zu füllen, indem wir als ungleiches Paar in einer heruntergekommenen Laube hausen und von Luft und Liebe leben. Du bist noch ein junges Ding und wirst das schnell verkraften und irgendwann wieder glücklich werden. Deshalb bleib in Gutland und fang neu an. Die Parzelle gehört dir. Ich schenk sie dir.«

Plötzlich zog jemand nebenan an der Kette der schweren Wohnungstür und öffnete. Es war Viktoria, die Stimmen auf dem Flur gehört hatte und nun mit ihrem langen mageren Hals wie durch die Nische eines Taubenschlags durch den Türspalt lugte.

»Guten Abend, Fräulein Schenk. Mein herzliches Beileid Ihnen und Ihrer Familie. Ungeheuerlich, was Ihrer Tante da passieren musste.« Ansonsten hatte sie nichts hinzuzufügen und sah keine weitere Veranlassung, das Gespräch fortzusetzen. Das hier war ein bürgerliches Haus und sie wollte nur zwei Dinge. Erstens, dass ihr Gatte gefälligst schnell wieder zu ihr hereinkam und zweitens, dass er nie wieder nur ein einziges Wort mit dieser Person wechselte, die so viel Unglück und so viel Leid in ihr Leben gebracht hatte. Sie schnipste hektisch mit dem Finger, als würde sie ihren Hund zurückkommandieren.

»Christian! Kommst du bitte! Du weißt doch, dass dir Zug nicht gut tut nach den ganzen Strapazen.«

20

An diesem Abend wurde zum 50. Mal die beliebte Radiosendung *Wunschkonzert für die Wehrmacht* ausgestrahlt: »*Hier ist der Großdeutsche Rundfunk! Auch zu unserem Jubiläum ruft die Fanfare zum Wunschkonzert. Wir beginnen für die Soldaten. Wir grüßen euch und erfüllen euren Wunsch. Es singen Heinz Rühmann, Hans Brausewetter und Josef Sieber ›Das kann doch einen Seemann nicht erschüttern‹.*« Pünktlich um 20.30 Uhr traten die *Quadriga*-Einheiten wieder zur Großfahndung an. Viele Polizisten wurden überall im Gebiet in Bewegung gesetzt und es wurden diesmal auch die ortsansässigen SA-Standarten aus Karlshorst und Köpenick verstärkt an den S-Bahn-Eingängen postiert. Das lief zwar unter der Woche schon in den Morgenstunden sporadisch, jedoch hieß es nun am Wochenende *Höchste Alarmstufe*! Heute musste alles lückenlos überwacht werden.

Von überall rückten Mitglieder der Standarte an, jeder männliche Fahrgast, der aus dem Fahndungsquadrat kam oder hereinwollte, sollte genau von ihnen überprüft werden. Weibliche Fahrgäste sollten wiederum persönlich von einem SA-Posten ab Ausgang des S-Bahnhofes bis direkt vor die Haustür gebracht werden.

Selbstverständlich wurde auch wieder das Dienst- und Wartehäuschen im S-Bahnhof Berlin-Ostkreuz zur Lockvogel-Schmiede umfunktioniert. Und während drinnen Schminkartist Alfredo Bouchèr erneut zu Höchstleistungen auflief, stand draußen die bekannte Runde aus Kuttnik und den zu alten Tanten umfunktionierten Kollegen. Selbst Chef Lüdke stand heute ungezwungen dabei, und Adler und Zach tauchten ebenfalls gerade wieder auf.

Adler erschien heute wieder gemäß Dienstanordnung mit

Pelzmantel und Bleistiftrock im Gewand der *Femme fatale*. Im Gegensatz zu neulich war sie aber heute deutlich klarer im Kopf und trug ihre Handtasche, wegen des schwereren Gegenstands darin, über Kreuz. Die Runde, allen voran Kollege Kuttnik, nahm sie heute weniger zur Kenntnis. Vielmehr war die gebrochene Nase des Kollegen, der heute ausnahmsweise nicht in Frauenkleidern steckte, das Gesprächsthema Nummer eins.

»Und nun willste mia uff de Neese binden, dass de mit deina Neese an den Schrank jelofen bist. Also, für mich sieht dit nach 'ner ordentlichen Keilerei aus, Oscar. Da hamse dir ordentlich eene einjeschenkt.«

»Kutti, wenn ich es dir doch sage. Ein Missgeschick, mehr nicht«, sprach Zach ziemlich nasal, da der auffällige Nasengips beim Sprechen störte. Natürlich war es in Wirklichkeit ganz anders gewesen. Die Typen hätten ihm beinahe die Lichter ausgepustet, wenn er mit ihnen alleine gewesen wäre. Anfangs hatten die Schläge auch gar nicht wehgetan, sondern sich wie nach einer Explosion aus unmittelbarer Nähe angefühlt, bei der man rein gar nichts mehr spürte und es in den Ohren nur piepste. Während sie ihn vermöbelten, hatte er versucht, sich reflexartig wegzudrehen, doch waren sie schneller gewesen und hatten ihm das Nasenbein zertrümmert. Er lebte, das war die Hauptsache, doch fühlte er sich immer noch, als ob ihn eine Dampfwalze überrollt hätte. Sein Schädel brummte und schien keinen Schaden genommen zu haben, was man über Daggis Laden, seine Stammkneipe, allerdings nicht behaupten konnte.

»Die Chance, dass mir überhaupt jemand eine zimmert, Kutti, ist doch eher gering«, prahlte er in die Runde. »Der hätte das nie und nimmer überlebt.«

Es war nicht allein die Pflichttreue eines tapferen Volksgenossen des Reiches, sondern auch die außerordentliche Kameradschaft seiner SA-Rotte, die Golzow anspornte, den abendlichen Postendienst am Ausgang des S-Bahnhofs Karlshorst gewissenhaft und trotz kalter Minustemperaturen zu absolvieren. Außerdem war Samstag ja immer sein Glückstag. Und als er an diesem mondlosen Abend die schummrige Straße überquerte, erkannte er, wie Metzger Heidenreich vor der schwarzgekachelten Wand neben der Ladentür stand und dort ein großes Plakat mit viel Text anklebte. In Frakturschrift stand dort groß:

Warnung vor dem Mörder

»Der wohnt vielleicht hier ganz in der Nähe und ist ein ganz unauffälliger Geselle«, erklärte der mopsige Fleischer mit Igelfrisur und rosa Gesicht.

»Da könnten Sie in beiden Fällen recht haben, Meister«, erwiderte Golzow und wünschte einen schönen Abend.

Sein üblicher Weg zum S-Bahnhof betrug 800 Meter. Er führte durch schneidende Kälte über die Dönhoffstraße zur Treskowallee. Hier war es ein paar Grad wärmer, ganz städtisch und ein Geschäft reihte sich an das nächste. *Leiser, Gloria-Kino, Seifengeschäft* und an jeder Ecke eine Kneipe.

Als er schließlich am Bahnhofsportal ankam, erkannte er schon den hochgewachsenen SA-Kameraden und Junggesellen Manfred »Manne« Höppner aus Mahlsdorf. Ein schlaksiger Kerl mit schmalem Pflaumenbärtchen, dürren Armen und Beinen. Neben ihm stand eine unbekannte Frau. Eine müde dreinblickende S-Bahnpassagierin, vermummt im dicken Schal, die gerade aus der Stadt gekommen war und mit der sich Manne Höppner auf den Weg machen wollte, um sie nach Hause zu begleiten.

Golzow versuchte sich gleich beliebt zu machen.

»Heil Hitler, Kamerad. Na, wie geht's uns denn heute? Gibt's was Besonderes?«

»Was soll's schon geben, Paule«, erwiderte Höppner. »Di-

cker Kater von jestern noch. Weihnachtsfeier bei den Dach-
deckern. Kopp wie 'ne Eckkneipe.«

Golzow lachte nur schadenfroh und versuchte geistreich
zu sein, was deutlich misslang.

»Das ist kein Kater, Manne, sondern Samenstau. Kenne
ich gut. Drückt einem aufs Gehirn. Da musste mal endlich
heiraten, dann gibt sich das!«

Er bot der Unbekannten gleich seinen Arm an, damit die
sich unterhaken konnte.

»Gestatten, Paul Golzow. Da sich der Kollege nicht so
fühlt, werde ich das mal hier übernehmen und Sie nach Hause begleiten, Fräulein. Wie war noch gleich der Name?«

Luise Adler saß in einem wartenden S-Bahnwagen und
starrte abwesend durch das Bahnfenster auf die Träger einer
stählernen Fachwerkbrücke. Die Türen schlossen sich und
der rumpelnde Zug ruckelte wieder vorwärts. Ein paar Minuten vergingen und dann näherten sich schon die soliden
Bürgerhäuser von Karlshorst.

Eines hatte sie sich für heute vorgenommen, nämlich
wirklich sofort zu schießen, wenn sie jemand angreifen würde. Leichter gesagt, als getan. Hätte sie ein Täter wirklich
überfallen, hätte es eine halbe Ewigkeit gedauert, bis sie die
kleine *Mauser HSc* aus ihrer Handtasche gerissen hätte.

Adler kannte die Strecke mittlerweile in- und auswendig
und war schon froh, dass alles so langweilig und öde blieb.
Ausgerechnet in diesem Moment sah sie einen Mann in
Eisenbahnermantel hinter einer Trennwand auf sie zukom-
men. Ihre Pupillen weiteten sich, ihr Puls erhöhte sich und
ihre Hand glitt hastig in die Tiefe ihrer Handtasche.

Als sie auf der Frontseite seiner Mütze schließlich einen
silbernen Hoheitsadler mit Hakenkreuz erkannte, verknüpf-
te sie sofort die Assoziationen im Rhythmus der scheppern-
den Schienen: Adler, Mütze, Adlermütze!

»Helm, Mantel, Karabiner! Antreten!«, rief ein wachhabender Hauptfeldwebel der Kavallerie Bromberg hinein in die muffelige Soldatenkammer von Peter Schenk und seinen drei Stubenkameraden. »Richtung Mauer! Zum Graben! Keiner fragt, was wir da machen und jeder vergisst danach, was wir da gemacht haben! Befehl ist Befehl!«

Eigentlich waren die Abende in der Kaserne in Bromberg immer recht kurz. 22 Uhr, dann war Zapfenstreich und es hatte Ruhe zu herrschen. Heute Abend jedoch war alles anders und sie mussten noch einmal über die Hauptstraße der Kaserne zur Außenmauer ausrücken. Peter schlotterte wie Espenlaub, machte sich doch die Kälte in den Abendstunden jetzt ganz besonders bemerkbar. Er überlegte: kein Wachdienst war angesetzt, keine spezielle Anordnung getroffen worden. Und so wurde ihm allmählich klar, dass es sich nicht um eine reine Schikane-Übung handeln konnte, sondern um einen ausgetüftelten Plan mit perfekter Choreografie.

»Stillgestanden. Ganze Abteilung – kehrt. Abteilung – Marsch!«

Sie stampften mit hängenden Schultern und weichen Knien und sofort schlossen sich weitere Formationen an, sodass das Ganze zu einem soldatischen Geschwür heranwuchs.

»Erster Zug, Stillgestanden! Augen geradeaus!«

Am geschaufelten Graben angekommen, wurde für Peter offensichtlich, wozu er hier war und welches barbarische Spiel er mitspielen sollte. Er sollte zum Rädchen einer Massenexekution polnischer Partisanen werden, sollte Menschen aus nächster Nähe erschießen, 100 Schuss, nicht mehr als ein Schuss für jedes polnische Pazifistenschwein, so der Befehl. Und Befehl war nun einmal Befehl – das hörte er ja hier nicht zum ersten Mal. *Dummheit ist Trumpf. Ein Soldat muss noch im Schlaf jemanden erschießen können* war doch die Devise. Erst jetzt wurde ihm klar, was das alles zu bedeuten hatte: sich überwinden können, Menschen töten können, persönliche Härte und Willensstärke zeigen. Und wer nicht mitschießt, ist unmännlich, weibisch und schwach.

»Streckt das Gewehr hoch!

Schlagt an!

Feuer!«

Vorhin noch, als die Rüstungsarbeiterin, Rosmarie Benkhoff, müde aus der S-Bahn stieg, war sie heilfroh gewesen, den jungen Mann vom Lotsendienst der SA am Eingang entdeckt zu haben. Leider war ihm aber sein kleiner und unsympathischer Kollege zuvorgekommen. Unter normalen Umständen hätte sie sich niemals von so einem mickrigen Knilch nach Hause bringen lassen. Zum Glück wurde der Typ aber mit jedem Schritt, den sie gingen, freundlicher.

»Ich bin Scharführer und sonst Stellwerksführer bei der Reichsbahn. Zwei Führer in einem also. Und Sie? Sie wohnen hier in der Nähe?«

»Ja, drüben in Gutland, in der Laube. Meine richtige Wohnung in der Skalitzer liegt seit August in Schutt und Asche.«

»Gutland? Ja, da kenne ich mich aus. Ich selbst wohne kurz davor, in der Dorothea.« Sie kehrten in die dunklere Dönhoffstraße. »Ist Ihr Mann im Felde?«, fragte Golzow.

»Nein, mein Verlobter ist im Frühjahr beim Überfall auf die Niederlande gefallen!«

»So was wie 'ne Kriegswitwe also? Alleinstehend also?«, knipste er seine Taschenlampe an und leuchtete ihr damit ungeschickt ins Gesicht, um es sich genauer anzuschauen. »Na, meine Frau ist Hausfrau und Mutter. Die ist immer da, geht nie weg.«

»Könnten Sie die Lampe vielleicht etwas niedriger halten?«

»Ist es noch weit?«, fragte er.

»Meine Laube liegt nah am Eingang. Die dritte rechts.«

»Ist kalt heute, oder?«

»Was will man am Abend vor dem zweiten Advent auch

erwarten?«, erwiderte sie und wollte höflich sein. »Aber wenn Sie möchten, mache ich Ihnen bei mir schnell einen Tee zum Aufwärmen.«

»Sie sind wirklich eine nette Frau. Selten findet man so freundliche Frauen, wirklich selten«, sagte Golzow.

»Ach, wenn Sie meinen …?«

»… Ja, meine ich. Und leider ist meine Batterie am Ende. Ich mach dann jetzt mal die Taschenlampe aus, bevor noch was Schlimmeres passiert.«

Zur gleichen Zeit am S-Bahnhof Berlin-Friedrichshagen, einem dunklen und verlassenen S-Bahnsteig an der Grenze zu Berlin. Hier war es so finster wie auf der Rückseite des Mondes.

»Herrjeh, soll man es für möglich halten?«, reagierte Adler genervt und pflaumte den wichtigtuerischen Fahrkartenkontrolleur an. »Ich wiederhole mich! Sie behindern die Ermittlungsarbeit der Polizei, mein Herr!«

»Also, Frollein, ich hab's Ihnen doch schon in der Bahn erklärt«, nuschelte der stämmige Bahnbedienstete formell. »Sie benötigen einen gültigen Fahrausweis, der mitzuführen und bei einer Kontrolle vorzuzeigen ist. Sonst geht es hier für Sie nicht weiter!«

»Aber sie ist … wir sind von der Polizei«, versuchte Zach ihr zu helfen. Er war sofort ausgestiegen, als er merkte, dass Adler vom Schaffner aufgefordert wurde, den Wagen zu verlassen. Allerdings wollte dieser ihnen die Rolle der seriösen Ermittler nicht abnehmen, gaben sie eher das Bild eines abgetakelten Gaunerpärchens ab. Adler wirkte in ihrer Aufmachung wie ein edles Großstadtflittchen und Zach wie ein Berliner Kneipenganove mit frisch polierter Fresse, dessen weißer Nasengips wie eine Signallampe im Dunkeln leuchtete.

»Wie oft soll ich es denn noch für Sie wiederholen. Ich sagte doch bereits, wir sind von der Polizei«, hielt er wieder seine Polizeimarke hoch. »Und langsam ist unsere Geduld auch erschöpft, Herr Kollege!«

»Wer zum Zeitpunkt einer Kontrolle ohne gültigen Fahrausweis angetroffen wird, mein Herr …«, so der Kontrolleur nun ganz offiziell, »… erhält einen Durchschlag des Feststellungsbelegs mit allen wichtigen Informationen, inklusive der Vorgangsnummer.«

»Wir sind mitten in einer Untersuchung. Und die Dame hier ist eigentlich …«

»… Ist eigentlich eine Schwarzfahrerin, weil sie keine Fahrkarte besitzt. Deshalb müssen Sie auch unverzüglich die Weiterfahrt beenden und innerhalb von 14 Tagen das erhöhte Beförderungsentgelt von zehn Reichsmark entrichten.« Er riss das ausgefüllte Formular vom Block und hielt es Adler vor die Nase.

»Nun machen Sie mal kein Theater! Ist ja noch keiner gestorben!«

Am Graben der Kasernenmauer in Bromberg bestimmten Tod, Angst und Heimtücke das barbarische Unterfangen. Bereits die nächsten fünfzig mussten sich am Grubenrand aufstellen – Mann neben Mann; den furchtsamen Blick Richtung Schlucht, die Hände fest hinter dem Kopf, während ihre Mordschützen in feldgrauen Soldatenmänteln hinter ihnen standen, darunter auch Peter. Auf Kommando galt es, nicht lange zu fackeln und auch diesen Schwung Menschen mit einem gezielten Rückenschuss abzuknallen. In der Luft lag der scharfe Geruch von Blut und Schießpulver – und genau wie beim ersten Durchgang versuchte Peter wieder daneben zu schießen.

»An die Gewehre!«

Ihm war speiübel und er glaubte, ohnmächtig zu werden. Nein, er konnte so manches ertragen, doch er, Peter Schenk, Mitbegründer der Widerstandsgruppe NEUANFANG, weigerte sich, in der Rolle eines Auftragskillers Teil dieses Gemetzels zu sein. Er weigerte sich, ein Mitglied der polnischen Intelligenz zu töten, weigerte sich, einem Arzt, einem Lehrer oder einem Geistlichen in den Rücken zu schießen. Doch ausgerechnet bei ihm musste nun dieser unbekannte Pole vor ihm die Nerven verlieren, durchdrehen und aus der Reihe schreiten. Erst in Polnisch, dann in gebrochenem Deutsch schrie dieser panisch los.

»Proszę, nie strzelaj! Proszę, nie strzelaj! Bitte misch nischt totmachen. Bitte nischt totmachen!«

»Halt die Fresse, du mieser Polacke!«, rief plötzlich der wachhabende Beamte der Geheimen Feldpolizei dazwischen, griff zur Waffe und tat etwas aus voller Überzeugung. Mündungsfeuer blitzte aus seiner Pistole und rosa Gischt spritzte hoch. Schnell und skrupellos hatte er dem Störer einen Kopfschuss versetzt. Peter sprang geduckt zurück, als die gallertartigen Fetzen seinen Mantel und sein Gesicht besprenkelten, kam ins Taumeln und warf sich zu Boden. Hektisch, nahezu epileptisch versuchte er, sich alles abzuwischen, versuchte sich zu übergeben, würgte jedoch nur trocken vor Ekel vor der schrecklichen Szenerie, die sich hier inmitten des Feuerstoßes abspielte. Als er dann mit zuckenden Bewegungen auf dem Boden lag und die Augen zusammenkniff, schossen sie wieder und erneut sackte eine weitere Menschenreihe zusammen, sodass der Leichenberg mit den Getöteten wuchs.

Irgendwann war endlich Ruhe und alles war vorbei. Alle Leichen lagen am Ende im Graben, schienen sich zu umarmen und miteinander zu sprechen. Bei einigen waren die Lippen spaltbreit geöffnet, andere hatten den Mund groß aufgerissen, als schrien sie in die gespenstige Lautlosigkeit. Ihr Blut war geronnen, ihre Stimmen verstummt.

Die Aktion sei aufgrund überaus geschickter Organisation ohne Schwierigkeiten abgewickelt worden, befand das zuständige Sonderkommando. Sie sei sogar reibungslos verlaufen, wurde erfreut gemeldet.

Meldung

Mit der tapferen Bereitschaft der Wehrmacht wurden am 8.12.40 die restlichen
500 polnischen Hetzer exekutiert. Geld
und Wertsachen wurden sichergestellt
und der NSV zur Ausrüstung der Volks-
deutschen übergeben. Zwischenfälle
haben sich nicht ergeben.

VII Verneblungen

21

Die Kältewelle hatte Berlin nun vollständig überrollt. Die Quecksilbersäulen der Thermometer sanken auf minus 6 Grad. Im schneidenden Frost erwachte das Leben in der Stadt allmählich, obwohl der Tod überall schlummerte. Im großen Sitzungssaal des Reichskriminalamtes fiel wenig Licht nach innen und man glaubte, sich im Horrorkabinett des Berliner Panoptikums zu befinden. Der reinste Wahnsinn war ausgestellt: Überall hingen die grausamen Fotos aller misshandelten und toten Frauen der Serie an Stelltafeln. Adler wurde das Gefühl nicht los, dass das Ganze nie enden würde. Auch konnte sie diese Peinlichkeit mit der Fahrkarte und dem sturen Kontrolleur immer noch nicht fassen. Und zu allem Übel gab es zwei tote Frauen am vergangenen Wochenende.

Die erste Tote hieß Rosmarie Benkhoff, 32-jährige Kriegswitwe und Rüstungsarbeiterin, wohnhaft in Gutland II. Ein schreckliches Foto. Ihre Leiche hatte man am Sonntag bei Tageslicht im Morgennebel ihres Vorgartens gefunden. Inmitten einer lichten Hecke lag sie nackt und blutig. Die zweite war die Postangestellte Anneliese Schildritz, die man am Morgen im Gleisbett vor Rahnsdorf fand. Zwar konnte der Fahrer der herannahenden S-Bahn die Situation am Morgen rechtzeitig erkennen und brachte seinen Zug zum Stehen, doch kam jede Hilfe zu spät: Die 28-Jährige war an den Folgen ihrer schweren Verletzungen bereits verstorben.

»Wo wir mal wieder ganz am Anfang wären!«, rief Görnitz wie ein scharfes Schwert in die Stille. »Ich glaube, wir sollten auf die Erfolge Ihres Kasperletheaters *Quadriga* anstoßen. Würde eine recht trockene Veranstaltung werden. Bravo! Versuchen Sie bloß nichts Gutes mehr zu tun, dann passiert Ihnen auch nichts Böses!« Dabei schaute er warnend zu Zach, der heute still blieb, da er noch an den Blessuren der Kneipenschlägerei zu knabbern hatte.

»Es war ohne Zweifel unser Mörder!«, antwortete Adler. »Auf dem Weg zur Laube der Benkhoff fand der Erkennungsdienst wieder Fußspuren. Der Täter muss hinter oder neben ihr hergelaufen sein, dann verlor sich seine Spur in der Parzelle. Wieder Schuhgröße 43, wieder Arbeitsschuhe mit Profil, wieder 18 Millimeter Eindrucktiefe von einem Mann mit knapp 70 Kilogramm Körpergewicht. Alles passt zum Weichenwart. In meinen Augen heißt der Täter Paul Golzow! Verhören wir den Mann!«

Die Runde schwieg und Görnitz reagierte auf der Stelle.

»In Ihren Augen also wieder verhören. Na, da hat es aber jemand eilig!«, sprach er unduldsam und strich mit der Zungenspitze über die Lippen.

»Nach dem kläglichen Scheitern, nach erneutem Scheitern, wälzt man wieder alles auf die Volksgemeinschaft und sogar auf einen tapferen Parteigenossen der SA ab? Wie wir jedoch vom Bezirkssturmkommando erfahren konnten, war es genau jener Golzow, der uns am Samstag als SA-Soldat ehrenamtlich unterstützt hatte. Er schob Wache in Karlshorst bei Eiseskälte. Es ist also alles andere als wahrscheinlich, dass er der Täter ist. Der Mann müsste ein wahres Wunder sein, um sich an drei Orten gleichzeitig aufzuhalten.«

»Tja, Wunder gibt es immer wieder!«, rief Hartmann mit Wortwitz dazwischen. »Und auch ein Kater kann das Mausen nicht lassen ...«

»... Wenn Sie Golzow jetzt einfach so verhaften, ist das ein eindeutiger Affront. Da helfen auch keine duften Sprüche mehr.« Görnitz sprang hoch, um den Saal zu verlassen. »Da landen Sie alle im Bau, das kann ich Ihnen sagen! Beenden Sie das Theater endlich und lynchen Sie nicht unschuldige Volks- und Parteigenossen!«

Er pfiff seinen Adjutanten zu sich, der ihm die Tür öffnete.

»Schiller! Kommen Sie! *Quadriga* ist erledigt! Endgültig erledigt!«

Sie verließen den Raum und knallten die Tür zu.

Hartmann blieb trotz allem gefasst.

»Bei allem Hin und Her, eins steht doch fest – der Täter ist nicht gefunden. Wenn wir *Quadriga* jetzt beenden, wird er auf die gleiche Tour weitermachen. Ob nun Golzow, Goebbels oder sonst wer. Er spürt, dass da nichts mehr ist und wird wieder morden. Nichtstun wäre jetzt einer der größten, aber leicht zu beseitigenden Dummheiten.«

»Nichtstun, werte Frau Hartmann …!«, war Adlers Stimme deutlich zu hören. »Nichtstun kann jetzt unsere allerbeste Aufgabe werden, die unseren ganzen Geist fordert! Wir sollten einfach damit beginnen, nichts mehr zu tun!«

Während sie bei allen nur Fragezeichen in den Augen verursachte, spann Adler die Fäden ihrer Ideen weiter.

Waltraud Irmscher wurde bestattet. Viel zu früh war sie gestorben, denn jemand hatte sie aus dem Leben gehämmert, einfach weggehämmert. Sie war noch nicht einmal 40 Jahre alt geworden.

Auf dem Matthäus-Friedhof Berlin-Schöneberg schneite es und noch mehr als sonst hatte man das Gefühl, man müsse schweigen. Nicht so wie die Raben in den Bäumen, die schwarz, drohend und laut in den Ästen stritten. Unten allerdings, auf dem schneebedeckten Totenacker, sah man keine Toten, nur Kreuze und Grabsteine. Allein der natürliche Tod war schon etwas Unbekanntes, konnte er doch, auch wenn das Sterben immer und überall in diesen Zeiten präsent war, nie normal sein. Wer häufiger mit dem Tod zu tun hatte, und das hatte der Diakon Alfred Schenk allemal, für den war der Tod etwas Normales. Umringt von weniger als einer Handvoll Trauergäste, stand er mit gesenktem Haupt vor der Aushebung, die Friedhofsarbeiter aus dem gefrorenen Boden gegraben hatten. Hier und jetzt wollte er seiner Schwägerin letzte Worte schenken. Johanna hielt ihre Mutter, Viktoria und ihr Gatte waren auch da und der Neffe der Verstorbenen fehlte, weil er in Bromberg bleiben musste und man ihm nicht gestattete, nach Berlin zurückzukehren. Für Sonderurlaub im Trauerfall zählten nur Verwandte ersten Grades.

»Überwältigt von Fassungslosigkeit und Schmerz tauche ich in meine Erinnerung«, predigte Alfred Schenk am offenen Grab. »Und ich spüre, dass Waltraud es nicht gewollt hätte, dass ich lange traurig bin und all meine Lebensfreude wegschließe.«

Noch ein letztes Vaterunser und man ließ den Sarg in die Erde sinken. Zwei Hände voll Sand, Nelken hinterher und sofort wollte man sich zu *Kottler's Schwabenwirt* zum Leichenschmaus aufmachen. Niemand weinte und die Schneeflocken wurden immer schwerer.

Viktoria Cornelius lehnte die herzliche Einladung ab. Zu viele Aufgaben im Dienste der Rasseforschung warteten auf sie im Amt, sie hatte ja einen Ruf zu wahren. Es galt, die christliche Prägung des nahenden Weihnachtsfestes zurückzudrängen und die Deutsche Weihnacht als Siegesfeier der nationalen Wiedergeburt zu beweisen. Und so ließ sie ihren Ehemann duldsam von der Leine, damit dieser am Baumstamm einer kahlen Linde einige Worte mit Johanna wechseln konnte. »Aber nur fünf Minuten!«, befahl sie und er ging zu seiner ehemaligen Geliebten.

»Hält dich der alte Ofen in der Laube warm?«, begann er trivial.

»Ist das alles, was du mir zu sagen hast?« Ihre Worte vereisten in der kalten Luft. »Was wird aus uns? Und was wird aus unserer Aktion in Block D? Es sind noch nicht einmal zwei Tage. Was soll ich mit dem Sprengstoff unter der Petersilie denn nun alleine anstellen?«

Cornelius hatte nicht wirklich Antworten für sie.

»Ich komme langsam zur Ruhe. Viktoria hilft mir dabei und sagt, ich soll erst mal was Sinnvolles aus meinem Leben machen.«

»Sinnvolles gibt es im Leben doch nicht«, antwortete Johanna. »Du selbst entscheidest doch über den Zweck deines Lebens. Wenn du in der Wohnung hockst, ist das nicht sinnvoll. Wir wollten das Große starten, Christian! Du wolltest mit mir die Welt retten, wolltest mein Held sein!«

»Ich bin raus, raus aus dem Spiel«, sprach er. »Vielleicht haben sie mich eingeschüchtert, vielleicht lass ich mich von Viktoria beherrschen und bin abhängig. Aber ich habe nichts mehr zu sagen. Ich will meine Ruhe und meinen Frieden. Keine Gewalt mehr, keine Bombe und kein Attentat.«

»Du kannst doch ein Regime nicht auf dem Sofa bekämpfen«, erwiderte sie. »Du hast gespürt, wie sie vorgehen. Sie dürfen alles, gehen immer massiver vor. Verschleppung, Verhaftung, Vernichtung. Lass es uns endlich vollenden, Christian! Block D! Übermorgen!«

»Johanna, hör zu!« Er wollte es beenden. »Ich bin müde. Unendlich müde von den Enttäuschungen. Die Welt um mich herum wird immer komplizierter, immer lauter. Fühlst du nicht ihre Forderungen? Ich jedenfalls fühle mich in dieser Welt gefangen und werde nichts mehr gegen sie tun.«

Lüdke unterbrach Adler und kommandierte seinen Sekretär aus dem Raum.

»Klaussner! Holen Sie mal meine Zigarren aus dem Büro! Ich kann mich nicht konzentrieren!«

Ohne zu ahnen, dass Lüdke ihn von der Sitzung ausschloss, folgte er unbedacht dem Befehl seines Chefs und schritt hinaus. Lüdke wartete noch einen kurzen Moment, bis die Tür zufiel und sprach erst dann weiter.

»So! Und nun würde ich gerne Kollegin Adler weiter zuhören. Bitte, Frau Kommissarin! Machen Sie mal weiter!«, zwinkerte er ihr mit freundlichen Augen zu.

»Wir müssen Signale geben, dass wir einfach nichts mehr tun«, erklärte sie. »Nichts. Gar nichts. Wir müssen erklären, dass wir alle Aktionen eingestellt haben. Wir müssen allen zu verstehen geben, dass wir nicht mehr nach dem Täter suchen und Polizeistreifen, SA-Posten und Ermittlungen zurückgezogen haben, dass wir aufgeben.«

Ihre Chefin fuhr ihr forsch in die Parade.

»Schnapsidee, Adler! Wir hatten das doch schon diskutiert! Sie erinnern sich doch! Der Fuchs hat die Gans schon gestohlen. Und dann? Dann sieht er es als Freibrief und was bleibt übrig? Weitere Opfer! Wir können es nicht abblasen!«

Adler versuchte genauer zu beschreiben, was sie meinte.

»Alle müssen glauben, der Fall wäre erledigt. Görnitz, die SA-Standarten und ganz besonders der Täter. Aber natürlich bleiben wir, wie bisher, in voller Bereitschaft und spinnen das Netz dichter als je zuvor. Selbstverständlich muss auch die Öffentlichkeit in die falsche Richtung gelotst werden. Wir täuschen das Deutsche Reich, täuschen Berlin, Karlshorst, alle Bahnleute sowie alle SA-Männer, postieren uns jedoch im Quadrat und locken den Täter so aus der Reserve. Wir drehen den Spieß einfach um.«

»Wie bei einem geheimen militärischen Manöver meinen Sie?«, hakte Lüdke nach.

»Um den Täter buchstäblich auf frischer Tat zu ertappen, richtig.«

»Görnitz und Konsorten werden uns dafür in der Hölle schmoren lassen«, erwiderte Lüdke. Hartmann fand Adlers Idee plötzlich hervorragend. Als Chefin kannte sie jedes Reichsgesetz in- und auswendig und zog das beste Ass aus dem Ärmel.

»Ich glaube, wir hätten zur Legitimation dazu ein Werk staatlich verankerter Rechtslosigkeit in petto – das Gesetz der Geheimen Staatspolizei. Unser Obergruppenführer wird es sicher kennen.«

Sie zitierte es aus dem Kopf in feinstem Amtsdeutsch.

»Da heißt es nämlich, dass staatsgefährliche Bestrebungen erforscht und bekämpft werden sollen. Das würden wir mit Adlers Idee tun! Auch steht da, dass die Aufgaben von Polizeistellen wahrgenommen werden sollen. Wir handeln also gesetzestreu, wir sind ja so eine Stelle. Außerdem steht dort, dass geheime Aktionen einzuleiten sind, soweit aufgrund bestimmter Tatsachen die Gefahr der Wiederholung besteht oder die Aufklärung aussichtslos wäre. Es besteht Wiederholungsgefahr und die Aufklärung ist aussichtslos, sollten wir unsere letzte Chance nicht wahrnehmen!«

Hartmann grinste Adler an, Zach und Kuttnik schauten zu Lüdke und sie triumphierten. Es war genial. Man würde Görnitz mit den eigenen Gesetzen schlagen und den Täter vielleicht endlich erwischen.

»Somit gehe ich davon aus, dass wir nur noch über die Maßnahmen für die kommende Woche sprechen«, sprach Hartmann. »Es kommt da noch allerhand Arbeit auf uns zu!«

22

Dieser Samstag vor dem dritten Advent war für Paul Golzow wieder ein Glückstag, denn es ging zum Nachtdienst.
Im Eisenbahnermantel stand er in seiner Diele, nahm seinen
kleinen Robert in den Arm, übersah seine Tochter und gab
seiner Frau einen Klaps auf den Po.

»Es ist kalt! Koch mir Kakao und mach mir Schmalz-
stullen, wenn ich am Morgen komme, Hertha! Aber vergiss
nicht wieder die Salzgurken dabei!«, befahl er und ließ die
Tür ins Schloss fallen.

Draußen sah er wieder Metzger Heidenreich, der auf
einer Trittleiter stand. Er bemerkte Golzow nicht, da er zu
beschäftigt war. Bewaffnet mit einem großen Kleisterpinsel
überklebte er das alte Fahndungsplakat an seinem Laden
diagonal mit einer schmalen Banderole. Auf dieser stand:

Suche nach dem Mörder aufgegeben!

Golzow las es mehrmals und konnte es kaum glauben. Wie
der Führer neulich im Radio richtig gesagt hatte: *Unsere
Weltenordnung will den Siegertypen, der die Schwächeren jagt
und vernichtet. Und wer sehen will, wie das Große entsteht, der
schaut halt nach Berlin.*

»Herr Obergruppenführer! Wenn Sie mal einen Blick in die
Zeitung werfen würden?«, meldete sich Adjutant Schiller
aus dem Hintergrund und legte schnell die neueste Ausgabe
der Zeitung auf den Schreibtisch. »Das wird Sie bestimmt
interessieren. Sieht nach guten Nachrichten aus.«

𝔙ölkischer 𝔅eobachter

Berliner Ausgabe

Berlin, Freitag, den 14. Dezember 1940

Suche eingestellt!

Berlin. Rummelsburg/Karlshorst. Die Ermittlung auf der S-Bahnlinie Ostkreuz-Erkner und im nahen Gebiet der Lauben wurde beendet. Die Taten konnten eindeutig den Machenschaften des englischen Geheimdienstes mit Unterstützung einer Gruppe Widersacher zugewiesen werden. Die Reichskriminalpolizei dankt den Hinweisen der Volksgemeinschaft.

»Perfekt, Schiller! Jetzt können wir uns endlich wieder den großen Themen widmen«, sprach Görnitz. »Widerstand tot, *Quadriga* tot und kein Triebtäter. Wir sind durch, ich sagte es ja: Die hätten sich das Theater sparen können. Nächstes Thema! Weihnachtsfeier!«

»Lüdke und seine Kollegen machten deutlich, dass er hier im Haus auf einer eigenen Feier besteht, ohne die *Sipo*.«

»Typisch! Aber es wird seine letzte sein. Die antiquierte *Kripo* wird sowieso nächstes Jahr aufgelöst. Die Polizei muss politischer werden. Dann machen wir es uns morgen hier mit unseren Freunden alleine gemütlich. Haben Sie alles organisiert? Kiste Fressalien, Kiste Alkohol? Und sagen Sie den anderen auf der Etage Bescheid!«

»Zu Befehl, Herr Obergruppenführer!«

»So, und nun Wochenende! Verlassen wir die heiligen Hallen!«

»*Guten Abend, werte Rundfunkhörer! Hier ist der Großdeut-*
sche Rundfunk. Die Deutsche Weihnacht steht vor der Tür! Eine
wachsame, wehrhafte und trotz allem wundervolle Weihnacht.
Gerade jetzt erkennen wir die Werte unserer Rasse, die im ju-
belnden und trotzigen Aufstand gegen die Dunkelheit, und gegen
jeden unwürdigen Zustand sich zur befreienden Tat erhebt.«

»Ick kann ooch ohne die *Sipo* 'ne schöne Feier haben,
Kinder!«, frotzelte der auf Kaffeetante getrimmte Kuttnik
zu den zurechtgeschminkten Kollegen im S-Bahnhof Berlin-Ostkreuz. Die Eiseskälte des Abends war deutlich spürbar, da der Atem in der kalten Luft aus allen herausdampfte.
»Hauptsache wir haben 'n schönen Abschluss. Ick hab noch
'ne Kiste Krimsekt im Keller. Die bring ick mit, Freunde!«

»Nu' mal nich' so euphorisch, Kuttnik!«, befahl Lüdke,
bevor er alle wegschickte. »Außerdem müssen Sie los! Adler
und Zach sind schon vor. Machen Sie sich auf! Wir starten!«

Alles wartete Gewehr bei Fuß, überall waren die Posten verstreut. Und auch Zach saß wieder im Nachbarwagen und
tat, als ob er schliefe. Konnte der Täter heute endlich ins Netz
gehen? Es war doch so dicht gespannt wie nie.

Sie war hier allein. Das ganze Abteil klapperte und Fun-
ken blitzten draußen, als die Stromabnehmer an den Weichen
gegen die Stromschienen schlugen. Adler, wieder heraus-
geputzt und schön geschminkt, fühlte sich heute in diesem
dunklen, leeren Zug wie in einer Höhle des Löwen. Hing
alles von ihr, hing alles von diesem Abend ab? Sie dachte
an ihre Mutter und an die zahllosen Gräueltaten der letzten
Zeit. Sie wollte, dass es heute passierte, sie wollte heute alles
riskieren, alles auf die letzte und einzige Karte setzen.

Als die leere Bahn schließlich den leeren S-Bahnhof Wuhl-
heide erreichte, schaute sie zur Tür und ihr Puls schnellte
plötzlich nach oben. Da! Tatsächlich! Da war er. Wie ein Geist
zog der Mann in Uniform und Adlermütze an der Abteiltür
des vorderen Teils des leeren Wagens. Adlers Nerven lagen

blank. Er stieg zu und schaute sich um. Adler saß am Ende des Wagens, reckte sich erst hoch, damit er sie wahrnahm und tat danach so, als suche sie etwas in ihrer Handtasche. Sie sah hinein, griff mit der Hand fest zur Pistole und sah wieder in seine Richtung. Er war kaum größer als sie. Sein Gesicht war nicht richtig zu erkennen und er hatte sich den Schirm seiner Mütze tief ins Gesicht geschoben. Trotz Dunkelheit wusste sie, dass er zu ihr hinüberblickte. Ob aus Absicht oder Zufall konnte am Ende nie gelöst werden. Er lief Schritt für Schritt durch den Gang, bis in ihre Nähe, machte halt und setzte sich sofort. Es war er! Es war Paul Golzow, der Adler nicht erkannte, dazu war das Licht zu schlecht. Im Schneckentempo fuhr die S-Bahn ruckelnd an, schaltete sich metallisch hoch, erhöhte die Geschwindigkeit und zog immer schneller an den Bäumen und Telegrafenmasten in der Dunkelheit vorbei. *Dadamm-dadamm. Dadamm-dadamm.*

Plötzlich sprang er hoch und sah aus wie im Rausch. Adler zog sofort ihre *Mauser* aus der Handtasche und Golzow zog die Eisenstange aus dem Ärmel, mit der er sonst die Weichen umstellte. Sie sprang auf und lief schnell Richtung Wagenende, drehte sich um, hob die Pistole und schrie: »Stehen bleiben oder ich schieße!« Auch wenn so alles mit der Waffe herausgekommen wäre, sie hätte ihn mit Sicherheit aus Notwehr abgeknallt. Doch er fuchtelte vor ihr mit der Stange wie mit einem Degen und sie gab zwei Schüsse in die Luft ab. Er duckte sich instinktiv, nutzte seine Chance und schlug die Schusshand mit der Eisenstange weg. *Badamm-Badamm. Badamm-Badamm.* Ihre *Mauser* polterte auf den Boden und rutschte unter die Sitze. Ohne zu zögern, holte er noch mehr aus und schlug noch kräftiger, jedoch nur in die Luft. Adler konnte immer wieder ausweichen, sodass er beim letzten Schlag nur die Kante der Sitzlehne traf und ihm die Stange entglitt. Sofort kam er wieder näher, packte sie heftig an den Schultern, drehte sie, bog sie sich zurecht und rammte ihr seine Rechte in den Magen. Sie klappte zusammen, ein Schmerzensschrei, doch löste und wendete sie sich, befreite sich schließlich wieder aus seinem Schwitzkasten und lief zum Ende des Abteils. Dabei bemerkte sie aus den Augenwinkeln, dass ihr Verfolger ihr ganz nah auf den Fersen war und ihr hinterherlief, jedoch kam sie nicht weiter, denn es bremste sie die Übergangstür zum nächsten Wagen. Sie drückte sie, zog sie, rüttelte an ihr, doch war sie verriegelt und sie kam einfach nicht weiter – sie war in der Sackgasse und der Zug raste.

»Zach öffnen, schnell öffnen!«, schrie sie, doch er las es nur von ihren Lippen durch die Scheibe ab, was sie sagte und reagierte, indem er ebenfalls wie ein Wahnsinniger an der Tür rüttelte. Golzow indes verlangsamte seine Schritte und schlich wie ein Panther auf sie zu. Er kam näher, immer näher und glaubte, sie wäre nun in seiner Falle.

»Wenn ich von 'ner Frau 'ne Knarre vor die Nase gehalten kriege, ist doch klar, dass ich mich da wehre!«, sprach er patzig. »Wie geht's jetzt weiter, was ist jetzt?«

»Das fragen Sie mich? Was soll schon sein, Golzow!«, sprach sie zitternd und völlig außer Atem, war sie sichtlich angeschlagen von seinen vorherigen Angriffen. »Ihre lange Reise scheint hier jetzt zu Ende zu sein!«

»Das sehe ich ganz anders, Fräulein Adler!« Er starrte sie an und blickte durch die Scheibe zu Zach.

Adler stand weiter mit dem Rücken zur Tür und obwohl sie nicht durchkam, blieb sie nervenstark und wusste, was jetzt zu tun war. Es war ihre letzte Rettung und sie hatte es nicht vergessen. Es sollte Zachs kleines Geschenk sein, dass ihr wohl jetzt das Leben retten würde. Und so zog sie klammheimlich den Vierkantschlüssel aus ihrer Manteltasche heraus und steckte ihn unentdeckt hinter ihrem Rücken eilig in das würfelförmige Schloss in der Tür.

Johanna Schenk war eine junge Frau, die sich ihren eigenen Weg durch das Leben bahnte. Geprägt durch ihre Kindheit im Weidenhof, war sie mit harten Wahrheiten des Lebens konfrontiert worden. Dadurch hatte sich bei ihr moralischer Mut entwickelt. Sie war jetzt fest entschlossen und hätte nie damit gerechnet, in so eine Situation zu kommen. Trotzdem war etwas in ihr, das danach strebte, eine Heldin der Gerechtigkeit zu bleiben. Sie hatte keine Angst, sie wollte es tun und sie musste es tun, auch ohne ihn.

Im Dunkeln der Nacht stieg sie über das Geländer aus Stahl zu einem Notausgang von Block D und schlich sich von dort in das martialische Bauwerk mit Festungscharakter. Innen waren alle Lichter erloschen und die Tür des Amtszimmers war mit kleinem Werkzeug schnell zu öffnen. So konnte sie ziemlich leicht ins Büro des Bösen eindringen. Was für eine Idiotie, dachte sie. Ein Sicherheitsamt voller Unsicherheiten, es war ein Kinderspiel, hier leise und unauffällig einzubrechen, trotz Wachen in Uniformen und dem ganzen Zinnober.

Sie ließ den schwachen Lichtschimmer ihrer Taschenlampe über das riesige Führerbild sowie über den eleganten Schreibtisch schweben und begann sich zu orientieren. Etwas weiter hinten in der Wand entdeckte sie schließlich, wonach sie gesucht hatte: die kleine Metallklappe des Heizungsschachtes, dessen Schloss bereits von jemandem mit einem Vierkantschlüssel geöffnet worden war. Zügig, doch geräuschlos, klappte sie die Klappe auf und befestigte im Inneren des Schachtes das Päckchen mit den beiden Standardsprengkapseln und den Metallstiften der Säurezünder.

Darum sollten unsere Frauen sich als
Teil der Volksfamilie fühlen, und beim
Kriegsweihnachtsfest den Kopf hoch tra-
gen sowie das nationale Glück spüren.

Joseph Goebbels

Sie stellte die Uhr auf 19.00 Uhr ein, damit die Zünder pünktlich reagieren würden und schloss vorsichtig und leise die Klappe. Mit einer guten Sprengung, dachte sie, schafft man die Voraussetzung, damit sich überholtes Material einfach und schnell vernichten lässt.

Adler und Zach saßen im abgedunkelten Zimmer vor Golzow, der nichts sagte, sich höchstens mal zur Seite drehte, mal die Arme und Beine streckte oder nach hinten kippelte. Eine Atmosphäre, als sei man in einem schwarzen Loch gefangen.

Zach rauchte gemütlich Kette und Adler malte gelangweilt Kringel in ihre Akte. Beide bewegten sich wie in Zeitlupe und schafften es, dass Golzow die Stille irgendwann nicht mehr ertragen konnte.

Adler kritzelte noch einen weiteren unsinnigen Kringel in den Hefter und schmiss dann den Stift lässig beiseite. Sie war lange nicht so ruhig wie jetzt und nahm sich vor, besonnen anzufangen, bevor er ihr wieder wie ein glibberiger Fisch aus den Händen flutschen sollte und sich auf die Hinterbeine des sturen Leugnens stellen würde. Sie war klar im Kopf und konnte die Sache langsam zum Laufen bringen. Gemächlich stand sie auf und ging auf hörbaren Absätzen zu den Rolltafeln, die ihr Kuttnik freundlicherweise vom Sitzungssaal hierher gebracht hatte. Sie zog die quadratmetergroßen Tafeln wie Vorhänge in seine Nähe, achtete aber genau darauf, dass Golzow die grauenvollen Aufnahmen von Gerichtsmedizin und Spurensicherung nicht zu Gesicht bekam – jedenfalls noch nicht.

Während Kollege Zach weiter auf seinem Platz verharrte, sich die Krawatte lockerte, genüsslich rauchte und nur in die Luft guckte, setzte sich Adler nun außerordentlich nah zu Golzow und beugte sich zu ihm. Sie zog den Schnellhefter zu sich, schlug ihn auf, strich die Seiten glatt und begann, leise und intensiv auf ihn einzureden.

»Da hätten wir also wieder einmal Herrn Paul Golzow. So schnell sieht man sich wieder. Meiner Meinung nach wären Sie früher oder später sowieso wieder hier gelandet.«

»So, Ihrer Meinung nach?«, entgegnete er starr.

»Fangen wir mal gemütlich von vorne an. Begonnen hatte alles im vergangenen Herbst, oder? Sie erinnern sich? Damals begannen Sie, Frauen auf Ihrem Heimweg in der Gartenkolonie Gutland Zwo mit der Taschenlampe anzuleuchten und sie im Dunkeln zu belästigen.«

»Kann sein, kann nich' sein!«, fuhr er ihr ins Wort und zuckte mit den Achseln. »Kann sein, dass ich mal auf dem Nachhauseweg eine angeleuchtet habe. Kann sein, dass ich sie am Arm angefasst und was zu ihr gesagt habe. Kann nicht sein, dass ich sie belästigt habe. Das ist doch alles noch kein Verbrechen.«

»Im vergangenen Winter folgte dann die nächste Stufe«, ließ sie sich nicht ablenken. »Sie begannen, Ihre Opfer zu vergewaltigen und wurden immer brutaler. Sie würgten sie und verletzten Sie mit Ihrem scharfen Messer vor Tunneln und Eingängen. Nach einer längeren Sommerpause verschafften Sie sich dann auch irgendwann unerlaubten Zugang über Schienen, stiegen auf die S-Bahn um und verpassten Frauen schwere Schläge mit Ihrer Eisenstange. Sie blieben stets unerkannt. Aber jemand erinnerte sich an eine Uniform und an eine Kopfbedeckung mit Hoheitsadler, eine Adlermütze.« Sie deutete auf die Mütze auf dem Tisch und auf seine Uniform.

Golzow schwieg, sah auf die Tischplatte und tat so, als ob er es überhörte. Sein kurzes Seufzen verriet ihr jedoch, dass es in ihm arbeitete. Sie war sich absolut sicher, dass er sich heute im Gegensatz zu neulich in einer Sackgasse befand. Er war jetzt nicht mehr der freche Fuchs im Hühnerstall, er war überführt und umzingelt, von ihr, seinem Lockvogel, seiner Jägerin.

Zach spielte heute nicht mehr den Kumpel, sondern den

bösen Bullen und feuerte plötzlich lauthals wie aus einer Schusswaffe auf Golzow los.

»Mensch, Golzow! Machen Sie gefälligst den Mund auf! Sie allein waren der Täter! Na, sagen Sie es schon! Sie haben die Frauen gequält und getötet! Und zwar alle! Auch die Kollegin hätten Sie heute fast auf dem Gewissen!«

Golzow schreckte vom Geschrei zwar kurz hoch, antwortete aber darauf nicht.

Adler sprach weiter ruhig, fast hypnotisch auf ihn ein.

»Können Sie Ihre Morde eigentlich noch auseinanderhalten, Golzow? Nein? Ich werde Ihnen mal auf die Sprünge helfen!«

Adler erhob sich, schritt zur ersten Tafel und drehte sie um. Ein wahrer Schock für schwache Nerven, denn auf der Vorderseite offenbarten sich drei riesige Fotos, auf die ein Lichtschein fiel. Alle bildeten das schreckliche Ende der ersten Toten ab, die dort mit ihren grausamen Verletzungen am Unterleib und mit eckigen Löchern am Kopf zu sehen war. Golzow hob den Kopf und erschrak.

»Sehen Sie sich die Frau genau an, Golzow!«, sagte Adler. »Sehen Sie sich Karin Borchert an. Eine junge Frau, die müde von der Arbeit kam und eigentlich nur nach Hause wollte, nachdem sie zehn Stunden für Volk und Führer an der Stanze geschuftet hatte.«

Golzow sah, was er sehen sollte und war von seiner eigenen Brutalität angeekelt und eingeschüchtert. Adler wartete nicht, gab der zweiten Tafel einen Stoß, damit auch die sich drehte und sich das Schreckliche darauf offenbarte.

»Kommen wir zu Nummer zwei, kommen wir zu Marianne Finck! Eine Krankenschwester, die auf dem Weg zur Arbeit war.« Sie zeigte auf den geöffneten Mund der Toten. »Wenn Tote reden könnten, nicht wahr, Herr Golzow? Sicher fragt sie sich hier, warum man ihr das angetan hat? Und warum so?« Sofort schwang sie dann die dritte Stellwand geräuschvoll um.

»Renate Bangel. Skalpiert und massakriert mit einem SA-Messer! Haben Sie ihre Brustwarzen vielleicht noch in Ihrem Poesiealbum, Herr Golzow? Oder vielleicht in der Brieftasche?«

»Nehmen Sie das weg! Nehmen Sie die Bilder weg!«, schrie er.

»Oh nein, Golzow! Noch nicht! Ich bin noch nicht fertig! Denn da wären noch ...« Sie offenbarte alle restlichen Flächen zügig und hintereinander weg, wie Theaterkulissen in einem Horrorkabinett. »... Nummer vier: Waltraud Irmscher, Nummer fünf: die Kriegswitwe Rosmarie Benkhoff und Ihr letztes Opfer, Nummer sechs: Anneliese Schildritz.«

»Was soll das?«, schrie er verzweifelt und nahm die Hände vor das Gesicht.

Im Namen des Deutschen Volkes!

Der Angeklagte, Paul Golzow, geboren am 29. September 1911 in Muntau bei Allenstein/Ostpreußen, wohnhaft zuletzt in Berlin-Karlshorst, Dorotheastr. 24, wird als Gewaltverbrecher und Volksschädling wegen Mordes in sechs Fällen und wegen Versuchen in mehreren Fällen zum Tode verurteilt. Die bürgerlichen Ehrenrechte werden ihm aberkannt. Er hat die Kosten zu tragen. Der Angeklagte wurde am 15.12.1940 um 5.30 Uhr überführt ins Strafgefängnis Plötzensee.

Der Vorsitzende Wilmhoff und seine Beisitzer

VIII Verurteilungen

23

Weibliche Kriminalpolizei, Vorzimmer, 18.35 Uhr. Früher Abend und eine außergewöhnliche Form von Freiwilligendienst im Amt. Die komplette Ermittlertruppe war heute noch einmal angetreten, da man diesen dritten Advent heute zum Anlass nehmen wollte, um anzustoßen: auf den Erfolg von *Quadriga*, auf die Verhaftung Golzows, auf Zachs anstehende Beförderung zum Kommissar und auf das bevorstehende Weihnachtsfest 1940.

»Ick sag's euch, Kinder. Frauen können zwar nicht allet, aber sie sind zu allem fähig«, lobpreiste Kuttnik das andere Geschlecht. »Wie meene Emmi. Die macht den besten Kartoffelsalat der Welt. Und wenn wa' uns gleich drüben im Besprechungsraum treffen, sind schon zwee große Schüsseln samt heißer Würstchen uffjetischt. Und natürlich meene Krimsektflaschen, aber allet nur Restbestände.«

»Mein lieber Herr Kuttnik«, verkündete Hartmann vor allen. »Sie sind und bleiben ein wahres Organisationstalent.«

»Wir gehen jetzt alle rüber, Kuttnik!«, sprach Lüdke. »Die anderen warten sicher schon. Ist das Überleben an sich nicht schon Grund zu feiern?«

»Mein lieber Lüdke …«, platzte es aus Hartmann heraus. »Da dieser Satz von mir stammte, gebe ich Ihnen ausnahmsweise recht. Gehen Sie mal!«

»Sie geben mir recht? Wunder passieren anscheinend immer dann, wenn man die Hoffnung längst aufgegeben hat«, konterte Lüdke. »Kommen Sie, Zach! Stürzen wir uns auf Emilie Kuttniks Kartoffelsalat und 'ne schöne Flasche *Sinalco*!«

Hartmann blieb noch da, schritt zu ihrem Büro und steckte den Kopf durch den Türspalt.

»Und Sie kommen dann auch gefälligst zu uns, Kommissarin Adler! Es ist auch Ihr Erfolg, den wir heute feiern wollen. Sie sind die Frau der Stunde.«

Adler stand vor der Vitrine.

»Ich muss hier noch etwas zurücklegen, wenn Sie gestatten? Etwas, was ich mir ausgeborgt hatte.«

Auf Hartmanns Gesicht machte sich ein süffisantes Grinsen breit.

»Nur keine falsche Scheu! Ich hoffe, das gute Stück ist nach allem noch in einem halbwegs guten Zustand!«

»Ich denke schon«, antwortete Adler verhalten.

»Dann gehe ich schon mal vor. Sie machen dann hier das Licht aus!«

Strafgefängnis Plötzensee, 18.45 Uhr. Die Hände des Todeskandidaten, Paul Golzow, waren auf dem Rücken gefesselt. Er musste vorangehen und wurde in Anstaltskleidung in einen verdunkelten Raum geführt. Hier befand sich hinter einem Vorhang das Gerüst mit dem Fallbeil. Ein Anstaltswärter verlas noch einmal das Todesurteil und teilte dem Verurteilten mit, dass sein Gnadengesuch abgelehnt sei. Irgendwann kam noch ein Arzt hinzu, der später den Tod feststellen sollte. Vor dem Schafott sah man den glatzköpfigen Scharfrichter in Gehrock und Zylinder – ein älterer, freundlicher Mann, der neben seinen beiden Gehilfen stand, die in schwarzen Anzügen mit halblangen Ärmeln gekleidet waren.

»Scharfrichter, walten Sie Ihres Amtes!«

Es waren die letzten Worte, die Golzow in seinem Leben hören sollte. Die Jacke wurde ihm abgenommen und der Vorhang wurde aufgezogen. Er gab den Blick auf die Guillotine frei. Der Scharfrichter trat neben sie und seine beiden Gehilfen traten rechts und links neben den Golzow, der schwieg. Die Gehilfen packten ihn an Ober- und Unterarm und führten ihn mit schnellem Schritt zum Schafott.

Dort wurde er auf den Bauch gelegt, das Halsbrett herunter-
gelassen und befestigt. Der Scharfrichter drückte auf einen
seitlich befestigten Knopf, das niedersausende Fallbeil fiel
mit dumpfen Aufschlag herunter und trennte den Kopf vom
Rumpf. Es war vorbei, endlich vorbei.

Der Kopf fiel, von dem einen Gehilfen an den Haaren
gehalten, in einen ledernen Sack, das Blut floss mit lautem
Zischen aus den Halsschlagadern und die Holzpantoffeln
fielen mit einem Klapp von den sofort erschlafften Füßen.

Der ganze Vorgang dauerte keine fünf Minuten.

»Das Urteil ist vollstreckt!«

Wir können in diesem Moment dem Deutschen Volk der Ehre keinen schöneren
Abschluss geben. Das Geschenk, das
Deutschland der Welt zur Weihnacht
bringt, ist Vertrauen.

Adolf Hitler

»Werte Kameraden!«, rief Görnitz ausstaffiert in Paradeuni-
form vor den anwesenden Naziherren. »Lasst uns anstoßen!
Anstoßen auf zwei heldenhafte deutsche Männer. Wir wollen zuerst dem Führer für unsere Weihnachtsfeier der Kameradschaft danken und dafür, dass er uns die Kraft und jede
Möglichkeit dazu gegeben hat! Heil Hitler!«

Sektglasgeklirre und ein gemeinsamer Schwur auf den
Führer. Alle Anwesenden tranken den süßen Schaumwein
in einem Zuge leer, als ob sie sich mit billigem Schnaps be-
saufen würden. Einer hatte eine Augenklappe, der andere
die irren Augen eines Fanatikers und ein weiterer trug mitten im Gesicht die große Narbe seiner schlagenden Verbindung. 18.57 Uhr, die Uhr tickte, es waren noch drei Minuten.

»So, und nun möchte ich etwas voller Stolz verkünden.
Und dazu kommt der Kamerad Klaussner mal her, hierher

zu mir!«, befahl Görnitz und holte einen Orden aus billigem Walzblech hervor.

»Mein lieber Klaussner. Ich pflege stets zu sagen, dass unsere Gesinnung dem Gegner wie eine versengende Glut entgegenschlagen muss. Sie, mein Guter, sind da auf einem ganz tollen Weg. Deshalb möchte ich Sie heute in diesem feierlichen Moment mit diesem ehrvollen Orden loben und auszeichnen.«

Adler war in Hartmanns Büro und sie war dort ganz allein. Sie hatte die Waffe an ihren Platz zurückgelegt und das Pillenröhrchen sowie das Arzneifläschchen wieder in der Handtasche verstaut. Sie schaute zur Wand und blickte auf die Uhr. Es war kurz vor sieben, genauer gesagt fünf vor sieben. Sie blickte durchs Fenster hinüber und sah Licht in Block D. Sicher war Görnitz gerade dabei, mit Schiller, Klaussner und irgendwelchen Volksgenossen auf deutsches Blut, deutsche Ehre und deutsche Weihnacht anzustoßen.

Sie hatte es niemanden erzählt, wozu auch. Mitwisserschaft allein war ja nicht strafbar, denn grundsätzlich gab es keine Pflicht zur Anzeige oder Verhinderung einer solchen Tat. Auch dabei zuzusehen, war nicht verboten, und der Block war zu weit entfernt, um sich ernsthaft in Gefahr zu bringen. Sie war nervös und neugierig zugleich. Eine spürbare Euphorie, wie man sie sonst nur kurz vor zwölf, wenige Sekunden vor dem Jahreswechsel, verspürte.

Sie erlaubte sich, sich auf Hartmanns Chefsessel hinter dem Schreibtisch zu setzen, ein bequemer Drehstuhl aus antikem Holz und grünem Leder mit allerhöchstem Sitzkomfort. Mit dem Fenster im Rücken saß sie da, drehte sich leichtlebig hin und her und nahm etwas wahr, dass sie noch nie gespürt hatte: eine tiefgreifende Veränderung, ein Gefühl von Dominanz und Macht, das einen wohl immer überkommt, wenn man auf so einem Sessel Platz nimmt. Schließlich traute sie sich, auch in Hartmanns Kästchen zu greifen, um sich eine ihrer duftenden Zigaretten zu stibitzen. Zu ihrer Verwunderung war es *Nestor Orient Gold*, Vaters Marke. Zufälle gibt es nicht, alles ist Schicksal, dachte sie, als sie die Aufschrift auf dem runden Zeichen am Mundstück erkannte und sich fast anmaßend eine ansteckte. Auch wenn sie als Gelegenheitsraucherin nur zwei- bis dreimal im Jahr rauchte, sah man es ihr wegen der ruhigen Art, wie sie es tat, nicht an.

18.59 Uhr, die letzte Minute. Sie drehte sich um, blickte durchs Fenster, drehte sich noch einmal und zog lange und genüsslich an der Zigarette – und während sie den Rauch wieder ausatmete, sprach sie besonnen, hörbar und deutlich in die Leere des Büros.

»Das Schicksal mischt unsere Karten, lieber Görnitz, doch am Ende spielte ich das Spiel. Dein Schicksal ist mir komplett gleichgültig. Was mich interessierte, war nur eins: dass man Männer wie dich an ihrem Tun hindert. Du bist und bleibst, was du bist, doch ich bin kein Ding aus deiner kleinen Zigarettenschachtelwelt. Ich bin ich und ich. Ich bin Luise Adler. Und für dich: Frau – Kommissarin – Luise – Adler. Man muss erst zornig werden! Und ich bin zornig!«

Plötzlich ein gigantischer Blitz aus Block D, eine gewaltige Entladung und ein unendlich lauter Knall, so laut, dass man glaubte, das Universum würde in die Luft fliegen. Eine gigantische Feuerwalze ließ sämtliche Glasscheiben vor Hitze zerbersten und löste die Farbe von den Rahmen ab. In großen Mengen quoll schwarzer, stinkender Rauch heraus, versengende Glut und unzählige Trümmersplitter schlugen hinab. Feuer flackerte in langen gelben Zungen aus allen Löchern. Man hörte Männer brüllen, kreischen, winseln. Alles schien zu schwingen; das Zittern und Beben fuhr durch alle Wände und der rasende Brand verwandelte die helle Fassade von Block D zur rußigen Ruine.

Es war vorbei. Adler drückte, vom lauten Ereignis unbeeindruckt, ihre halbgerauchte Zigarette aus, erhob sich und löschte das Licht.

Wie sagte Kuttnik vorhin noch ganz richtig? Frauen können zwar nicht alles, aber sie sind zu allem fähig.

Die Toten sind die Einzigen, die zu fordern haben!

Es ist nur noch eine Sache der Zeit,
des Mutes, des Glaubens und der Tapfer-
keit. Die Mütter, die um ihre verlore-
nen Söhne trauern, mögen beruhigt sein.
Sie führten als Männer und Helden das
stolzeste und tapferste Leben, das ein
Sohn des deutschen Vaterlandes führen
kann und krönten es mit dem heroischen
Abschluss, mit dem man es zu Ende bringen vermag. Umfangen von der schwarzen
Nacht der klaren Sterne schaue ich voll
Vertrauen in die Zukunft.

Adolf Hitler 1940

Montag, der 16. Dezember 1940

Jeder Jahreszeit wohnt ein eigener Zauber inne. Ganz in
Weiß präsentierte sich heute früh das Areal der Gartenkolonie Gutland II.

Die winterliche Schneedecke lag wie ein weißes Tuch über
den schrägen Dächern der Lauben. Das rauchgraue Licht
des Tages schimmerte durch den Qualm der Schornsteine,
der schweflig-süß in der Nase lag.

Über die Weihnachtszeit durfte Peter Schenk endlich seinen Heimataufenthalt antreten. Gehüllt in grünen Soldaten-
mantel und Militärpelzmütze samt Ohrenwärmer, stand er
nach langer Reise am Tor der Kolonie und lief zur Parzelle,
um nach den aufreibenden Tagen in Bromberg und dem tragischen Tod seiner Tante bei seiner Schwester endlich zur

Ruhe zu kommen. Er hatte nur so viel Gepäck, wie er über der Schulter tragen konnte. Die Freude auf die nächsten freien Tage, an denen er Johanna und sicher auch Herrmann wiedersehen konnte, bündelte sich wie in einem Brennglas in ihm und machte deutlich, wie sehr ihn Bromberg mitgenommen hatte. Seine bloße Anwesenheit hatte aus ihm einen Komplizen von Hass, Gewalt und Terror gemacht. Er hatte bei der Vernichtungsarbeit geholfen und fühlte sich nicht nur als Mitwisser, sondern als Mörder. Am liebsten hätte er sich tagelang vom penetranten Gestank der Leichenberge reinwaschen wollen. Wer ihn einmal eingeatmet hat, der wird ihn nie wieder vergessen.

Obwohl Peter mit seinen Gedanken noch im Vergangenen feststeckte, liefen seine Stiefel ohne Umwege geradewegs zur Parzelle. Und auch wenn ein paar verirrte Hühner müßig über die Wege wanderten, Menschen sah er keine und er begegnete niemandem. Am Grundstück angekommen, sah er auf die Uhr, es war zehn nach zehn. Er drückte die Gartentür auf und lief auf das schiefe Häuschen neben dem Gewächshaus zu. Die ramponierte Tür, mit übrig gebliebener Farbe lieblos getüncht, war leicht angelehnt. Er klopfte vorsichtig, um niemanden zu erschrecken.

»Johanna? Bist du da? Bist du schon wach?« Er hörte nichts und durchquerte den winzigen Vorraum mit den Jacken am Haken, drehte sich dann zur kleinen Küchennische und klopfte auf den Tisch – keine Reaktion. »Johanna, ich dachte, du …« Der Satz blieb in seiner Kehle stecken. Dicht vor ihm, im Bett, lag Johanna mit geöffneten Augen. Sie schlief nicht, sie atmete nicht und er vermutete, sie sei in Ohnmacht gefallen.

»Johanna! Johanna, hörst du mich!«, sagte er und setzte sich zu ihr, rüttelte an ihr, dann entdeckte er Blut an ihrem Hals, das sich ebenso auf Nachthemd und Laken ausgebreitet hatte. Schließlich sah er die unzähligen Schnittverletzungen an ihrem Körper und hatte keine Ahnung, wer ihr das

hier angetan hatte und wie lange sie schon so in ihrer Blut-
lache lag. Der Anblick ließ ihn erschaudern und erreichte
sein Rückenmark, doch blieb er stumm, sagte nichts, weinte
nicht, sondern legte nur andächtig seinen Arm um sie, als ob
er eine Kranke trösten würde. Und während er so ihren Kopf
im Arm hielt, streichelte er liebevoll das bleiche Gesicht und
sah noch eine ganze Weile in die gebrochenen Augen seiner
Zwillingsschwester.